KB175209

# 온라인서비스제공자의 법적 책임

# 온라인서비스제공자의 법적 책임

신지혜 지음

景仁文化社

# 머리말

본서는 필자의 박사학위논문인 "온라인서비스제공자의 法的 責任에 대한 研究 - 民法上 不法行爲論에 따른 構造 分析을 기초로"를 책으로 다시 정리한 것이다.

이미 1990년대 후반부터 온라인서비스제공자(Online Service Provider)의 책임 문제가 거론되기 시작하였고, 우리나라에서는 특히 2000년대 중반 P2P 파일공유 서비스 "소리바다"를 중심으로 활발한 논의가 이루어졌다. 온라인서비스제공자의 책임은 저작권 침해뿐 아니라, 명예훼손 등 인격권 침해, 위조상품의 유통을 통한 상표권 침해 등여러 분야에 걸쳐 문제되는 것이다. 각각의 사례들은 저작권법, 상표법, 정보통신망 이용촉진 및 정보보호 등에 관한 법률 등 각기 다른 법률이 적용되며 규율되어 왔고, 각 영역의 선행연구도 상당수 축적된 바 있다. 그러나 다양한 각자의 영역에서 논의가 진행되면서, 온라인서비스제공자의 책임에 대해 통일된 기준이 존재하는지, 그 책임의 성격과 본질이 무엇인지 여부에 관하여는 깊게 논의되지 못한 상황이었다.

본서에서는 먼저 온라인서비스제공자의 의미와 각국 법률 규정을 먼저 살펴보고, 여러 법률 영역의 다양한 사례군을 일관된 선상에 놓고 검토함으로써 통일적인 기준을 도출하고자 하였다. 결론적으로 온라인서비스제공자의 책임은 결국 민법상 불법행위에 근거한 것이며, 민법상 공동불법행위 이론에 따라 판단되어야 한다고 보았다. 즉, 온라인서비스제공자 스스로가 정보의 발신원으로서 행위한 경우에는 직접행위자로서 불법행위 책임을 부담하게 되지만, 그렇지 않은 경우에는 제3자의 침해행위에 대해 방조한 것으로 보아 책임이 구성되어야 할 것이다. 온라인서비스제공자에게 방조책임이 인정되기 위해서는 침해행위에 대한 인식가능성과 회피가능성이 인정되어야 하며, 본서에서는 이에 관한 국내외의 다양한 사례들을 소개하여 가능한 구체적인 책임 기준을 도출해 보고자 하였다. 또한 온라인서비스제공자의 책임 기준을 설정한 후 각 법령에 존재하는 온라인서비스제공자의 책임제한 규정의 의미에 관하여도 재검토하였다.

초창기 온라인서비스제공자의 책임 논의에서는, 온라인서비스제공자는 중립적인 도구를 제공한 것일 뿐 실제 행위자가 별도로 존재한다는 점에서 온라인서비스제공자의 책임이 인정될 수 있을 것인지부터 문제되었다. 그러다가 차츰 온라인서비스제공자의 책임 근거나 기준이 정립되기 시작하였고, P2P 서비스를 이용한 광범위한 저작권 침해 사례가 다수 발생하자 소위 "유인이론" 등을 통해 그 책임이 크게 강화되기도 하였다. 그러나 2019년 선고된 대법원 판결에서는 다시 저작권 침해와 관련하여서 온라인서비스제공자의 책임이 인정되는 범위를 좁히면서, 통지 및 차단조치(notice & takedown)를 적절히 이행하기만 하면 책임이 곧바로 부정될 가능성을 시사하기도 하였다.

최근에는 스마트폰이 널리 보급되면서 온라인서비스제공자가 아니라 모바일서비스제공자라는 용어가 보다 적합한 경우도 많아졌고, 기존의 대형 포털업체뿐 아니라 각종 SNS나 공유경제 서비스, 배달 앱 등이 새롭게 등장하여 이들을 모두 포괄하는 "플랫폼(platform)"운영자 등의 용어가 사용되고 있기도 하다. 온라인서비스제공자나 인터넷서비스제공자, 포털서비스운영자, 플랫폼운영자 등까지 서로 용어는 다르지만, 제3자가 인터넷상에 유포한 불법적인 정보에 대하여, 그러한 정보가 유통될 수 있는 채널 내지 서비스를 제공하는 사업자가 어떠한 기준에서 어느 범위까지 책임을 부담하게 되는지 여전히 문제된다는 점에서 근본적으로는 차이가 없다.

이처럼 온라인서비스제공자에 대한 사회적 요구나 IT 기술의 발달 정도 등 시대 상황은 계속 변화하고 있다. 그렇지만 본서에서 설정하고자 한 구체적이고 일관된 책임 판단 기준은 급박하게 변화하고 있는 상황에 새롭게 등장한 다양한 유형의 서비스제공자들과 이들을 둘러싼 새로운 유형의 이슈에까지 유효하게 적용될 수 있을 것이다.

필자의 게으름의 소치로 본서의 출간이 몇 해나 늦어졌다. 본서의 출간에 맞추어 우선 필자의 가족들에게 감사의 인사를 전하고자 한다. 박사학위논문 작성 당시 필자는 만삭의 임산부였는데, 마침 박사학위논문 제출일이 출산예정일이기도 하였다. 제출일이 임박해 밤새 논문 교정을 볼 때까지 내내 엄마 뱃속에서 함께 고생했던 큰 아들 서호와, 옆에서 현실적 이론적인 조언을 해준 남편 이승기 변호사에게 감사의 인사를 전한다. 또한 큰딸이 법조인으로서 활동하고 박사학위논문을 작성하는 동안 물심양면으로 도와주신 부모님께도 감사 말씀 드린다. 본서 출간을 위한 정리 작업 당시에는 둘째가 뱃속에 있었는데, 무사히 태어나서 이제 곧 두 돌을 맞는 둘째 아들 주호에게도 고맙다고 전한다.

그리고 무엇보다도 은사이신 윤진수 교수님께 감사 말씀을 올린다. 부족한 제자를 흔쾌히 지도제자로 받아주시고 또 석사과정부터 박사과정 마칠 때까지 학문적으로나 인격적으로나 여러 가지로 지도해 주셨다. 필자가 무사히 박사학위과정을 마칠 수 있었던 것은 오로지 윤진수 교수님 덕분이라고 해도 과언이 아닐 것이다. 지난 2020년 정년을 맞이하셨지만 여전히 왕성한 학술활동으로 학계를 빛내주고 계시는 윤진수 교수님께 다시 한 번 감사 인사를 올린다.

본서의 기초가 된 박사학위논문을 발간한 이후에도 온라인서비스제공자를 둘러싼 사회적 환경은 계속 변화하고 있다. 최근에는 여러 형태의 플랫폼서비스 위에서 이루어지는 가상세계의 정보유통에 관해서뿐만 아니라, 이러한 서비스를 이용하여 발생하는 위해상품의 유통 등 현실세계에서의 문제에까지 온라인서비스제공자의 책임을 확장하자는 입법논의가 이루어지고 있기도 하다. 온라인서비스제공자의 책임에 대한 구체적인 기준과 범위에 관한 논의는 여전히 현재 진행형이라고 할 수 있으며, 그 책임 판단에 본서가 조금이나마 기여할 수 있기를 기대해 본다.

2021년 7월
신 지 혜

# 〈목 차〉

머리말

**제1장 서론 _ 1**

제1절 문제의 제기 ·······················································3

제2절 종래의 논의 상황 ···············································5

제3절 검토의 순서 및 범위 ···········································7
 Ⅰ. 검토의 순서 ······················································7
 Ⅱ. 검토 범위의 제한 ···············································8

**제2장 OSP의 의미 및 각국 법률의 규정 _ 11**

제1절 OSP의 의미 및 유형 ·········································13
 Ⅰ. 개념 및 유형 ····················································13
 Ⅱ. OSP의 개념에 대한 우리 판례의 태도 ················15
 Ⅲ. 소결 ································································17

제2절 우리나라 법률상 OSP에 대한 규정 ····················17
 Ⅰ. OSP 개념에 대한 일반적 정의 조항 부존재 ···········17
 Ⅱ. 저작권법상 OSP에 대한 규정 ·····························18
 Ⅲ. 전기통신사업법상 OSP에 대한 규정 ····················26
 Ⅳ. 정보통신망법상 OSP에 대한 규정 ·······················27
 Ⅴ. 전자상거래법상 OSP에 대한 규정 ·······················29
 Ⅵ. 소결 ································································34

제3절 OSP에 대한 해외의 입법 현황 ·········································35
　Ⅰ. 미국의 경우 ·······················································35
　Ⅱ. 유럽연합의 경우 ·················································41
　Ⅲ. 일본의 경우 ·······················································47

제4절 소결 ·····································································50


## 제3장 OSP의 책임 근거에 대한 검토 _ 53

제1절 OSP의 계약책임과 불법행위책임 ·······················55
　Ⅰ. 계약에 근거한 OSP의 책임 ································55
　Ⅱ. 불법행위에 의한 OSP의 책임 ·····························59

제2절 이용자의 불법행위에 관여한 OSP의 책임 근거 검토 필요성 ····60

제3절 민법상 공동불법행위 이론 및 이에 따른 OSP의
　　　책임 근거 검토 ·················································64
　Ⅰ. 공동불법행위 이론 개관 ·····································64
　Ⅱ. 민법상 공동불법행위 이론에 따른 OSP의 책임 구조 검토 ···71

제3절 소결 ·····································································75


## 제4장 OSP 책임에 관한 구체적 사례 분석 _ 79

제1절 OSP를 직접 행위자로 의제한 사례 ·······················81
　Ⅰ. 문제의 제기 ·······················································81
　Ⅱ. 해외의 사례 ·······················································81
　Ⅲ. 원격 비디오 저장장치와 관련하여 OSP를
　　　직접 침해자로 본 국내의 사례 ·························91
　Ⅳ. 검토 ·································································94

제3절 게시판 관리의무 등을 근거로 불법행위 책임을 인정한 사례 …108
  Ⅰ. 문제의 제기 ……………………………………………………108
  Ⅱ. 국내의 사례 ……………………………………………………109
  Ⅳ. 해외의 사례 ……………………………………………………119
  Ⅴ. 검토 ……………………………………………………………136

제4절 미국의 간접책임 이론 및 이에 근거한 미국의 사례 …………150
  Ⅰ. 논의의 기초 ……………………………………………………150
  Ⅱ. 미국에서의 간접책임 이론 ……………………………………151
  Ⅲ. OSP의 책임에 관해 간접책임 이론을 전개한 미국의 사례 …157
  Ⅳ. 소결 ……………………………………………………………168

제5절 방조행위를 근거로 OSP의 책임을 인정한 사례 ………………170
  Ⅰ. 방조행위에 의한 OSP의 책임 판단 …………………………170
  Ⅱ. 방조책임으로 이론구성한 우리나라의 사례 …………………171
  Ⅲ. 해외의 사례 ……………………………………………………185
  Ⅳ. 검토 ……………………………………………………………190

제6절 소결: 공동불법행위 이론에 따른 OSP의
       구체적인 주의의무 기준 도출 필요성 ……………………214


제5장 OSP 책임에 관한 구체적 기준 설정 _ 217

제1절 통일적으로 적용될 수 있는 구체적 기준 마련의 필요성 ………219

제2절 OSP의 주의의무 내용과 기준 ……………………………………221
  Ⅰ. OSP의 책임근거로서 주의의무의 확정 필요성 ………………221
  Ⅱ. 주의의무의 발생 근거 …………………………………………221

제3절 온라인서비스제공자가 부담하는 주의의무의 구체적 요건 ········222
  Ⅰ. 주의의무의 요건 :
     침해행위에 대한 인식가능성 및 회피가능성 ·····················222
  Ⅱ. 침해행위에 대한 인식가능성 ········································223
  Ⅲ. 침해행위에 대한 회피가능성 ········································240
  Ⅳ. 인식가능성과 회피가능성의 관계 ··································246

제4절 대법원의 새로운 OSP 책임 기준 ································247
  Ⅰ. OSP 책임 기준에 관한 새로운 대법원 판결의 선고 ········247
  Ⅱ. 사건의 개요 및 소송경과 ············································247
  Ⅲ. 다음 사건 판결의 의의:
     OSP 책임의 구체적인 성립요건 제시 ·····························254
  Ⅳ. 다음 사건 판결에 대한 평가 ········································261

**제6장 OSP의 주의의무와 책임제한 조항의 관계 _ 263**

제1절 문제의 제기 ··························································265

제2절 OSP의 주의의무와 책임제한 조항의 관계에 대한
     각국에서의 논의 ······················································267
  Ⅰ. 미국의 경우 ·····························································267
  Ⅱ. 유럽의 경우 ·····························································273
  Ⅲ. 일본의 경우 ·····························································276
  Ⅳ. 우리나라의 경우 ······················································276

제3절 OSP 책임 제한 규정의 성격 규명 및 개선 필요성 ·········279

**제7장 결론 _ 283**

**참고문헌 _ 289**

제1장

# 서 론

# 제1절 문제의 제기

현대 사회에서 인터넷은 누구나 쉽게 이용할 수 있는 가장 편리한 의사표현 도구이다. 인터넷은 지금까지 개발된 모든 표현매체 중에서 가장 대중이 참여하기 쉬운 도구이고 최근에는 모바일 환경의 확대와 사용자 친화적 웹 소프트웨어의 발달로 그 역할이 더욱 커지고 있다. 인터넷은 진입 비용이 매우 낮고 접근 장벽이 거의 존재하지 않을 뿐 아니라 사이버공간의 특성상 무한에 가까운 범위까지 손쉽게 확장될 수 있기 때문에, 인터넷이 제공하는 정보와 아이디어의 교환은 전세계적인 규모에서 인권과 표현의 자유에 관한 발전, 보급, 보장에 있어 필수적이다.[1]

그런데 인터넷을 이용하기 위해서는 반드시 전기통신사업자를 비롯한 다종다양한 형태의 온라인서비스제공자(Online Service Provider, 이하 "OSP")를 통하여야 한다. 일반 대중이 인터넷을 이용하기 위해서는, 우선 인터넷 시설망을 제공하는 전기통신사업자로부터 인터넷 이용을 위한 유무선 통신망을 제공받아야만 하고, Microsoft社의 인터넷 익스플로러(Internet Explorer)나 Google社의 크롬(Chrome) 등 인터넷 브라우저(Internet Browser)를 이용해야 하며, 특정한 정보의 검색 등을 이용을 위해서는 각 포털 사이트, 온라인쇼핑몰 및 게시판 등 플랫폼(Platform)도 이용하게 된다.

인터넷의 이용을 위해서는 위에서 예시한 각종 OSP가 개입하지 않을 수 없고, 여기서 소비자와 OSP, 공급자와 OSP 등 OSP를 통해 직접 관계를 맺은 자들뿐 아니라, OSP와 직접 관계를 맺지는 않았다고

---

[1] Nicholas P. Dickerson, "WHAT MAKES THE INTERNET SO SPECIAL? AND WHY, WHERE, HOW, AND BY WHOM SHOULD ITS CONTENT BE REGULATED?", Houston Law Review Symposium(2009), pp. 62~67.

하더라도 OSP를 통해 유통되는 정보에 대해 저작권이나 상표권 등 법률적 권리를 갖는 제3자와의 관계도 문제된다. 인터넷의 특성상 한 명의 개인 정보 공급자와 다른 한 명의 정보 소비자가 일 대 일로 관계를 맺는 것이 아니라, 그야말로 그물망(web) 구조로 다수의 정보 공급자와 다수의 정보 소비자가 다수 대 다수로 관계를 맺는 경우가 많으므로, 그 중심에 선 OSP가 중요한 역할을 차지하게 되는 경우가 대부분이다.

OSP와 정보의 공급자, OSP와 정보의 수요자 사이의 각 관계는 일반적으로 각 OSP의 사용약관에 따른 계약관계로 규율된다. 정보의 공급자나 수요자가 OSP가 제공하는 서비스나 가상공간(cyberspace) 등을 이용하기 위해서는 필연적으로 OSP와 명시적 또는 묵시적인 계약을 체결하게 되고, 그 경우 OSP의 사용약관에 대해 명시적 또는 묵시적으로 동의하여야하기 때문이다. 여기서 그러한 사용약관이 「약관의 규제에 관한 법률」(이하 "약관법")이나 민법의 일반원칙상 유효한지 여부는 별론으로, OSP와 정보의 공급자, OSP와 수요자 사이에는 일응의 계약관계가 성립하고, 그 사이의 권리의무는 계약관계에 의해 규율된다는 점에 대하여는 의문의 여지가 없다.

반면 OSP를 통해 유통되는 정보에 관하여 저작권이나 상표권, 인격권 등을 보유하는 제3의 권리자와, 당해 OSP 사이에는 위와 같은 계약관계가 존재하지 않기 때문에 계약법이 아닌 다른 법리가 적용된다. OSP 스스로 정보를 유통시킨 경우와 같이 자신의 직접적 단독 행위로 인하여 제3자에게 손해를 가한 때에는 그에 대해 불법행위책임을 질 것이다. 그러나 통상적으로 OSP는 정보의 공급자와 소비자에게 정보를 인터넷에 유통할 수 있도록 하는 도구를 제공할 뿐이고, 직접적인 정보 유통 주체는 아니기 때문에, OSP를 이용하는 수요자가 공급자가 설령 타인이 권리를 침해하는 정보를 유통하였다고 하더라도 그러한 유통에 대해 직접 불법행위 책임을 진다고 보기는 어렵다. 이에 정보 공급자 또는 수요자가 한 행위에 대하여 OSP에게 책임을 부과할 수 있는지 여부가 바로 OSP의 법적 책임에 관한 논의의 핵심이라고 할 수 있다.

## 제2절 종래의 논의 상황

종래 OSP의 법적 책임이 가장 치열하게 논의되어 온 것은 저작권법 분야였다. 인터넷의 발달로 저작물의 유통방식은 크게 변화하였고, 그로 인해 관련 산업의 근간마저 바뀔 만큼 큰 변혁이 있었으며, 인터넷상에서 저작물의 유통을 어떻게 통제하고 관리할 것인지가 저작권업계의 가장 큰 관심사이자 생사여탈에 관한 중대사였기 때문으로 이해된다. 그리고 그 중심에 있던 것이 소위 'P2P'라고 불리는 Peer-to-Peer 서비스였다. P2P는 기존의 단방향적인 server-client나 일방적인 공급자-소비자 개념에서 벗어나 참여자끼리 서로 직접 연결되어 모든 참여자가 공급자인 동시에 수요자가 되는 형태를 말한다. 여기서 참여자 사이에 이루어지는 저작권 침해행위는 P2P 업체인 OSP를 통해서 이루어지지만 OSP가 여기에 대해서 통제하기 쉽지 않으므로, 과연 직접적으로 침해행위에는 관여하지 않으면서 P2P 프로그램과 그에 필요한 서비스를 제공할 뿐인 OSP에게 어떤 근거에서 법적 책임을 지울 수 있는지 여부가 문제되었던 것이다. P2P 이외에 웹하드(web hard) 등 다른 형태를 통한 저작권침해행위도 빈번하게 일어났지만, P2P의 경우는 OSP의 관여 정도가 가장 낮았기 때문에, 당시까지의 공동불법행위 이론으로는 P2P 업체를 규제하기가 쉽지 않았다. 이러한 상황에서 미국에서는 Grokster 사건[2] 판결을 통해 "유인이론(誘引理論, inducement theory)"을 도입하여 책임을 인정하기에 이르렀고, 우리나라에서도 일련의 소리바다 민사사건에서 P2P 업체에 대해 적극적 필터링(filtering)[3] 의무를 부과하며 강력한 책임을 인정하였다.

저작권법 분야 외에도 지적재산과 관련한 정보의 유통과 관련하여 OSP의 책임이 문제되었다. 상표법이나 「부정경쟁방지 및 영업비밀보호에 관한 법률」(이하 "부정경쟁방지법")에 위반한 위조품을 온라인 쇼핑몰, 특히 운영자의 관여가 적은 오픈마켓(open market) 형태의 온라인 쇼핑몰을 통해 판매하는 경우 쇼핑몰 운영자의 책임 여부가 다투어졌는데, 국내에서는 일관되게 그 책임을 부정하였고, 해외에서는 사례에 따라 다른 결론이 내려지고 있다.

OSP의 책임은 온라인 게시글을 통한 명예훼손 사안에서도 문제되었다. 제3의 정보 공급자가 OSP가 제공한 게시판 서비스 내지 가상공간을 이용하여 타인의 명예를 훼손하거나 모욕하는 내용의 게시글을 올린 경우 OSP에게도 책임이 있는지 여부가 쟁점이며, 이에 관하여는 국내 여러 하급심 판례에서 구체적인 사례에 따라 다른 결론이 내려졌다. 한편, 온라인 게시글로 음란물 등 불법적인 정보를 유통시킨 경우에도 명예훼손이나 모욕 사례와 같이 OSP의 책임이 문제될 수 있다.

---

2) *MGM Studios, Inc. v. Grokster, Ltd.*, 545 U.S. 913(2005).
3) 정보에 대한 필터링은 허용된 내용(이른바 'white list')만 접속이 가능하도록 하는 적극적 필터링(inclusion filtering)과 사전에 정해 놓은 금지된 내용(이른바 'black list')에는 접속을 차단시키는 소극적 필터링(exclusion filtering)으로 분류할 수 있다.

## 제3절 검토의 순서 및 범위

### Ⅰ. 검토의 순서

종래 저작권, 상표권, 명예훼손 등 다양한 영역에서 OSP의 책임이 문제되어 왔고, 각각의 영역에서 OSP의 책임 여부 및 책임 정도가 개별적으로 논의되어 왔다. 이러한 사례들은 제3의 이용자의 행위에 OSP가 일응 가담하였다는 것을 전제로 하는 것으로[4], 기본적으로 공동불법행위론을 바탕으로 한다고 볼 수 있다. 또한 이러한 책임 논의는 문제가 발생하는 영역에 따라 본질적으로 다른 것은 아니며, 여기에 적용되는 기초적인 법리는 민법상 공동불법행위 이론으로 동일하다. 그럼에도 불구하고 각 사례들에서는 민법상 불법행위론의 측면에서 통일적인 이론정립 및 기준설정 시도는 이루어지지 못하였다. OSP의 책임 근거나 책임 기준을 정확히 이해하기 위해서는 그 전제로 OSP의 행위가 직접적 불법행위에 해당할 여지는 없는지 여부, OSP에게 책임을 부과할 때 근거가 되는 공동불법행위책임의 기준이 무엇인지 여부에 대한 검토가 선행되어야 할 것이고, 그러한 검토를 기초로 국내외의 사례에서 OSP가 책임을 부담하게 되는 기준을 도출하여야 할 것이다. 또한 OSP의 책임 부담 기준을 확정한 뒤 OSP의 책임제한[5]에 관한 실정법과의 조화 문제도 살펴보아야 한다.

이 글에서는 먼저 일반론으로서 OSP의 의미와 그 책임에 관한 각

---

4) 이용자의 행위를 배제하고 OSP의 직접적 단독행위로 이론구성된 경우도 존재한다.

5) 우리나라 법률상 OSP의 책임제한 규정은 일부 조항을 제외하고는 진정한 의미에서 책임제한의 성격을 갖는다고 보기 어렵고 실질적으로 책임근거에 관해 표현을 달리하여 입법화된 것으로 볼 여지가 있다. 그러나 이 글에서는 기존의 논의에서와 같이 OSP의 책임제한이라는 용어를 그대로 사용하여 검토를 진행하도록 하겠다.

국의 입법현황에 관하여 살펴본다. 다음으로 민법상 불법행위론에
대한 검토를 통해 OSP의 책임 근거에 관해 분석하고 이를 기초로
OSP에 대한 각국의 판례를 검토한 후 OSP에게 부과되는 책임에 대한
구체적 기준을 추출해 보겠다. 그리고 마지막으로 이와 같이 도출된
책임 부과기준과 OSP의 책임제한 규정의 관계에 대해 고찰해 보도록
하겠다.

## II. 검토 범위의 제한

이 글에서는 OSP의 민사적 책임 근거와 이론구성, 책임제한과의
관계에 한정하여 살펴본다. OSP의 법적 책임에 관하여는 OSP에게 손
해배상 책임, 사후적 원상회복이나 사전적 방해예방 책임 존부, 그
경우 OSP가 실제로 인식한 침해물에 대하여만 방해제거 의무를 이행
하면 족한지 아니면 보다 적극적으로 침해물을 발견하여 제거할 의
무까지 있는지 여부 등 피해자 구제수단이 문제될 수 있다. 현행법
상 저작권법이나 「정보통신망 이용촉진 및 정보보호 등에 관한 법률
」(이하 "정보통신망법") 등에서 OSP에 대하여 통지 및 차단조치(notice
& takedown) 의무를 부과하면서 그에 따른 면책을 인정하거나 법원
에 의한 조치명령 범위를 한정하는 등 입법적으로 해결된 부분이 있
기는 하나, 여전히 구체적인 구제수단 범위에 관하여는 논란의 여지
가 있다.[6] 판례는 저작권침해, 상표권침해 및 명예훼손에 관한 사안

---

6) 미국의 경우 디지털밀레니엄저작권법(Digital Millenium Copyright Act, 이하
   "DMCA")에서 OSP의 책임을 면제하면서 그 경우 손해배상 책임 뿐 아니라
   방해제거 의무(injunctive relief)까지 완전히 면제하고 있으나(512조 (a)본문,
   (b)(1), (c)(1) 및 (d)본문), 유럽의 경우에는 Directive 2000/31/EC of European
   Parliament and of the Council of 8 June 2000 on certain legal aspects of information
   society services, in particular electronic commerce, in the Internal Market(이하 "EU
   전자상거래지침")이 오직 손해배상 책임만을 면제하고 있다(제12조 제3항,

에서 OSP의 불법행위에 대해 금지청구권까지 허용한 바 있으나, 저작권법 및 상표법은 명문으로 금지청구권을 인정하고 있고(저작권법 제123조, 상표법 제65조), 명예훼손의 경우에도 민법상 인격권에 관한 특칙으로 명예회복을 위한 적당한 처분이 인정되므로(민법 제764조), 이러한 판례의 태도가 OSP의 모든 서비스와 관련하여 일반적으로 확대적용될 수 있을지는 의문의 여지가 없지 않다. 특히 OSP에 대한 예방적 금지청구까지 허용되는지 여부에 관하여 다툼이 있다. 사전적 필터링을 통한 예방적 금지청구까지 허용할 경우 사전검열에 해당할 소지가 있기 때문이다.

이러한 문제점에서 대하여는 후속 연구에서 다루고자 한다. 이 글에서는 오로지 OSP의 책임근거와 책임제한에 집중해서 살펴볼 것이며, 책임이 인정되는 경우 피해자의 구제수단에 관하여는 검토 범위에서 제외하였다.

---

제13조 제2항 및 제14조 제3항). 이에 관한 보다 상세한 설명은, Miquel Peguera, "THE DMCA SAFE HARBORS AND THEIR EUROPEAN COUNTERPARTS: A COMPARATIVE ANALYSIS OF SOME COMMON PROBLEMS", Columbia Journal of Law & the Arts 32(2009), pp. 185~487 참조.

제2장

# OSP의 의미 및
# 각국 법률의 규정

# 제1절 OSP의 의미 및 유형

## Ⅰ. 개념 및 유형

OSP는 온라인 또는 모바일 환경에서 정보통신망을 통하여 이용자들에게 인터넷 접속, 웹사이트 호스팅(web site hosting), 검색엔진(search engine), 전자게시판(Bulletin Board Service, 이하 "BBS") 시스템 제공 등 각종 서비스를 제공하는 자를 지칭한다.[7] 즉, OSP는 명확한 한계를 갖는 한정적 개념이라기보다는, 이용자가 온라인이나 모바일을 통해 인터넷을 이용할 때 관련되는 서비스를 제공하는 모든 자를 포괄하는 개념으로, 주로 인터넷 접속, 웹사이트 호스팅, 검색엔진, 전자게시판 시스템 제공, 오픈마켓 운영자 등을 예시로 들 수 있고, 클라우드 컴퓨팅(cloud computing)이나 앱스토어(AppStore)[8] 등 인터넷 이용과 관련하여 새롭게 등장한 서비스도 모두 OSP의 개념에 포섭될

---

7) 박준석, 「인터넷서비스제공자의 책임」, 박영사(2006), 7, 8면.

8) 개발자와 이용자가 온라인 또는 모바일 네트워크를 이용하여 저작물인 어플리케이션을 다운받아서 설치할 수 있도록 하는 서비스를 제공하는 것을 말한다. 그런데 오병철, "아이폰 앱스토어의 계약관계", 정보법학 제14권 제2호, 한국정보법학회(2010), 31~33면은, 저작권법상 OSP의 개념은 제102조 이하의 OSP의 책임제한을 하기 위한 취지이고, 책임제한을 위해서는 OSP가 저작물의 복제·전송·배포 등 과정에 실질적으로 관여하지 않았거나 기술적으로 접속 차단 등이 불가능하여야 하는데, 앱스토어에서 실제 어플리케이션이 등록·배포되는 과정에 비추어 볼 때 OSP의 책임제한 조항은 앱스토어에 적용되기 어렵기 때문에, 앱스토어를 저작권법상의 OSP로 인정할 의의는 실질적으로 찾아보기 어렵다고 한다. 그러나 이 글에서 사용하는 "OSP"에는 비단 저작권법상 개념 정의된 OSP 외에도, 이용자가 온라인 또는 인터넷에 접속하여 서비스를 이용할 때 관계되는 모든 서비스제공자가 포함되고, 또 이 글에서는 저작권법상 책임제한에 한정하지 않고 OSP 전반에 적용될 수 있는 통일적인 책임기준에 대하여 살펴보고자 하므로, 앱스토어 역시 OSP에 포함시켜 살펴볼 실익이 있다.

수 있다. 한편 종래에는 'OSP' 또는 라는 용어로 논의가 이루어졌으
나, 최근에는 '플랫폼사업자' 등과 같은 용어로 논의가 이루어지기
도 한다.

OSP는 일반적으로 그 역할에 따라 통신 네트워크상에서 전송하거
나 통신네트워크에 접속을 제공하는 단순 도관(mere conduit)[9], 이용
자가 제공하는 정보를 통신네트워크상에서 전송하는 캐싱(caching)[10],
이용자가 제공하는 정보를 저장하는 호스팅(hosting)[11] 및 이용자로

---

9) 유무선 인터넷접속서비스를 제공하는 경우로, 국내의 SKT/SKB, KT, LG유플
러스 등이 여기에 해당한다.

10) 네트워크를 오가는 정보를 이용자 또는 보다 강력하거나 덜 붐비는 컴퓨터
에 보다 가깝게 두어 접속 속도를 높이는 기술을 일반적으로 캐싱이라고
한다. Trotter I. Hardy, COMPUTER RAM COPIES: A HIT OF A MYTH? HISTORICAL
PERSPECTIVES ON WORKING AS MICROCOSM OF CURRENT COPYRIGHT CONCERNS,
Faculty Publications. Paper 186, College of William & Mary Law School(1996), p.
426. 이규홍, "P2P방식에서의 디지털 저작물 보호 등 저작권법상의 몇몇 문
제점에 대하여", 사법논집 36, 법원행정처(2003), 247면에 의하면, 캐싱은 이용
자의 컴퓨터의 하드디스크에서 이루어지는 캐싱(local caching, client caching)
과 인기사이트의 빠른 접속을 위하여 OSP의 서버에서 이루어지는 캐싱
(proxy caching)으로 구분된다고 하며, OSP의 책임과 관련하여서는 후자가
관련된다. 예를 들어 OSP의 일종인 유투브(YouTube)의 경우 이용자들에게
웹사이트로 보이는 부분인 웹서버(web server)와 영상을 저장해서 보여주는
비디오서버(video server) 및 캐싱에 해당하는 네트워크 캐시 서버(network
cache server)를 두고 있는데, 특정 지역에서만 인기를 얻는 영상의 경우에
는 해당 지역에 네트워크 캐시 서버를 두어 본사 서버에 몰리는 트래픽을
분산시킨다고 한다. Michael Zink·Kyoungwon Suh·Yu Gu·Jim Kurose, "WATCH
GLOBAL, CACHE LOCAL: YOUTUBE NETWORK TRAFFIC AT A CAMPUS NETWORK
-MEASUREMENTS AND IMPLICATIONS", Computer Science Department Faculty
Publication Series. Paper 177, University of Massachusetts-Amherst(2008), pp. 7~8,
11~12.

11) 이용자에게 웹사이트 공간을 빌려주고, 웹페이지를 제공하여 소프트웨어,
문서, 영향 및 음향 등의 콘텐츠를 올릴 수 있도록 하는 서비스로, 게시판
이나 채팅룸 등과 같은 온라인 정보교환을 가능하게 하는 서비스를 포함
한다. Pablo Baistrocchi, "LIABILITY OF INTERMEDIARY SERVICE PROVIDERS IN

하여금 저장된 정보의 위치를 알 수 있게 하거나 연결하는 검색엔진 (search engine) 등 그 실제 수행하는 역할에 따라 분류된다. 유럽연합 Directive 2000/31/EC of European Parliament and of the Council of 8 June 2000 on certain legal aspects of information society services, in particular electronic commerce, in the Internal Market("EU전자상거래지침")에서는 OSP를 단순 도관, 캐싱 및 호스팅으로 나누어 책임제한 요건을 정하고 있고, 우리 저작권법 제102조 제1항 각호 역시 이러한 분류에 따르면서 여기에 검색엔진을 추가하여 같은 입장을 취하고 있다.

단순 도관이나 캐싱의 경우는 기술적으로 정보의 유통을 매개하기는 하지만, 실질적으로 정보의 내용이나 관리에까지 관여하지는 않기 때문에 극히 초기의 논의를 제외하고는 OSP 책임론에서 언급되는 경우는 드물다. 주로 호스팅이나 검색엔진에게 책임이 인정되는지가 논의되며, 이 글에서 주로 다루는 OSP의 책임 역시 호스팅이나 검색엔진에 관한 것이다.

## II. OSP의 개념에 대한 우리 판례의 태도

국내에서 OSP의 책임에 관하여 판단한 사례는 그리 많지 않다. 그 중 "온라인서비스제공자"라는 용어를 가장 먼저 사용한 사례는 대법원 2003. 6. 27. 선고 2002다72194 판결[12]인 것으로 파악된다. 본 사안에서 대법원은 인터넷상 홈페이지 운영자가 자신이 관리하는 전자게시판에 타인의 명예를 훼손하는 내용이 게재된 것을 방치함으로

---

THE EU DIRECTIVE ON ELECTRONIC COMMERCE", 19 Santa Clara High Tech. L.J. 111 (2002), p. 116.

12) '청도군 홈페이지 사건' 상고심 판결. 이 사건에서 대법원은 "온라인서비스제공자"라는 용어를 사용한 반면, 1심과 2심에서는 이러한 용어를 직접 사용하지는 않았다.

써 명예훼손에 대한 손해배상책임을 지기 위한 요건에 관하여 판단하였는데, 인터넷 홈페이지 운영자에 대해 "온라인서비스제공자"라고 지칭하면서도 OSP의 정의나 범위 등에 관하여는 전혀 언급하고 있지 않다. 하급심 중에는 인터넷 음악파일 공유 사이트인 '소리바다(www.soribada.com)'에 대한 형사판결인 서울중앙지방법원 2005. 1. 12. 선고 2003노4296 판결에서 처음으로 "온라인서비스제공자"라는 용어를 사용한 것으로 파악된다.

한편, 판례가 사용하는 개념 중에는 '인터넷 종합 정보제공 사업자'도 있는데, 여기서 판례[13]는 이들이 인터넷 공간에서 다양한 방식의 서비스를 제공하고 있는 점에 착안하여 서비스제공자의 상위, 포괄 개념으로 종합 정보제공자라는 용어를 채택하고, 영리 목적 주체라는 점을 강조하기 위해 사업자라는 용어를 아울러 사용한 것으로 짐작된다.[14] 판례가 말하는 인터넷 종합 정보제공 사업자는 '포털 사이트'[15]를 의미하는 것으로 역시 이 글에서 다루는 OSP의 한 유형에 포함된다고 할 것이다. 포털 사이트가 운영하는 게시판에서 이루어지는 명예훼손 등이 문제된 사례가 있었고, 포털 사이트가 점점 다양한 영역의 서비스를 제공하는 추세에 따라 그 책임 범위도 확대된다고 할 수 있다.

---

13) 대법원 2009. 4. 16. 선고 2008다53812 판결('싸이월드 사건' 상고심 판결).

14) 시진국, "인터넷 종합 정보제공 사업자의 명예훼손에 대한 불법행위책임-대법원 2009. 4. 16. 선고 2008다53812 전원합의체판결 평석-", 저스티스 통권 제114호(2009. 12.), 337면, 각주 3).

15) 포털 사이트의 운영방식 등 실무적인 점에 관하여는, 박성호, "인터넷 포털의 역할과 미래 전망-포털 뉴스서비스의 현황을 중심으로-", Law & technology 제3권 제4호, 서울대학교 기술과 법센터(2007. 9.), 98~100면 및 103~106면 참조.

## III. 소결

OSP의 의의와 유형에 대하여 정리된 통설적 견해는 존재하지 않는다. 저작권 영역에서는 주로 "온라인서비스제공자"라는 용어가 사용되었지만 다른 영역에서는 다른 용어가 사용되기도 하였다. OSP에 대해 명확한 범위를 정해 한계를 긋기보다는, 새롭게 등장하고 있는 서비스까지 모두 OSP의 개념에 포섭시켜 논할 필요가 있으므로, 이용자가 온라인이나 모바일을 통해 인터넷을 이용할 때 관련되는 서비스를 제공하는 모든 자를 포괄하는 개념으로 OSP라는 용어를 사용하는 것이 타당하다고 생각된다.

이하에서는 OSP를 이처럼 폭넓게 보는 입장에서, 각국 법률상 OSP에 대한 규정 내용에 관해 살펴보도록 하겠다.

# 제2절 우리나라 법률상 OSP에 대한 규정

## I. OSP 개념에 대한 일반적 정의 조항 부존재

우리 법상 OSP의 일반개념을 정의하고 있는 조항은 존재하지 않는다. 개별 법률에서 각각 관계되는 OSP의 유형에 관하여 정의규정을 두고 있으면서, 각각의 경우 책임부과나 면책 등에 관해 규정한다. 특히 저작권법에서는 "온라인서비스제공자"라는 표현을 명시적으로 사용하고 있고, 그 외 「전자상거래 등에서의 소비자보호에 관한 법률」(이하 "전자상거래법"), 전기통신사업법, 정보통신망법 등에서 OSP의 한 유형에 해당할 수 있는 서비스제공자에 대하여 규율하고 있다. 이하에서는 개별 법령에서 정하고 있는 OSP에 관해 살펴보도록 하겠다.

## II. 저작권법상 OSP에 대한 규정

### 1. OSP의 정의

저작권법은 "온라인서비스제공자"라고 하며 "이용자가 선택한 저작물등을 그 내용의 수정 없이 이용자가 지정한 지점 사이에서 정보통신망(정보통신망법 제2조 제1항 1호의 정보통신망을 말한다)을 통하여 전달하기 위하여 송신하거나 경로를 지정하거나 연결을 제공하는 자" 및 "이용자들이 정보통신망에 접속하거나 정보통신망을 통하여 저작물등을 복제·전송할 수 있도록 서비스를 제공하거나 그를 위한 설비를 제공 또는 운영하는 자"라고 정의하고 있다(저작권법 제2조 30호). 이러한 저작권법상의 "온라인서비스제공자"가 이 글에서 다루는 OSP의 한 유형에 포함됨에는 의문의 여지가 없으며 이 글에서는 특별히 저작권법상의 온라인서비스제공자에 대하여 따로 논하는 경우가 아니라면 OSP라는 용어를 사용하겠다.

### 2. OSP의 책임제한에 관한 규정

저작권법에서는 OSP의 책임 발생에 관한 근거규정은 두고 있지 않으나 그 책임제한에 관하여는 정하고 있다. OSP의 책임 제한에 관한 규정을 도입한 2011. 6. 30. 법률 제10807호 개정 저작권법과 2011. 12. 2. 법률 제11110호 개정 저작권법은 각각 한-EU FTA 및 한-미 FTA 체결 이후 그 취지에 따른 것으로, OSP를 "내용의 수정 없이 저작물등을 송신하거나 경로를 지정하거나 연결을 제공하는 행위 또는 그 과정에서 저작물 등을 그 송신을 위하여 합리적으로 필요한 기간 내에서 자동적·중개적·일시적으로 저장하는 행위"를 하는 단순도관(mere conduit), "서비스이용자의 요청에 따라 송신된 저작물등을 후속 이용자들이 효율적으로 접근하거나 수신할 수 있게 할 목적으로 그 저작물등을 자동적·중개적·일시적으로 저장하는 행위"를 하는 캐싱(caching), "복제·전송자의 요청에 따라 저작물등을 OSP의 컴퓨터에 저장하는 행위"를 하는 호스팅(hosting) 및 "정보검색도구를 통하여 이용자에게 정보통신망상 저작물등의 위치를 알 수 있게 하거나 연결하는 행위"를 하는 검색엔진(search engine)의 네 가지 유형으로 구분하면서(저작권법 제102조 제1항 각호), 해당 유형에 따라 각각의 책임제한 요건을 규정하고 있었다. EU전자상거래지침과는 달리 검색엔진도 OSP의 한 유형으로 열거하고 있는데, 이러한 점에서는 DMCA의 영향도 받은 것이다.

우선 저작권법 제102조 제1항은 (i) 단순도관인 경우와 관련하여서 가. OSP가 저작물의 송신을 시작하지 않고, 나. 저작물이나 그 수신자를 선택하지 않았으며, 다. 침해자의 계정을 해지하는 방침을 채택하고 이행하였고, 라. 저작물을 식별·보호하기 위한 표준적인 기술조치를 수용하고 방해하지 않은 경우 면책하고 있고, (ii) 캐싱과 관련하여서는 가. 위 (i) 요건을 갖추고, 나. 저작물을 수정하지 않고, 다. 저작물에 대한 접근 조건이 있는 경우 그 조건을 지킨 이용자에게만 저작물의 접근을 허용하며, 라. 복제·전송자가 명시한 업계에서 일반적으로 인정된 데이터통신규약에 따른 저작물 현행화[16]에 관한 규칙을 지켰고, 마. 저작물이 있는 본래의 사이트에서 그 저작물 이용에 관한 정보를 얻기 위하여 적용한 업계에서 일반적으로 인

---

16) "저작물의 현행화"라는 용어는 IT업계 등에서 흔히 쓰이고 있는 표현이 아니어서 그 정확한 의미를 파악하기 어렵다. 우리 저작권법은 미국 DMCA나 EU전자상거래지침과 유사한 내용을 규정하고 있으므로 양자를 비교해서 그 의미를 추측하면, 여기서는 '정보를 갱신하거나 업데이트하는 것'이라는 뜻으로 사용된 것으로 보인다. 그러나 이처럼 법률의 문구 그 자체로 의미를 이해할 수 없을 뿐 아니라 관련 업계에서도 통용되지 않는 용어를 사용하는 것은 지양되어야 할 것이다.

정되는 기술의 사용을 방해하지 않았으며, 바. 복제·전송 중단요구를 받은 경우 등에는 즉시 저작물에의 접근을 차단한 경우 면책하고 있으며, (iii) 호스팅 및 (iv) 정보 검색엔진과 관련하여서는 가. 위 (i)의 요건을 갖추고, 나. OSP가 침해행위를 통제할 권한과 능력이 있을 때에는 그 침해행위로부터 직접적인 금전적 이익을 받지 않았고, 다. 침해 사실을 스스로 알게 되거나 복제·전송 중단요구 등을 통해 침해 사실 또는 정황을 알게 된 때 즉시 저작물의 복제·전송을 중단시켰으며, 라. 복제·전송의 중단요구 등을 받은 자를 지정하여 공지한 경우 면책하고 있다.

　이처럼 개정 저작권법에서 OSP의 유형이 세분화됨으로써 네 가지 유형에 속하지 않는 OSP에게는 면책이 인정될 수 없고 결과적으로 더 엄격한 책임이 부과되었다는 주장도 있으나,[17] 개정 저작권법은 OSP가 저작권자와 침해 주장자 사이의 분쟁에서 책임을 지지 않도록 하는 감면 사유를 보다 더 상세하게 규정하는 의미이지 OSP의 부담으로 작용할 수는 없다. 또한 설령 문제가 되는 당해 OSP가 위 네 가지 유형 중 어느 하나의 면책 규정에 해당하지 않는다고 하더라도 그것만으로 곧바로 책임이 인정되는 것은 아니고, 아래에서 살펴보듯이 불법행위 이론에 따른 책임요건을 충족하여야만 비로소 책임이 부과되는 것이므로, 유형이 세분화되었다고 하여 더 엄격한 책임이 부과된 것이라고 보기는 어렵다. 다만, 위와 같은 규정은 유럽과 미국의 기준을 모두 수용하는 형태로 입법화되어, 일응 보기에는 면책 범위가 넓은 것 같지만, 실제 OSP의 입장에서는 그 모든 면책조건을 갖추어야 한다고 해석될 여지가 많아, 결과적으로는 면책이 중점이 아니라 면책조건을 매개로 '규제'로 전용될 여지가 큰 모순적 입법이라는 비판도 제기되고 있다.[18] 실제 사례에서 면책 규정의 구체

---

17) 이대희, "한미 FTA와 OSP의 책임제한", 소프트웨어와 법률 통권 제4호(2007), 122면.

적인 내용을 어떻게 해석할지에 따라 달라질 것이지만, 위 조항에서 '표준적인 기술조치' 등 추상적인 개념을 사용하고 있는 이상 규제로 전용될 여지가 전혀 없다고 할 수는 없을 것이다.

종래 판결례 중에서는 위 저작권법 조항을 실질적으로 분석하여 면책조항의 범위를 판단한 사례가 없었으나,[19] 2019년에 선고된 대법원 판결에서 이에 관하여 판단하였다. 이에 관하여는 아래에서 다시 살펴본다.

또한 저작권법은 OSP가 위와 같은 면책 요건을 만족하기 위한 조치를 취하는 것이 기술적으로 불가능한 경우에는 책임이 없다고 규정하고 있다(제102조 제2항). 개정 전 저작권법은 복제·전송과 관련한 서비스에 한정하여 기술적으로 불가능한 경우 면책되는 것으로 규정하고 있었는데, 개정 저작권법은 다른 유형의 서비스도 포괄하는 것으로 변경하였다. 또한 개정 저작권법은 책임제한 요건을 갖춘 경우 또는 이러한 요건을 갖추기 위한 조치를 취하는 것이 기술적으로 불가능한 경우에는 필요적 면책사유로 변경하였다. 개정 전 저작권법에서는 이를 임의적 감면으로 규정하여 OSP가 면책 요건을 충족하는 경우에도 법원의 재량에 따라 책임 인정 여부가 달라졌고, 그 효과도 책임의 전부 면책 또는 일부 감경에 불과하였으나, 개정 저작권법에서는 필요적 면책사유로 규정함으로써 법적 안정성을 강화하였다. "기술적으로 불가능한지 여부"에 관하여, 저작권 개정 전 종

18) 박정훈, "유럽연합의 OSP 관리책임에 관한 법제: 우리나라의 법제와 비교법적 관점에서", 경희법학 제48권 제1호(2013), 567면 참조.
19) 소리바다 관련 사건에서는 OSP의 면책조항의 적용범위에 관하여 상세히 분석한 바 있으나, 이는 모두 개정 저작권법 시행 이전의 사례이고, 면책조항에 관해 비교적 자세히 검토한 웹하드 업체에 대한 형사 판결(1심 : 서울중앙지방법원 2009. 2. 12. 선고 2008고단3683 판결, 2심 : 서울중앙지방법원 2011. 1. 11. 선고 2009노723 판결, 3심 : 대법원 2013.9.26. 선고 2011도1435 판결) 역시 개정 전 저작권법을 적용한 사례이다.

래 판례는 "저작권법 제102조 제1항이 필요적 면책사유로 정하고 있
는 '기술적으로 불가능한 경우'는, 온라인서비스 자체는 이를 유지하
는 것을 전제로 이용자들의 복제·전송행위 중 저작권 등의 침해행위
가 되는 복제·전송을 선별하여 방지하거나 중단하는 것이 기술적으
로 불가능한 경우를 말하는 것이고, 따라서 비록 온라인서비스 이용
자들이 해당 온라인서비스를 이용하여 저작물 등을 복제·전송함으
로써 그 저작권 등을 침해하였다고 하더라도, OSP가 그와 같은 침해
사실을 알고 저작권 등의 침해가 되는 복제·전송을 선별하여 이를
방지하거나 중단하는 기술적 조치를 다하였다고 인정되는 경우에는,
OSP는 해당 침해행위에 대한 책임을 면하게 된다."고 판시한 바 있는
데[20], 현행법상 위 조항이 해석과 관련하여도 이러한 판례의 태도가
기준이 될 수 있을 것이다.

### 3. 일반적 감시의무의 배제

저작권법은 OSP가 자신의 서비스 안에서 침해행위가 일어나는지
를 모니터링하거나 그 침해행위에 관하여 적극적으로 조사할 의무
를 지지 않는다는 규정을 추가하였다(저작권법 제102조 제3항). 즉,
OSP가 면책되기 위해서는 법률에서 정한 요건을 이행하면 족하고 더
나아가 적극적인 필터링이나 일반적인 모니터링까지 할 의무가 없
음을 확인한 것이다. 참고로 저작권 침해행위가 빈번하게 발생하는
특수한 유형의 OSP의 경우에는 보다 강화된 필터링 의무가 부과되어
있다(저작권법 제104조). 이는 EU전자상거래지침에 규정된 일반적
감시의무 부과 금지(제15조)를 도입한 것으로 생각된다.

---

20) 서울고등법원 2007. 10. 10.자 2006라1245 결정('소리바다 5 사건' 항소심 결
　　정). 이 사건에서 법원은 신청인의 신청을 받아들였으나, 2007. 11. 2. 신청
　　인의 신청취하로 종결되었다.

### 4. 침해 중단 등을 위한 조치

저작권법은 저작권 침해행위가 발생한 경우 그 침해 중단을 위하여 권리자가 취할 수 있는 조치로 (i) OSP에 대한 복제·전송행위의 중단 요청(제103조), (ii) OSP에 대한 법원의 명령 범위 제한(제103조의 2) 및 (iii) 문화체육관광부장관에 대한 침해자 정보 제공 청구권(제103조의 3) 등을 규정하고 있다.

우선 권리자는 OSP에게 복제·전송행위의 중단을 요청할 수 있다(제103조 제1항). 이는 OSP가 적극적인 필터링 의무를 지는 것이 아니라, 권리자의 침해주장에 의해 침해사실을 알게 되었을 때 침해결과물을 제거하면 된다는 것으로, 미국 DMCA의 "통지 및 차단조치(Notice and Takedown)"의 기본골격을 수용한 것으로 보인다. 이러한 규정은 OSP에게 모니터링의 적극적 의무가 없다는 것을 명확히 하였다는 점에서, 저작권자와 이용자의 이익보호 그리고 온라인 기술과 시장의 발전을 조화시킬 수 있는 해결책을 모색한 것이라고 평가된다.[21]

다음으로 저작권법은 법원이 제102조 제1항 각호에 열거된 각 유형의 OSP에 대하여 임시로 침해행위의 정지 등 필요한 조치를 명하는 경우 특정계정의 해지, 불법복제물의 삭제 등 유형별로 특정한 조치만을 명할 수 있도록 규정하고 있다(제103조의 2). 즉, OSP가 유형별 면책사유에 해당하는 경우에는 법원이 임시 조치를 함에 있어서도 그 범위가 제한되도록 한 것이다. 이를 통해 OSP에게 부과되는 부담을 최소화하고 임시조치 단계에서 OSP의 서비스가 과도하게 축소되지 않도록 하였다.

마지막으로 저작권법은 권리자가 민사상 소제기 및 형사상 고소를 위하여 해당 OSP에게 그 OSP가 가지고 있는 해당 복제·전송자의

---

21) 정상조·박준석, 「지적재산권법」 제2판(2011), 468면.

성명과 주소 등 필요한 최소한의 정보 제공을 요청하였으나 OSP가 이를 거절한 경우 권리주장자는 문화체육관광부장관에게 해당 OSP에 대하여 그 정보의 제공을 명령하여 줄 것을 청구할 수 있도록 하였다(제103조의 3). 저작권자가 침해자에게 책임을 묻고자 할 경우 그 침해자의 인적사항 확보가 필요한데, 일반적으로 OSP는 해당 침해자의 인적사항 정보를 보유하고 있고, OSP로서도 권리자로부터 간접책임을 추궁당하기보다는 권리자로 하여금 직접 침해자를 상대로 법적 조치를 취하도록 유도하는 것이 유리할 수 있기 때문에[22] 이러한 제도의 도입은 바람직하다고 할 수 있다.[23]

## 5. 특수한 유형의 OSP에 대한 엄격한 조치의무 부과

저작권법은 제104조에서 다른 사람들 상호 간에 컴퓨터를 이용하여 저작물 등을 전송하도록 하는 것을 주된 목적으로 하는 OSP를 "특수한 유형의 OSP"라고 규정하면서, 문화체육관광부장관으로 하여금 특수한 유형의 OSP의 범위를 정하여 고시하도록 정하고 있다. 이에 따라 문화체육관광부장관은 ① 개인 등의 컴퓨터 등에 저장된 저작물 등을 공중이 이용할 수 있도록 업로드 한 자에게 상업적 이익 또는 이용편의를 제공하는 OSP[24], ② 개인 등의 컴퓨터 등에 저장된

---

22) 김병일, "인터넷과 SNS에서의 저작권 관련 문제연구", 언론과 법 제9권 2호, 한국언론법학회(2010), 120, 121면.
23) 이 제도가 도입되기 전에는 저작권자가 OSP를 상대로 직접 침해자의 인적 정보를 요구할 수 없었기 때문에, 일단 성명불상의 침해자에 대해 형사고소를 하고 수사기관을 통해 침해자의 인적사항을 확보하는 편법을 쓸 수밖에 없었다고 한다. 박준석, "OSP에 대한 정보제출명령(subpoena)의 바람직한 입법방향", 법조 제57권 제12호, 법조협회(2008), 266면. 이 제도의 도입으로 그러한 편법이 해소되고, 저작권자의 권리행사가 보다 신속하게 이루어질 수 있을 것으로 기대된다.
24) 적립된 포인트를 이용해 쇼핑, 영화 및 음악 감상, 현금 교환 등을 제공하

저작물 등을 공중이 다운로드 할 수 있도록 기능을 제공하고 다운로드 받는 자가 비용을 지불하는 형태로 사업을 하는 OSP[25] 및 ③ P2P 기술을 기반으로 개인 등의 컴퓨터 등에 저장된 저작물 등을 업로드하거나 다운로드 할 수 있는 기능을 제공하여 상업적 이익을 얻는 OSP[26] 등을 특수한 유형의 OSP라고 정하여 고시하고 있다. 이에 해당하는 OSP는 저작권자의 요청이 있는 경우 해당 저작물 등의 불법적인 전송을 차단하는 기술적인 조치 등 필요한 조치를 할 의무가 부과된다.

이러한 저작권법 제104조 및 그에 대응한 저작권법 시행령에 대하여는, OSP에게 모호한 필터링 의무를 부과하여 막대한 부담을 지우는 것이고, 적절한 기술적 조치의 구체적인 내용과 그 표준화방안에 대한 판단을 기술에 대한 전문성이 없는 문화체육관광부에 맡김으로써 사업자들이 자율적으로 효율적인 판단을 할 기회를 박탈한 것이며, 미국의 Grokster 사건 판결에서도 단지 필터링 등의 조치를 적극적으로 수용하지 않았다는 점만으로는 OSP에게 책임을 부과할 수 없다고 하는 등 외국법상으로도 이와 유사한 규정이나 판례법상 연원이 없다는 점 등을 근거로 비판하는 유력한 견해가 있다.[27] 특수한 유형의 OSP에게 일반적인 경우에 비하여 엄격한 조치의무를 부과하려는 시도 자체는 타당하나, 법률상으로는 극히 한정된 요건만을 규정하면서 대부분의 내용을 시행령과 고시에 맡김으로써 법적

---

거나, 사이버머니, 파일 저장공간 제공 등 이용편의를 제공하여 저작물 등을 불법적으로 공유하는 자에게 혜택이 돌아가도록 유도하는 서비스를 예시로 들고 있다.

25) 저작물 등을 이용 시 포인트 차감, 쿠폰사용, 사이버머니 지급, 공간제공 등의 방법으로 비용을 지불해야 하는 서비스를 예시로 들고 있다.

26) 저작물 등을 공유하는 웹사이트 또는 프로그램에 광고게재, 타 사이트 회원가입 유도 등의 방법으로 수익을 창출하는 서비스를 예시로 들고 있다.

27) 박준석, "개정 저작권 하의 ISP 책임", Law & technology 제3권 제2호, 서울대학교 기술과 법센터(2007. 3.), 52~57면.

안정성을 크게 해칠 우려가 있다는 비판을 면하기 어려울 것으로 생각된다.

## Ⅲ. 전기통신사업법상 OSP에 대한 규정

전기통신사업법 제2조 8호는 전기통신설비를 이용하여 타인의 통신을 매개하거나 전기통신설비를 타인의 통신용으로 제공하는 전기통신역무를 제공하는 자를 "전기통신사업자"로 정의하면서, 전화·인터넷접속 등과 같이 음성·데이터·영상 등을 그 내용이나 형태의 변경 없이 송신 또는 수신하게 하는 전기통신역무 및 음성·데이터·영상 등의 송신 또는 수신이 가능하도록 전기통신회선설비를 임대하는 전기통신역무인 "기간통신역무"(제2조 11호)와 그 외의 전기통신역무인 "부가통신역무"(제2조 12호)를 구분한다. 특히 저작권법 제104조에 따른 특수한 유형의 OSP의 부가통신역무 등을 "특수한 유형의 부가통신역무"로 정의하고 있다(제2조 제14호 가목). 전기통신사업법상 기간통신역무, 부가통신역무 및 특수한 유형의 부가통신역무를 제공하는 각 전기통신사업자 역시 일종의 OSP로 파악할 수 있다.[28]

2014. 10. 15. 개정되어 2015. 4. 16.부터 시행된 전기통신사업법은 전기통신사업자의 의무 규정을 신설하여, 특수한 유형의 부가통신사업을 등록한 자에 대하여 음란정보의 유통 방지를 위하여 일정한 기술적 조치를 취할 의무를 부과하고 있고(제22조의 3), 청소년과 전기통신서비스 제공에 관한 계약을 체결한 경우에는 청소년유해매체물

---

28) 한편 동법은 "모바일콘텐츠 등을 등록·판매하고 이용자가 모바일콘텐츠 등을 구매할 수 있도록 거래를 중개하는 사업을 하는 자"를 부가통신역무 제공 사업자 중 "앱 마켓사업자"로 정하고 있으며(제2조 13호) 이 역시 OSP의 일종으로 파악할 수 있다. 다만 동법상 앱 마켓사업자에게만 적용되는 고유한 규정은 존재하지 않으며 다른 사업자들과 동일한 규정들만이 적용된다.

및 음란정보에 대한 차단수단을 제공하도록 하고 있다(제32조의7).

## IV. 정보통신망법상 OSP에 대한 규정

### 1. 정보통신망법상 OSP의 개념

정보통신망법 제2조 제1항 3호는 전기통신사업법 제2조 제8호에 따른 전기통신사업자와 영리를 목적으로 전기통신사업자의 전기통신역무를 이용하여 정보를 제공하거나 정보의 제공을 매개하는 자를 "정보통신서비스 제공자"라고 정의하고 있다. 즉, 정보통신망법상 "정보통신서비스 제공자"에는 인터넷 접속 서비스를 제공하는 자까지 포함되는 것으로 보이고, 이러한 정보통신서비스 제공자는 OSP의 한 유형으로 파악된다.

### 2. 정보통신망법에 따라 OSP에게 법률적 의무가 직접 부과되는지 여부

정보통신망법은 정보통신서비스 제공자로 하여금 사생활 침해 또는 명예훼손 등 타인의 권리를 침해하는 정보가 정보통신서비스 제공자 자신이 운영·관리하는 정보통신망에 유통되지 않도록 노력하도록 규정하고 있다(제44조). 이 조항에 따라 OSP에게 유해정보를 유통하지 않을 법적 의무가 직접적으로 부과되는지 문제될 수 있으나, 위 조항의 문언상 "노력하도록" 하고 있을 뿐이므로, 이는 어디까지나 주의적인 조항에 불과할 뿐 구체적으로 제3자의 권리침해에 관한 책임을 부과하는 근거조항으로 해석하기는 어렵다.[29]

하급심이기는 하나 판례 역시 이를 선언적인 규정에 불과한 것으

---

29) 차상육, "상표권침해를 둘러싼 오픈마켓 운영자의 법적 책임", 경제법연구 제13권 제1호(2014), 45면.

로 해석하고 있다.[30] 더욱이 대법원은 "위 규정은, 정보통신서비스 이용자 수의 증가와 함께 정보통신망에서 유통되는 정보의 영향력 이 매우 커지고 있고, 이에 따라 개인정보의 침해나 각종 명예훼손 성 정보의 유통 등으로 인한 사회적 피해도 커지고 있음을 고려하여 이에 대처한다는 취지에서 입법된 것으로서, 일반적으로 "등"이라는 표현은 그 앞에 구체적으로 열거된 단어와 유사한 것을 포괄하는 의 미로 사용되는바, 그럼에도 위 규정 중 "등 타인의 권리"라는 문언에 집착하여 이를 제한 없이 '타인의 모든 권리'라고 해석할 경우에는 과연 위 조문이 의미하는 "타인의 권리를 침해하는 정보"의 범위가 어디까지인지 매우 불명확하게 되고, 그 결과 이렇듯 불명확한 정보 의 유통을 방지하기 위하여 정보통신서비스제공자가 어느 정도의 노력을 기울여야 하는지 또한 모호하게 되어 정보통신서비스제공자 에게 지나치게 과중한 부담을 지우게 된다. 이런 점을 고려할 때, 위 법 제44조 제1항의 "사생활 침해 또는 명예훼손 등 타인의 권리를 침 해하는 정보"는 '사생활을 침해하는 정보'나 '명예를 훼손하는 정보' 및 '이에 준하는 타인의 권리를 침해하는 정보'만을 의미할 뿐, 거기 에서 더 나아가 '타인의 상표권을 침해하는 정보'까지 포함하지는 않 는다고 보는 것이 합리적이다"라고 판시하여 저작권이나 상표권 침 해 등 재산권에 관한 정보에 대하여는 위 조항이 적용되지 않는다는 입장이므로[31], 설령 위 조항이 인격권 침해나 명예훼손에 관하여는 법적 의무를 부과하는 것으로 해석할 여지가 있다고 하더라도, 여전 히 위 조항을 OSP의 여하한 서비스와 관련한 일반적 책임근거로 삼 을 수는 없다.

---

30) 서울고등법원 2010. 5. 10.자 2009라1941 결정('adidas 사건' 항고심 결정). 1심 은 서울중앙지방법원 2009. 9. 9.자 2009카합653 결정.
31) 대법원 2012. 12. 4. 자 2010마817 결정('adidas 사건' 재항고심 결정).

### 3. 기타 OSP와 관련된 조항

동법은 권리를 침해당한 제3자가 정보통신서비스 제공자에게 해당 정보의 삭제를 요청할 경우 정보통신서비스 제공자는 지체 없이 삭제·임시조치 등 필요한 조치를 하도록 정하면서, 정보통신서비스 제공자가 이러한 조치를 취하는 경우 배상책임을 감면받을 수 있도록 하고 있다(제44조의 2). 이는 일종의 통지 및 차단조치(notice & takedown)를 법제화한 것이라고 할 수 있는데, 필요적 배상책임의 감면은 아니라는 점에서 정보통신서비스 제공자를 충분히 보호하지 못한다는 비판이 제기될 수 있다.

또한 동법은 민·형사상 소제기를 위해 침해자의 정보 제공을 요청할 근거조항을 두고 있으며(제44조의 6), 정보통신서비스 제공자가 자신이 운영·관리하는 정보통신망에 유통되는 정보가 사생활 침해 또는 명예훼손 등 타인의 권리를 침해한다고 인정되면 임의로 임시조치를 할 수 있도록 하는 권한을 부여하고 있다(제44조의 3).

## V. 전자상거래법상 OSP에 대한 규정

### 1. 전자상거래법의 내용

전자상거래법에서는 직접적으로 OSP라는 용어를 사용하고 있지는 않다. 그렇지만 전자상거래법상 통신판매업자(제2조 3호) 및 통신판매중개자(제2조 4호)[32]를 이 글에서 다루는 OSP의 한 유형으로 볼

---

32) 전자상거래법에서는 "중개"라는 용어를 사용하였는데, 이 때문에 통신판매중개자를 상사중개인이나 민사중개인의 일종으로 파악하거나, 통신판매중개자에게 상사중개·민사중개 법리를 적용하려는 견해가 주장되기도 한다. 노종천, "E-commerce에서 통신판매중개자의 법적 지위와 책임", 민사

수 있다. 구 전자거래기본법(1999. 2. 8. 법률 제5834호)은 제2조 제6호에서 "사이버몰"이라는 용어를 사용하면서, "컴퓨터등과 정보통신설비를 이용하여 재화 또는 용역을 거래할 수 있도록 설정된 가상의 영업장"이라고 정의하고 있었는데, 전자상거래법에서는 이러한 용어가 삭제되었다.

통신판매자, 통신판매중개자는 사이버몰(Cyber Mall)이라고 불리는 가상 상점을 판매자와 이용자에게 제공하는데, 이에 대하여 사이버몰이 등장한 초기에는 여러 용어가 혼재되어 개별법마다 다른 용어를 사용하기도 하였으나 현재에는 사이버몰이란 용어가 통일적으로 사용되고 있다고 하면서 사이버몰이란 명칭 외에 인터넷 쇼핑몰, 사이버 쇼핑몰, 가상 상점, 인터넷 사이버몰 등의 용어도 사용되고 있다는 견해가 있다.[33] 그러나 사이버몰이라는 용어가 과연 통일적으로 사용되고 있는지 의문이고, 통상적으로는 인터넷 쇼핑몰이라는 용어가 보다 더 널리 사용되고 있는 것이 아닌가 한다.[34] 현행법상 "사이버몰"이라는 용어는 삭제되었고, "인터넷 쇼핑몰"이라는 용어는 외래어일 뿐 아니라 전자상거래와 관련하여 모든 유형을 포괄하지는 못하므로, 법률상 정의된 통신판매자, 통신판매중개자라는 용어를 쓰는 것이 바람직하다고 생각된다.

전자상거래법은 거래기록의 보존(제6조), 조작 실수 등의 방지(제7조), 통신판매중개자의 고지 및 정보제공(제20조), 통신판매중개자의 소비자에 대한 연대책임(제20조의 2)와 같이 통신판매업자나 통

---

법학 제39-1호 (2007. 12), 297~302면.
33) 이충훈, "사이버몰운영자의 표시·광고 책임", 인터넷 법률 36호 (2006. 10), 194면.
34) 이충훈, "인터넷통신판매중개자의 법적 책임", 인터넷 법률 38호 (2007. 4), 27면 각주 3)에서도 '인터넷 쇼핑몰'이라는 용어가 사이버몰이라는 개념보다 널리 이용되고 있다고 한다. 한편, 노종천(주 32), 284면은 가장 포괄적인 용어로 "온라인마켓플레이스(online market place)"도 사용되고 있다고 한다.

신판매중개자와 이용자 사이에 관한 법률관계에 대하여는 규정하고 있으나, 전자상거래를 통해 위조품이 거래되는 등 제3자의 권리가 침해되는 경우의 책임에 관하여는 정하고 있지 않다.

## 2. 전자상거래법상 통신판매중개자 유형

OSP 중 특수한 유형이라고 할 수 있는 통신판매중개자에 대하여는 그 관여 방식과 형태에 따라 (1) 사이버몰 이용허락자, (2) 정보제공형 통신판매알선자, (3) 거래관여형 통신판매알선자로 나누어 볼 수 있다.[35]

먼저 (1) 사이버몰 이용허락자는 자신이 사이버몰을 만들어 놓고 여기에서 통신판매업자들이 거래할 수 있도록 허락해주는 유형으로 오프라인으로 비유하면 시장을 만들어 그 점포에 상인을 입점시키는 형태와 매우 유사하다고 한다. 사이버몰 이용허락자의 OSP로서의 책임에 대하여는 미국의 Inwood 테스트[36]가 직접 적용될 수 있을 것으로 보이고, 판매자의 행위에 대해 책임을 부담하는 경우는 극히 드물 것으로 생각된다.

다음으로 (2) 정보제공형 통신판매알선자는 자신의 명의로 통신판매를 위한 광고수단을 제공하거나 그러한 광고수단에 자신의 이름을 표시하여 통신판매에 관한 정보를 제공하는 방법에 의하여 통신판매를 알선하는 유형이다. 검색엔진을 통해 상품나열식 정보제

---

35) 통신판매중개자의 유형에 관한 이하의 설명은 오병철, "통신판매업자의 불법행위에 대한 통신판매중개자(오픈마켓)의 책임", 재산법연구 26권 1호 (2009. 6), 186~190면을 요약·정리하여 인용한 것이다.

36) *Inwood Labs., Inc. v. Ives Labs., Inc*, 456 U.S. 844, 855 (1982) 사건에서 발전한 법리로, 제3자로 하여금 상표권 침해행위를 하도록 고의적으로 유도하거나, 제3자의 상표권 침해행위를 알거나 알 수 있었음에도 계속하여 용역 등을 공급한 경우에는 기여책임을 부담한다는 것이다.

공을 하는 포털사이트[37], 가격비교정보를 전문적으로 제공하는 가격
비교사이트[38] 등이 여기에 해당할 것이다. 이러한 정보제공형 통신
판매알선자가 개입하는 경우 판매자와 소비자의 계약은 별도의 판
매자 사이트로 이동하여 이루어지는 것이 대부분이고, 소비자에게는
포털사이트·가격비교사이트의 정보제공과 판매자와의 계약체결이
완전히 별도의 주체에 의해 이루어지는 것이라는 점을 인식하도록
안내된다.[39]

마지막으로 (3) 거래관여형 통신판매알선자는 자신의 명의로 통
신판매를 위한 광고수단을 제공하거나 그러한 광고수단에 자신의
이름을 표시하여 통신판매에 관한 청약의 접수 등 통신판매의 일부
를 수행하는 방법에 의하여 거래 당사자 간의 통신판매를 알선하는
유형이다.[40] 이 유형에서는 소비자가 거래관여형 통신판매알선자의
사이트에 접속하여 그 사이트 내에서 개별 통신판매자의 물품을 선
택하되 계약체결은 통일적으로 오픈마켓의 화면에서 하므로, 이들은
단순히 광고나 정보를 제공하는 것에 그치는 것이 아니라 계약체결
과정에 관여하는 것이므로 통신판매 계약체결과정의 참여자로서의
지위에 선다.

다만, 종래 정보제공형 통신판매알선자는 통신판매의 계약체결이

---

37) 예를 들어 "네이버 지식쇼핑(shopping.naver.com)", "다음 쇼핑하우(shopping. daum.net)" 등.

38) 예를 들어 에누리(www.enuri.com), 다나와(www.danawa.com) 등.

39) 일반적으로 포털사이트·가격비교사이트에서 판매자의 사이트로 이동하는 사이에 포털사이트·가격비교사이트는 오로지 정보를 제공할 뿐이고, 소비 자는 판매자와 계약을 체결하는 것이며, 포털사이트·가격비교사이트와 판 매자는 서로 관련이 없고, 제품의 판매와 품질보증 등은 오로지 판매자에 게만 책임이 있다는 내용의 안내문이 수초 이상 게재되는 형식으로 안내 된다.

40) 예를 들어 지마켓(www.gmarket.co.kr)이나 옥션(www.auction.co.kr), 11번가 (www.11st.co.kr), 인터파크(www.interpark.co.kr) 등.

나 이행과정 어디에도 전혀 개입하지 않았으나, 최근에는 소비자로 하여금 정보제공형 통신판매알선자의 사이트에서 해당 ID와 비밀번호를 이용해 직접 물품을 구입할 수 있도록 하고, 할인쿠폰의 발행, 마일리지 적립, 사이버머니의 이용 등 통신판매의 이행과정에서도 일정한 역할을 수행하며, 자신의 지배적인 명성이나 신용을 내세워 통신판매를 유도하기도 하는 등 통신판매에 관여하는 정도가 커지고 있다. 이 경우 단순한 정보제공형 통신판매알선자로 볼 것인지 아니면 거래관여형 통신판매알선자로 보아야 하는지 여부는 실제 서비스의 구체적인 내용, 고지된 책임제한 사항 및 약관 등에 따라 해석되어야 할 것으로 생각된다.

참고로, 대법원은 "사이버몰 운영자가 입점업체의 광고행위에 대하여 입점업체와 공동으로 또는 입점업체와 독립하여 광고행위의 주체로서 행정적 책임을 지는지 여부는 사이버몰 운영자와 입점업체 사이의 거래약정의 내용, 사이버몰 운영자의 사이버몰 이용약관의 내용, 문제된 광고에 관하여 사이버몰 운영자와 입점업체가 수행한 역할과 관여 정도, 광고의 구체적 내용은 물론 광고행위의 주체에 대한 소비자의 오인가능성 등을 종합하여 구체적·개별적으로 판단하여야 한다"고 하면서, 사이버몰 운영자의 광고주체성을 부인한 바 있다(대법원 2005. 12. 22. 선고 2003두8296 판결). 이 판결에서 문제가 된 통신판매중개자는 위 (2) 유형에 해당하는 '다음 쇼핑하우'였으므로, 이러한 대법원의 입장이 나머지 모든 유형의 통신판매중개자에게 적용될 수 있는지는 다시 검토가 필요하다. 일반적으로 (1) 유형에 대하여는 주체성을 인정하기 어려울 것이나, (3) 유형에 대하여는 주체성이 인정될 가능성이 높을 것이다. 한편, 이 판결에 대하여는 표시·광고의 부당성 판단의 핵심이 소비자의 오인성에 있다는 점과 광고주체의 혼동이 사업자가 자신에 관한 표시·광고행위에서 비롯되는 문제임을 감안하면, 광고행위의 주체에 대한 판단 역시 사이버몰을 이용하는 통상적인 주의력을 가진 소비자의 관점에서 이루어져야 한다고 하면서, 이러한 시각에서 사이버몰 운영자와 입점업체 사이의 거래약정의 내용이나 문제된 광고에 관하여 사이버몰 운영자와 입점업체가 수행한 역할과 관여 정도와 같이 일반소비자가 도저히 알 수 없는 거래내부관계까지 고려하여 광고의 주체를 판단하는 것은 법리상 문제가 있다고 보는 견해가 있다.[41] 이 판결은 표시·광고의 공정화에 관한 법률상 행정적인 책임에 관한 사안으로 거래내부관계 등까지 고려한 것으로 선해할 수 있겠으나, 만약 소비자나 제3의 권리자와의 관계가 문제되었다면 거래내부관계 등까지는 판단기준으로 삼지 않아야 할 것으로 생각된다.

## VI. 소결

이상에서 살펴본 바와 같이, 우리 법상 OSP에 대한 일반적 정의규정은 존재하지 않으나, 저작권법을 필두로 여러 법률에서 OSP 내지 그에 준하는 개념에 대하여는 규정하고 있다. 그러나 OSP의 개념에 대하여는 법률상 어느 정도 정의되어 있다고 하더라도 여전히 OSP가 어떠한 요건에서 이용자의 행위에 대해 책임을 부담하게 되는지 여부나 일단 성립한 책임이 어떠한 경우에 감면될 수 있는지 여부에 대하여는 명확한 기준이 설정되어 있다고 보기 어렵다. 전기통신사업법에서는 OSP에 대해 명시적으로 법률적 의무를 부과하고 있으나, 이는 음란물 또는 아동·청소년이용음란물 등에 국한되는 것일 뿐 아니라, 구체적인 의무범위에 대하여는 여전히 해석의 여지가 상당하여 다른 영역에 확대적용하기는 곤란하다. 또한 저작권법에서는 OSP의 책임이 제한될 수 있는 요건에 대해 상세히 적시하고 있지만, 이

---

41) 나지원, "사이버몰 운영자의 표시·광고법상 책임", 법률신문 3485호 (2005. 12. 22).

는 OSP에게 책임이 인정된다는 것을 전제로 그 책임제한에 관해 규정하는 것이어서, 책임이 어떠한 경우에 인정될 수 있는지에 관하여는 별도의 논의를 요한다.

## 제3절 OSP에 대한 해외의 입법 현황

### Ⅰ. 미국의 경우

#### 1. 저작권법 측면에서의 논의 및 입법 현황

미국에서는 DMCA 제정 전 초창기에 인터넷서비스제공자라고 하여 (i) 이용자들이 직접 전자메시지 센터로 작동하는 중앙컴퓨터나 서버컴퓨터에 접속하는 방법으로 이에 접근하게 되는 형태의 전자게시판서비스(BBS), (ii) 이용자가 자신의 컴퓨터에 이용자 이름(ID)과 비밀번호를 입력하여 원격 주 컴퓨터에 접속하되, 접속 이후로는 인터넷으로 통하는 관문만을 제공하게 되는 인터넷접속서비스(Internet Access Service) 및 (iii) 아메리카온라인(America On-Line)과 같이 인터넷접속서비스와 전자게시판이 섞여 있는 형태의 세 가지 유형의 인터넷 사업자가 거론되었다.[42]

미국의 판례이론은 위와 같은 세 가지 유형의 인터넷사업자들을 중심으로 하여 일정한 요건 아래 저작권침해의 책임을 인정하는 방향으로 전개되어 왔는데, DMCA[43]는 이 법에 의하여 신설되는 연방

---

42) 미국의 초창기 OSP에 대한 논의에 대하여는, 김동진, "온라인서비스 제공자의 책임", CYBER LAW의 제문제[상], 법원도서관(2003), 10~12면; 강기중, "인터넷과 관련한 미국 저작권법상의 제문제", 재판자료 88집, 법원행정처(2000) 참조.

저작권법(Copyright Law of the United States in Title 17 of the United States Code) 제512조에 의한 책임 제한의 혜택을 받을 당사자를 '서비스제 공자(service provider)'로 규정하고, 서비스제공자의 책임과 관련되는 정보의 내용44)을 (i) 일시적인 디지털 네트워크 통신(transitory digital network communications), (ii) 시스템 캐싱(system caching), (iii) 시스템이 나 네트워크상에서 이용자의 명령에 의해 저장된 정보(information residing on systems or networks at direction of users) 및 (iv) 정보위치검색 도구(information location tool)로 나누어 각각 책임제한 요건을 정하고 있다. 한편, 위 조항은 일시적인 디지털 네트워크 통신과 관련된 책 임제한 규정의 적용에 있어서는 서비스제공자를 "서비스이용자에 의하여 특정되는 위치들 사이에 이용자의 선택에 따라 송·수신되는 자료나 정보에 대하여 아무런 수정을 가하지 아니하고, 전송, 라우 팅45)의 서비스를 제공하거나 디지털 온라인 통신을 위한 접속을 제

---

43) 이 법은 크게 보아, 첫째 1996년 WIPO에서 체결한 두 개의 조약을 국내적 으로 시행하는 것, 둘째 조약상의 직접적인 의무 이행은 아니지만 디지털 환경에 맞는 국내 법제도를 정비하는 것을 목적으로 하여 제정되었고, 세 부적으로는 5개 편(編)으로 되어있으며 제5편을 제외한 1, 2, 3, 4편은 각기 독자적인 법률로 구성되어 있다. 제1편은 WIPO 저작권조약 및 실연·음반조 약시행법(WIPO Copyright and Performances and Phonograms Implementation Act)이 고, 제2편은 온라인 저작권침해 책임 제한법(Online Copyright Infringement Liability Limitation Act)이며, 제3편은 컴퓨터 유지·경쟁 보장법(Computer Maintenance Competition Assurance Act)이고, 제4편은 저작권 기구, 원격 학습, 도서관 면책, 일시적 녹음·녹화 등에 관한 규정, 제5편은 선박의 디자인에 관한 보호규정이다. 이에 관하여는 양재모, "인터넷서비스제공자의 불법행 위책임에 관한 연구", 한양대학교 대학원 박사학위논문(2003), 142면 참조.
44) 우리 저작권법이나 EU전자상거래지침이 OSP의 서비스 내용에 따라 책임 제한 기준을 두고 있는 것에 반하여, 미국 DMCA는 정보의 내용에 따라 기 준을 두고 있는데, 실질적인 분류 내용을 보면 단순 도관인 경우, 캐싱, 호 스팅 및 검색엔진으로 볼 수 있어 우리 저작권법이나 EU전자상거래지침상 의 분류와 크게 다르지 않은 것으로 평가할 수 있다.
45) 라우팅(routing)이란 망에서, 각 메시지에서 목적지까지 갈 수 있는 여러 경

공하는 당사자"로 좁게 정의하고(제512조 (k)(1)(A) 참조), 그 밖의 경우, 즉 시스템 캐싱, 시스템이나 네트워크상에서 이용자의 명령에 의해 저장된 정보, 정보위치검색도구의 이용에 대한 책임제한 규정을 적용함에 있어서는 "온라인서비스 또는 네트워크 접속의 제공자 또는 그것을 위한 시설의 제공자"라고 폭넓게 정의하고 있다(재512조 (k)(1)(B) 참조). 미국 DMCA의 서비스제공자에 관한 후자의 정의규정은 상당히 폭넓은 의미를 상정하고 있으므로 위에서 본 세 가지 유형의 인터넷 사업자 외에도 야후(www.yahoo.com)와 같은 검색서비스제공자를 비롯하여 그 외 새로운 유형의 인터넷 사업자에게도 적용될 수 있는 가능성이 높아 보인다.[46) 또한, 정보에 관한 웹사이트를 가지고 있는 회사의 인트라넷 및 미디어회사도 서비스제공자에 포함될 수 있다.[47)

DMCA가 유형화하고 있는 OSP 중 일시적인 디지털 네트워크 통신은 단순히 인터넷상의 정보전송만을 기술적으로 담당할 뿐 그 이상의 관여를 하지 않는 경우로, 전송이 서비스 제공자 이외의 다른 사람의 지시에 의해 개시되고, 전송, 라우팅, 접속의 제공 또는 저장이 자동화된 기술적 절차를 통해 서비스제공자에 의한 소재 선택 없이

---

로 중 한 가지 경로를 설정해 주는 과정을 말하고(네이버 지식백과 라우팅 검색결과), 라우터(서로 다른 네트워크를 연결하여 정보를 주고받을 때, 송신정보(패킷:packet)에 담긴 수신처의 주소를 읽고 가장 적절한 통신통로를 이용하여 다른 통신망으로 전송하는 장치, 네이버 지식백과 두산백과 라우터 검색결과)가 가지고 있는 소프트웨어적 기능으로 패킷의 주소정보를 읽어 데이터를 목적지별로 분류하는 것을 말하며, 네트워크상에서 정보를 주고받을 때는 데이터 앞뒤에 발신지·목적지·수신 상황 등과 관련한 각종 정보데이터를 덧붙인 패킷 형태로 송수신 된다(네이버 지식백과 매일경제 라우팅 검색결과).

46) 김동진, "OSP의 책임", 재판자료 99집, 법원행정처(2003), 13, 14면.
47) 이규호, "OSP의 저작권침해책임 제한과 저작권침해자정보공개제도", 「인터넷 법률」제35호, 법무부(2006), 28, 29면.

이루어지며, 서비스제공자가 저작물의 수신인을 선택하지 않고, 그러한 중간 또는 전송 저장의 과정에서 어떠한 복제물이라도 예정된 수신인이 아닌 다른 사람에 의하여 일반적으로 접근할 수 있어서는 안 되며, 예정된 수신인을 위한 경우에도 합리적으로 필요한 기간보다 더 긴 기간 동안 위와 같은 복제물이 시스템이나 네트워크상에 존속하지 않고, 내용의 수정 없이 저작물이 전송된다는 요건을 갖춘 경우 책임이 제한된다.

다음으로 캐싱의 경우에는 저작물이 서비스제공자가 아닌 다른 사람에 의하여 온라인에서 접근가능하게 되었고, 저작물을 게시한 이용자로부터 제3자에게 제3자의 지시에 따라 시스템이나 네트워크를 통해 전송되었으며, 그 시스템이나 네트워크의 이용자가 접근 가능하도록 할 목적으로 자동적 기술적 절차에 따라 저작물의 저장이 이루어진 경우로, 저작물의 내용 수정이 없을 것, 이용자가 일반적으로 받아들여지는 시스템이나 네트워크를 위한 공업 표준화 데이터 전송 프로토콜에 맞추어 저작물을 게시하면서 특정한 때 서비스제공자가 그러한 자료 갱신(refreshing), 재등록(reloading) 또는 업데이트(updating)에 관한 규정을 준수할 것, 일정한 조건 충족시 저작물 게시자에게 정보를 반송하는 기술적 가능성을 방해하지 않을 것, 저작물 게시자가 저작물에 대한 접속에 대해 조건을 설정한 경우 그러한 조건에 따라 이용자의 접근을 허용할 것 등 요건을 충족하는 경우 책임이 제한된다.

시스템이나 네트워크상에서 이용자의 명령에 의해 저장된 정보인 경우, 서비스제공자는 시스템이나 네트워크상 저작물 이용행위가 침해에 해당한다는 실제적 인식(actual knowledge)이 없거나, 침해행위가 명백하다는 점을 추론할 만한 사실이나 정황은 인식하지 못하였으며, 그러한 인식이 있는 경우 즉시 저작물을 삭제하거나 접근차단하고, 침해행위를 통제할만한 권리나 권한이 있는 경우에는 그로부터 직접적인 경제적 이익을 받지 않고, 저작권 침해에 대한 통지나 청구를 받은 경우 즉시 침해행위의 목적이 되는 해당 저작물을 삭제, 접근 차단하였다면 책임이 면제된다.

OSP가 정보위치검색도구에 해당할 경우는 시스템이나 네트워크 상에서 이용자의 명령에 의해 저장된 정보인 경우와 유사한 면책요건을 두고 있다.

### 2. 통신품위법상 논의 및 입법 현황

한편, 미국에서는 명예훼손 등과 관련하여서 OSP에게 통신품위법 (Communications Decency Act of 1996)[48]이 적용된다. 동법은 현대의 사회적 기준에 비추어 볼 때 명백하게 불쾌감을 주는 용어에 의해 성적인 행위 등을 묘사하는 기술 등(제223조)이나 미성년자에 대하여 유해한 소재(제231조)에 대하여 처벌규정을 두고 있다.

보통법(common law)에 기원을 둔 미국에서의 명예훼손으로 인한 불법행위는 고의 또는 과실에 의한 불법행위와 구별되는 제3의 불법행위 영역으로 다루어져 왔다.[49] 이에 따라 명예훼손에 대하여는 1차적 발언자의 책임(primary speaker liability)과 타인의 발언을 전달한 중간매체(intermediaries)의 책임으로 나누고, 후자의 책임 여부 및 그

---

48) 1996년 미 의회는 새로운 통신 기술들에 대한 규제를 줄이고, 신속한 기술 도입을 촉진하기 위해 1996년 전기통신법(the Telecommunications Act)을 제정하였고, 이 법안 중 제5편(Title V)은 공청회 후 집행위원회와 토론과정에서 추가된 것으로 1996년 통신품위법(Communications Decency Act of 1996)이라 불린다고 한다. 이러한 통신품위법 제정 경위 및 통신품위법 제정 전 미국에서의 논의에 관하여는, 박정훈, "인터넷서비스제공자의 관리책임 : 미국의 통신품위법 제230조와 비교법적 관점에서", 공법연구 제41집 제2호(2012. 12.), 514~518면 참조.
49) 시진국(주 14), 339면.

범위는 그 중개자가 발행인(publisher), 배포자(distributor), 도관(conduit)
의 3가지 유형 중 어느 유형에 따라 속하는가에 따라 달라졌다.[50] 그
중 발행인은 신문사와 같이 발행하는 내용에 관하여 편집권을 행사
하는 주체를 말하고, 그 내용에 따라 본래의 표현물을 창작한 자와
동등한 수준의 엄격 책임(strict liability)을 지는 반면, 배포자는 서적판
매상과 같이 원칙적으로 그 내용에 따른 책임을 부담하지 않으나,
그 내용을 알았거나 알 수 있었던 때에 한하여 발행인과 같은 엄격
책임을 지며, 한편, 공중통신업자는 전화회사와 같이 그 내용의 배포
에 관한 기계적인 의미의 역무만 제공하는 주체로서 그 내용에 관하
여 아무런 책임도 부담하지 않는다고 한다.[51]

이러한 명예훼손에 관한 특수한 법리가 통신품위법에 반영되어,
동법은 OSP가 정보의 생성 등에 관여하지 않고 단순히 정보 이동을
매개하는데 그친 경우에는 제3의 다른 정보 콘텐츠 제공자로부터 제
공된 정보의 발행인(publisher) 내지 발언자(speaker)로 취급되지 않는
다는 점을 명시하여 면책하고 있고, 또한 유해 정보에 대한 접속이
나 접근가능성을 제한하기 위한 자발적인 조치를 선의로 취한 경우
등에는 민사책임을 부담하지 않는다고 규정한다(제230조). 즉, 통신
품위법은 책임을 부과함으로써 OSP의 행위를 규제하는 것이 아니라,
그 책임을 면제함으로써 규제하는 구조를 취하고 있다.[52]

---

50) David S. Ardia, "FREE SPEECH SAVIOR OR SHIELD FOR SCOUNDRELS: AN
    EMPIRICAL STUDY OF INTERMEDIARY IMMUNITY UNDER SECTION 230 OF THE
    COMMUNICATIONS DECENCY ACT", Loyola of Los Angeles Law Review(Winter
    2010), pp. 392~401 참조.
51) 권영준, "명예훼손에 대한 인터넷서비스제공자의 책임", Law & technology
    제2권 제2호, 서울대학교 기술과법 센터(2006. 3.), 50면.
52) Nicholas Conlon, "FREEDOM TO FILTER VERSUS USER CONTROL: LIMITING THE
    SCOPE OF § 230(C)(2) IMMUNITY", University of Illinois Journal of Law, Technology
    and Policy(Spring, 2014), p. 116.

### 3. 기타 영역에서의 논의

미국에서는 저작권법 측면에서는 DMCA가, 인격권 침해 등에 관하여는 통신품위법이 적용되나, 그 외의 영역과 관련하여서는 입법이 이루어진 바 없다. 이에 따라 상표권 침해 등 기타 영역에 관하여는, 해당 영역 고유의 간접책임 법리에 따라 OSP의 책임이 검토되고 있다. 특히 상표권 침해와 관련하여서는 상표법 고유의 기여책임 법리로 발전되어 온 Inwood 테스트 등을 근거로 간접책임 여부가 판단되어 왔다. 유럽이나 일본의 경우 OSP의 책임을 일원적인 규정을 통해 규율하고 있는 것과 다르며, 우리나라의 입법 현황과 유사하다고 할 수 있다.

## II. 유럽연합의 경우

### 1. EU전자상거래지침

유럽연합에서는 EU전자상거래지침[53]에 의하여 OSP의 법적 책임에 관하여 일괄적으로 정하고 있다. 즉, 유럽에서는 미국의 경우와 달리, 저작권과 명예훼손 등 영역에 따라 OSP의 책임에 관한 규정이

---

53) EU전자상거래지침이 제정되기 전 유럽 각국에서는 OSP의 책임과 관련하여 서로 다른 기준에 따른 여러 판결이 내려졌다고 한다. 예를 들어 독일에서는 Graf v. Microsoft GmbH, OLGZ Cologne, No. 15 U 221/01, 영국에서는 Godfrey v. Demon Internet, Q.B. No. 1998-G-No. 30, Mar. 26, 1999 (London High Court) 및 프랑스에서는 Lefebure v. Lacambre, Tribunal de Grande Instance de Paris, Ref. 55181/98, No. 1/JP (June 9, 1998) 등인데, 이에 관한 역내 법률의 조화가 필요하다는 점을 인식하여 EU전자상거래지침이 제정되기에 이르렀다고 한다. Michael L. Rustad·Thomas H. Koenig, "HARMONIZING INTERNET LAW: LESSONS FROM EUROPE", Journal of Internet Law 9 No. 11, Aspen Publishers, Inc. (2006. 5.), CONFLICTING ONLINE INTERMEDIARY LAW 참조.

달리 존재하는 것이 아니라 제3자에 의하여 야기된 모든 분야의 위법한 행위에 관해 하나의 지침으로 통일적으로 규율한다.[54]

동 지침은 OSP에 대하여 전송·저장되는 정보를 감시할 일반적 의무, 위법행위를 나타내는 사실·상황을 적극적으로 탐지할 일반적 의무를 부과하여서는 안 된다고 하면서(제15조)[55] ① 이용자가 제공하는 정보를 통신 네트워크상에서 전송하거나 통신네트워크에 접속을 제공하는 단순한 도관(mere conduit, 제12조), ② 이용자가 제공하는 정보를 통신네트워크상에서 전송하는 캐싱(caching, 제13조) 및 ③ 이용자가 제공하는 정보를 저장하는 호스팅(hosting, 제14조)으로 나누어 각각 면책될 수 있는 경우를 정하고 있다.

EU전자상거래지침에 의하면, 우선 ① 전송을 개시하지 않고, 전송받는 수신자를 선택하지 않으며, 전송되는 정보를 선택하거나 수정하지 않은 단순 도관인 경우에는 면책되도록 규정한다. 유무선 전화서비스나 유무선 인터넷서비스를 제공하는 통신업체가 이에 해당할 것인데, 이때에는 단순한 전달자로서 수동적 역할만을 수행하므로, 단순도관의 지위에서 서비스를 제공하는 OSP의 경우에는 자신이 적극적·직접적으로 불법행위에 개입하지 않는 한 완전히 면책된다. ② 캐싱의 경우에는 정보를 수정하지 않고, 정보에 접근하는 조건에 따라 정보의 갱신에 관한 업계에서 널리 인정되고 이용되는 방식을 따

---

54) 만약 미국과 같이 법률분야마다 다른 책임체제를 적용한다면, OSP는 고객들의 통신을 분석하여 저작권이 적용되는 정보인지, 아니면 그 외의 법률이 적용되는 정보인지를 확인하여 다른 대처를 해야 한다는 문제가 있으며, 결과적으로 OSP를 검열기관으로 만들 위험성이 있다는 견해도 있다. Rosa Julia-Barcelo, "Liability for Online Intermediaries: A European Perspective", Eur. Intell. Prop. Rev.(1998), pp. 453~463(박정훈(주 18), 536면에서 재인용).

55) 다만 이용자들로부터 불법행위의 신고가 있는 경우에는 즉각적으로 관련 당국에게 알려주고, 당국의 요청이 있는 경우에는 OSP와 계약을 맺고 있는 이용자의 신원을 확인할 수 있는 정보를 제공하도록 하고 있다(제15조 제2항).

르며, 정보의 이용에 관한 데이터를 얻기 위해 업계에서 널리 인식
되고 이용되고 있는 기술의 합리적인 이용을 방해하지 않고, 전송
발신자의 정보가 삭제되거나 또는 그 정보에 접근이 정지되어, 법원
이나 행정청으로부터 그러한 삭제, 접근정지 명령이 내려진 사실을
실제로 안 때 즉시 저장된 정보의 삭제·접근금지를 한 경우, ③ 호스
팅의 경우에는 위법한 행위·정보에 관한 현실적인 인식이 없고 위법
한 행위·정보가 명백하게 된 사실·상황에 대한 인식이 없으며, 그러
한 인식이 있는 때에는 즉시 해당 정보의 삭제·접근금지를 한 경우
각각 면책된다. 다만, EU전자상거래지침은 미국의 DMCA와 달리 통
지 및 차단조치(Notice and Takedown) 면책을 규정하고 있지 않고, 다
만 가맹국들에게 이 제도 도입 여부에 대한 재량을 부여하고 있을
뿐이다(제14조 제3항).

한편, EU전자상거래지침은 검색엔진과 같은 정보위치검색도구에
관하여는 규정하고 있지 않은 점이 문제점으로 지적되고 있다. EU전
자상거래지침이 수평적 규제체제를 취하고 있는 결과 검색엔진의
경우에도 별도의 특별규정 없이도 EU전자상거래지침이 정하는 다른
유형의 인터넷 중개자에 포섭시켜 실질적 인식이 없는 이상 면책시
킬 수 있을 것이나, 유럽연합은 2007. 11. 12.자 인터넷 중개자의 책임
에 관한 연구(Study on the Liability of Internet Intermediaries) 최종보고서
(Final Report)[56]에서, EU전자상거래지침의 한계를 확인하면서 권고사
항으로 동 지침에서 다루지 못한 형사책임, 검색엔진·하이퍼링크,
금지가처분 등에 대해 가맹국의 자율규제를 할 수 있도록 하였다.[57]

---

56) 유럽연합은 EU전자상거래지침을 적용하면서, 인터넷 중개자의 책임에 관
   한 조항의 적용과 경제적 효과에 관하여 두 번의 연구를 시행하였는데, 그
   중 두 번째 연구 결과가 최종보고서 형태로 공개되었다. 최종보고서는 보
   고서 본문과 EU가맹국 25개국의 현황에 대한 보고서로 이루어져 있다.
57) 유럽연합 2007. 11. 12.자 인터넷 중개자의 책임에 관한 연구 최종보고서
   (ec.europa.eu/internal_market /e-commerce/directive/index_en.htm), 17면~23면

## 2. 디지털 싱글마켓 저작권지침[58]

　온라인서비스제공자의 책임과 관련하여 최근 유럽에서는 "유럽연합 디지털싱글마켓 저작권지침(EU Directive on Copyright in the Digital Single Market"(이하 "DSM지침")[59]이 제정되어 논란이 일고 있다. DSM지침은 종래 유럽연합 저작권지침을 일부 개정하는하며 OSP에게 보다 무거운 책임을 과하는 것을 내용으로 하는데, 2019. 3. 26. 유럽의회(European Parliament)를 통과하여 2019. 4. 15. 유럽 이사회(European Council)에서 정식 채택되었으며 총 32개의 조항으로 구성되어 있다. 제정 과정에서 가장 큰 논란이 되었던 부분은 '링크세(Link Tax)'에 관한 제15조와 온라인 콘텐츠 공유서비스 제공자(Online Content-Sharing Service Provider, 이하 "OCSSP")들에게 저작권 보호조치와 관련된 강화된 의무를 부과하는 내용의 제17조였다.[60] 이하에서는 그 중 제17조에 관하여 소개한다.

　DSM지침 제17조는 특히 유투브(youtube) 등 콘텐츠 공유를 목적으로 하는 OSP인 OCSSP를 대상으로 하는 것으로, 10개 항으로 이루어져

58) 이 부분은 신지혜, "온라인서비스제공자의 방조책임 성립요건-대법원 2019. 2. 28. 선고 2016다271608 판결", 법조 제68권 제4호, 법조협회(2019. 8.), 798~800면에서 소개한 내용을 정리한 것이다.

59) 정식명칭은 Directive (EU) 2019/790 of the European Parliament and of the Council of 17 April 2019 on copyright and related rights in the Digital Single Market and amending Directives 96/9/EC and 2001/29/EC. 이 지침은 2019. 5. 29. 공식 저널을 통하여 공표되었고, EU 회원국 2021. 6. 7.까지 이 지침을 뒷받침하는 법률을 마련해야 한다.

60) 원래 제13조로 제안되었다가 최종안에서 제17조로 정리되었다. DSM지침의 제안 과정 및 제안 단계에서의 논의에 관한 상세한 내용은, Thomas Riisa·Sebastian Felix Schwemer, "LEAVING THE EUROPEAN SAFE HARBOR, SAILING TOWARD ALGORITHMIC CONTENT REGULATION", Journal of Internet Law 22 No. 7(2019. 1.), pp. 12~14 참조.

있다. 제17조는 OCSSP로 하여금 콘텐츠의 저작권자로부터 미리 사용
허락을 받도록 요구하면서(제1항), OCSSP에 대해서는[61] 종래 EU전자
상거래지침에 따른 책임 제한 조항(제14조)[62]의 적용도 배제된다고
정한다. DSM지침에 의하면, OCSSP는 미리 저작권자로부터 사용허락
을 받아야 하고, 이용자가 업로드한 콘텐츠가 이와 같이 사용허락을
받지 못한 저작권 침해물에 해당한다면 EU전자상거래지침 책임 제
한 조항의 적용 없이 책임을 부담하게 된다.

다만, OCSSP가 (a) 권리자로부터 허락을 받기 위한 최선의 노력을
하였고, (b) 권리자가 필요한 관련 정보를 제공한 대상물에 접근할
수 없도록 업계 통상 수준에 맞는 전문적이고 성실한 노력을 기울였
으며, (c) 권리자로부터 충분히 실질적인 통지를 받고 신속히 차단,
배제 조치를 취하였고, 향후 업로드를 차단할 최선의 노력을 기울였
음을 입증한 경우에는 면책될 수 있다고 하며(제4항), 이러한 의무
이행 여부를 판단함에 있어서는 비례원칙을 고려하여, 서비스의 종
류, 이용자 및 규모, 게시물의 종류와, 서비스제공자에게 적합하고
효율적인 수단이 있는지 및 그에 소요되는 비용 등을 참작해야 한다
고 정한다(제5항).

한편, DSM지침에 의하더라도 일반적 감시의무까지 인정되는 것
은 아니며(제8항), 소규모 OCSSP나 신규 OCSSP에 대해서는 적용을 제
외하고 있다(제6항). 또한 저작권 침해물에 대해서만 적용되므로, 애
초에 저작권 제한사유에 해당하는 인용(quotation), 비평(criticism), 논
평(review) 등에 대해서는 DSM지침과 무방하게 자유로운 이용이 가능

---

61) 다만, OCSSP가 아닌 다른 온라인서비스제공자에 대하여는 여전히 책임 제
한 조항이 적용된다고 명시한다(제3항 후단).
62) EU전자상거래지침에 의하면, 이용자가 무단으로 저작권 침해물을 업로드
한 경우, 온라인서비스제공자가 그러한 행위에 적극적으로 개입하지 않고,
그러한 행위에 대한 인식가능성이 없었으며, 그러한 행위를 알게 된 즉시
적절한 조치를 취하면 면책될 수 있다.

하다고 한다(제7항).

DSM지침은 유럽 이사회에서 통과되기 전부터 표현의 자유를 심 각하게 훼손할 수 있고, 이용자에 의한 자유로운 저작물 활용을 저 해할 수 있다는 등 비판이 있었다. 즉, 온라인서비스제공자가 침해 책임을 피하기 위해 과도하게 삭제 및 차단 조치를 취할 수 있고, 그 결과 표현의 자유가 심각하게 훼손될 수 있다는 점, 현재까지의 알 고리즘 기술로서는 불법적인 게시물과 그렇지 않은 게시물을 구별 할 수 없고, 실제로도 그러한 구별이 제대로 이루어지지 않아 문제 가 된 사안이 있다는 점, 저작권법상 적법한 인용이나 패러디 등을 구별하기 어렵고, 더욱이 EU 회원국 각각의 저작권법이나 실무상 보 호되는 적법한 인용의 범위도 서로 다르기 때문에, 더 복잡한 문제 를 야기할 수 있다는 등의 비판이 있었다.63) 또한 이러한 비판에 덧 붙여, DSM지침은 종래 확립된 EU전자상거래지침상 책임 제한 조항 의 해석을 뒤흔들 수 있으며, 일반적 감시의무를 배제하는 EU전자상 거래지침 제15조를 유명무실하게 할 수 있다고 지적되고 있기도 하 다.64) DSM지침 내용 자체에서 EU전자상거래지침의 적용이 배제되는 OCSSP의 범위가 어디까지인지 모호하다는 점, 예를 들어 카페 게시 판 등 일반적인 온라인서비스제공자의 서비스를 OCSSP와 같이 활용 할 수 있는데, 여기에도 DSM지침이 적용되는 것인지 문제될 수 있다 는 점, 이용자가 어느 저작권자의 어떤 콘텐츠를 업로드할지 알 수 없는 상황에서 미리 OCSSP가 잠재적 저작권 이용을 예견하여 저작권 자와 사용허락 계약을 체결하는 것은 현실적이지 않다는 점, OCSSP 의 책임 면제 요건(제4항 및 제5항)이 충분히 명확하지 않고, 종래 EU

---

63) Thomas Riisa·Sebastian Felix Schwemer, op. cit.(60), p. 20.

64) Maria Lillà Montagnani·Alina Trapova, "NEW OBLIGATIONS FOR INTERNET INTERMEDIARIES IN THE DIGITAL SINGLE MARKET-SAFE HARBORS IN TURMOIL?", Journal of Internet Law 22 No. 7(2019. 1.), p. 9

전자상거래지침상 책임 제한 규정과 비교할 때 실질적으로 큰 차이가 없다는 점 등에서도 문제가 있다.

DSM지침은 전세계적으로 유례가 없는 내용을 정한 것일뿐더러, 정당한 권리자 보호라는 취지에도 불구하고 이용자 제작 콘텐츠 관련 산업이 고속으로 성장해가는 현실을 간과하고 특정 플랫폼을 겨냥해 심지어 사전검열로 해석될 수 있는 정도로 지나치게 광범위한 규제를 법제화한 것으로, 정식 통과되기 전부터 많은 비판을 받고 있어, 실제 운용이나 해석은 제한적으로 될 가능성이 있다. 아직 각국의 법제화까지는 이르지 않은 단계이므로, 향후 구체적으로 어떠한 입법이 이루어질지, DSM지침이 과연 국제적 표준으로 자리잡을 수 있을지 아니면 관련 업계에서 책임판단 기준으로 작용하지 못하고 실질적으로 폐기될 것인지 등 추이를 지켜볼 필요가 있다.

## III. 일본의 경우

일본에서는 "特定電氣通信役務提供者の損害賠償責任の制限及び發信者情報の開示に關する法律" 약칭 "프로바이더(provider) 책임제한법(プロバイダー責任制限法)"에서 OSP와 유사한 개념이 정의되고 있다. 동법은 특정전기통신에 의한 정보유통에 의해 권리 침해가 있는 경우에 대해, 특정전기통신역무제공자의 손해배상책임 제한 및 발신자 정보의 개시 청구권에 관해 정하고 있다. 위 법은 유럽의 입법례와 같이 명예훼손과 저작권침해의 경우를 모두 규율하고 있으며, 인터넷을 통한 정보유통의 증가로 위법한 정보가 송신되는 것을 방지하고 피해회복을 강구할 수 있도록 OSP의 책임 범위를 명확히 하는 한편, 건전한 정보의 유통을 촉진시키는데 그 입법취지가 있다.[65]

---

65) 總務省電氣通信利用環境整備室, プロバイダ責任制限法 -逐條解說とガイドライン-, 第一法規出版(2003), 5~9면.

동법은 우선 불특정자에 의해 수신될 것을 목적으로 하는 전기통신의 송신(공중에 의해 직접 수신될 것을 목적으로 하는 전기통신의 송신을 제외)을 '특정전기통신'이라고 정의하고(제2조 제1항 1호), 특정전기통신용으로 제공되는 전기통신설비를 '특정전기통신설비'라고 하며(동항 2호), 특정전기통신설비를 이용하여 타인의 통신을 매개하고 그 특정전기통신설비를 타인의 통신용으로 제공하는 자를 '특정전기통신역무제공자'라고 정의하고 있다(동항 3호). 또한 동법은 특정전기통신역무제공자가 이용하는 특정전기통신설비의 기록매체(당해 기록매체에 기록되는 정보가 불특정자에게 송신되는 경우에 한함)에 정보를 기록하거나 또는 당해 특정전기통신설비의 송신장치(당해 송신장치에 입력되는 정보가 불특정자에게 송신되는 경우에 한함)에 정보를 입력한 자를 '발신자'로 정의하고 있다(동항 4호). 즉, 일본의 프로바이더 책임제한법은 OSP 중 전기통신설비를 이용하여 불특정 다수의 대중에게 수신될 것을 목적으로 하는 전기통신의 송신을 행하는 자는 특정전기통신역무제공자로 정의하면서, 이와는 대비하여 실제 정보를 기록하거나 입력한 자는 발신자라고 규정하고 있다. 동법이 적용되는 특정전기통신은 불특정자에 의해 수신될 것을 목적으로 하는 전기통신에 국한되기 때문에 인터넷 공간의 웹페이지, 전자게시판 등은 규율대상이지만, 전자메일과 같은 1대1 통신은 포함되지 않는다.[66] 또한, 위 법에서 말하는 특정전기통신역무제공자는 영리목적의 주체에 국한되지 않으므로 대학이나 공공단체도 위에서 말한 특정전기통신역무를 담당하고 있는 이상 여기에 해당할 수 있다.[67]

동법은 이러한 정의규정에 따라, 특정전기통신에 의한 정보 유통에 의해 타인의 권리가 침해된 때에는, 해당 특정전기통신용으로 제

---

66) 總務省電氣通信利用環境整備室(주 65), 17면.
67) 總務省電氣通信利用環境整備室(주 65), 20면.

공된 특정전기통신설비를 이용한 특정전기통신역무제공자(이하 "관계역무제공자")는 그에 따라 발생한 손해에 대하여는, 권리 침해 정보가 불특정자에게 송신되지 않도록 하는 조치를 강구하는 것이 기술적으로 가능한 경우에 있어, (i) 당해 관계역무제공자가 당해 특정전기통신에 의한 정보 유통에 의해 타인의 권리가 침해된 것을 알았을 때, 또는 (ii) 당해 관계역무제공자가, 당해 특정전기통신에 의한 정보의 유통을 알고 있는 경우로, 당해 특정전기통신에 의한 정보의 유통에 의해 타인의 권리가 침해되고 있음을 알 수 있다고 인정하는데 충분한 상당한 이유가 있는 때에 한해 손해배상책임이 있다고 규정하면서(제3조 제1항), 단서 조항에서는 해당 관계역무제공자가 당해 권리 침해 정보의 발신자인 경우에는 면책되지 않는다고 정한다.

또한 동법은 특정전기통신역무제공자가, 특정전기통신에 의한 정보의 송신을 방지할 조치를 강구한 경우에 있어, 당해 조치에 의해 송신이 방지된 정보의 발신자에게 발생한 손해에 대하여는, 당해 조치가 당해 정보가 불특정자에게 송신되지 않도록 함에 필요한 한도에서 이루어진 경우에는 (i) 당해 특정전기통신역무제공자가 당해 특정전기통신에 의한 정보의 유통에 의해 타인의 권리가 부당히 침해되고 있다고 믿은데 충분한 상당한 이유가 있는 때 또는 (ii) 특정전기통신에 의한 정보의 유통에 의해 자기의 권리가 침해되고 있다고 하는 자로부터, 당해 권리를 침해하였다는 정보를 가리키며 당해 특정전기통신역무제공자에 대하여 침해정보의 송신을 방지할 조치를 강구하도록 신청이 있는 경우에, 당해 특정전기통신역무제공자가 당해 특정정보의 발신자에 대하여 당해 침해정보 등을 가리키며 당해 송신방지조치를 강구하는 것에 동의할지 여부를 조회한 경우에 있어서, 당해 발신자가 당해 조회를 받은 날로부터 7일을 경과하였음에도 동의하지 않겠다는 의사표시가 없었던 때에는 면책될 수 있도록 정하고 있다(제3조 제2항). 이와 같이 정보송신방지조치로 인하여 정보 발신자에 대하여 부담할 수 있는 책임 기준을 정하고 있는 것은 OSP가 권리침해 정보에 대한 조치를 주저하지 말고 스스로의 판단에 따라 적절하게 대응하도록 유도하기 위한 것이다.[68]

　다만, 위 법은 OSP의 책임을 물을 수 없는 최소한의 기준을 제시하는데 그치고 있으므로, 위 기준을 충족하였다고 하여 바로 OSP의 책임이 인정되는 것은 아니고, 사안에 따라 구체적인 작위의무의 존재나 인과관계 등 불법행위 성립 요건에 대한 피해자의 주장, 입증이 필요할 것이다.[69]


# 제4절 소결


　현재까지도 OSP의 개념이 통설적인 입장에서 명확히 정립된 것은 아닌 것으로 보인다. 예를 들어 P2P 방식의 서비스의 경우, 판례는 당연히 OSP에 포함되는 것으로 보나, 학설상으로는 순수한 P2P 방식의 경우에는 중앙 서버의 간섭이 없기 때문에 OSP에 포함되기 어렵다고 보는 견해도 있다.[70] 게다가 종래에는 생각하지 못한 여러 가

---

(68) 總務省電氣通信利用環境整備室(주 65), 32면.

(69) 丸橋透, "プロバイダ責任の制限と發信者情報の開示 : プロバイダの時點を中心とした,　特定電氣通信役務提供者の損害賠償責任の制限及び發信者情報の開示に關する法律の解體說", 判例タイムズ 53卷 13號(2002. 5.), 60면.

(70) 이규홍(주 17), 177~194면에 의하면, 기존의 네트워크 방식이 이용자가 중앙 서버에 접속하여 그 서버로부터 서버 안에 저장된 정보를 받는 것임에 비해(서버 대 이용자 개인 ; server-to-client), P2P방식은 접속자의 컴퓨터가 서버의 역할을 겸하도록 함으로써 중앙서버를 통하지 않고도 접속자들 사이에 직접 정보를 주고받을 수 있게 하여주는 방식(개인 대 개인 ; peer-to-peer)이다. P2P방식은 연결방식에 따라 Pure P2P(순수 P2P : 비슷한 성능을 가진 개인끼리만 연결된 형태로 중간매개자를 거치지 않는 고유한 의미의 P2P기

지 온라인 서비스가 등장하고 있을 뿐 아니라, 새로운 유형의 OSP는 기술의 발전이나 사회경제적 필요에 의해 앞으로도 계속 등장할 것이므로, 이들까지 OSP에 포함시킬 것인지 여부에 대하여는 아직까지 본격적인 논의가 시작조차 되지 못한 것으로 보인다. 위에서 살펴본 바와 같이 우리나라의 법률이나 해외 각국의 법률상 OSP의 포괄적인 정의규정이 존재하지 않고, 주로 OSP의 책임제한의 관점에서 OSP에 대한 내용이 명문화되었기 때문으로 생각된다. OSP의 책임 범위나 책임 제한이 실질적으로 중요하므로 이에 집중하여 규정화가 이루어진 점은 이해할 수 있으나, OSP의 의미를 파악하고 범위를 확정하는데 미흡하다는 점을 부인할 수는 없을 것이며, 새롭게 등장하는 유형의 OSP에 대해 종래의 규정을 모두 적용할 수 있을지 여부에 관하여는 여전히 논란의 여지가 있다.

---

술, Gnutella 계열로, Grokster)과 Hybrid P2P(혼합형 P2P : PC끼리의 상호연락을 원활하게 해주는 서버가 개입되는 형태, Napster 계열)로 분류되고, 세대별로는 1세대(1 대 1 방식 : Napster, 소리바다 등이 택한 방식으로 PC와 PC를 1 대 1로 직접 연결하되 연결에 필요한 사전 정보나 콘텐츠 항목을 서비스 업체의 서버에서 관리하는 방식), 2세대(서버 관리를 배제하고 철저하게 이용자들이 주도하는 1 대 1 네트워킹 방식), 3세대(분산처리, 다대다 방식 : 2세대 P2P에서는 하나의 데이터가 한 번에 다운로드 되는 반면, 3세대 P2P에서는 다수자로부터 동시에 전송받게 되고, 또한 2세대 P2P에서는 중간에 전송이 끊길 경우 다시 접속해야만 했지만, 3세대 P2P에서는 다수의 접속자로부터 데이터를 전송받기 때문에 한두 명이 접속을 끊어도 안정적으로 데이터를 전송받을 수 있음)로 나뉜다.
이에 따라 박준석(주 10), 372면은, Napster의 경우는 운영자가 P2P 소프트웨어를 공급하는 외에도 중앙서버를 통하여 이용자들의 로그인 정보나 파일에 관한 정보를 지속적으로 제공하는 서비스를 하므로 P2P 서비스제공자라고 말할 수 있겠지만, Gnutella계열에 속하는 Grokster는 중앙서버에 의한 지속적인 서비스가 존재하지 않고 이용자들은 단순히 해당 사업자의 홈페이지에서 P2P 소프트웨어를 다운로드 받을 뿐이므로 P2P 소프트웨어제공자에 불과할 뿐이고 P2P 서비스제공자라고 말하기는 곤란한 측면이 있다고 설명하고 있다.

이 글에서는 OSP의 개념을 넓게 파악하여 이용자가 온라인이나 모바일을 통해 인터넷을 이용할 때 관련되는 서비스를 제공하는 모든 자를 포괄하는 것으로 보고, 이러한 다양한 유형과 형태의 OSP를 모두 아우를 수 있는 책임 근거론 및 구체적인 책임 기준에 관하여 살펴보고자 한다.

# 제3장

# OSP의 책임 근거에 대한 검토

# 제1절 OSP의 계약책임과 불법행위책임

## I. 계약에 근거한 OSP의 책임

### 1. 계약책임의 확대 경향

OSP가 직접적인 계약의 주체가 되는 경우 OSP는 당연히 해당 계약에 근거한 책임을 부담하게 될 것이다. OSP의 서비스 범위가 확대됨에 따라, 종래 전통적으로 다수의 대중 이용자에 의해 이루어졌던 행위도 OSP가 직접 담당하게 되는 경우가 증가하고 있다. 예를 들어, 예전에는 P2P 서비스나 웹하드 등을 이용하여 다수의 개인 업로더(uploader)가 온라인에 게시하던 콘텐츠를, 이제는 포털 사이트와 같은 OSP가 직접 콘텐츠 제공자로서 서비스하는 경우도 있고, 오픈마켓의 경우에도 OSP가 단지 가상공간을 제공하여 판매를 중개하는 것에 그치지 않고, 소비자에게 구체적인 상품에 관한 정보를 제공하거나 통합 포인트 제도 등을 관리하면서 보다 적극적으로 판매행위에 관여하는 경우도 있다.

OSP의 계약책임은 크게 OSP가 제공하는 서비스를 이용하는 '소비자'(예를 들어 downloader)와의 관계에서 발생하는 것과, OSP에게 콘텐츠나 기타 용역 등을 제공하는 '생산자'(예를 들어 uploader)로서의 이용자와의 관계에서 발생하는 것으로 구분될 수 있다.

### 2. 소비자로서의 이용자와의 관계

#### 가. OSP의 서비스 이용 약관에 따른 계약관계 형성

대부분의 OSP는 이용자에게 서비스를 제공하면서, 이용약관이나 이용자 개인정보취급에 관한 약관에 대해 동의하도록 요구하고 있다. 따라서 OSP와 이용자 사이의 계약관계는 주로 이러한 약관의 내용에 따라 규율될 것이다.

### 나. OSP의 이용 약관 주요 내용

위에서 살펴본 바와 같이 OSP는 다양한 유형을 포섭하는 개념이고, 각각의 서비스 내용과 범위도 다르다. 따라서 각 OSP의 이용약관역시 각각의 서비스 내용, 범위에 따라 달라질 수밖에 없을 것이나, 대다수의 OSP는 주로 ① 계약의 성립, ② 회원정보의 보호, 관리 및사용범위, ③ 회원에 대한 통지, ④ 회원의 법령 등 준수 의무 및 이용제한 근거, ⑤ 게시물의 저작권 귀속, ⑥ 유료 서비스의 이용, ⑦ 서비스제공자의 책임제한 등을 약관의 내용으로 삼고 있다. 이에 덧붙여 각 OSP는 이용자에게 제공하는 서비스의 구체적인 내용도 약관의내용으로 기재하고 있으나, 일반적으로는 이러한 서비스 내용이 회사 측의 일방적인 통지에 따라 변경되거나 축소될 수 있다는 점을명시하고 있다.

### 다. OSP 개인정보취급에 관한 약관 주요 내용

해외의 OSP의 경우에는 온라인서비스 이용시 별다른 개인정보를요구하지 않고 유효하게 작동하는 전자 우편 주소 정도만을 요구하고 있는데 비하여, 국내의 OSP의 경우에는 온라인서비스 이용시 생년월일, 주소, 전화번호 등을 비롯한 광범위한 개인정보를 요구하는경우가 많다.[71] 이에 따라 OSP는 다수의 회원의 개인정보를 보유하게 되고, 이에 대해 개인정보보호법이 적용됨은 물론이나, 각 OSP는이와는 별도로 ① 수집하는 개인정보의 항목 및 수집방법, ② 개인정

---

71) 모든 서비스 이용에서 개인정보를 요구하는 것은 아닌데, 일반적인 검색등에는 정보를 요구하지 않고, 개인별 블로그나 온라인 쇼핑몰 이용 등 특수한 경우에 요구하는 경우가 많다.

보 수집 목적, ③ 개인정보의 제3자 제공, ④ 개인정보 취급위탁, ⑤
개인정보의 보관기간 및 파기 등을 정하고 있는 개인정보취급에 관
한 약관을 별도로 마련하고 있다.

### 라. 기타 약관

OSP는 일반 이용약관과 개인정보취급에 관한 약관 외에도, 개별
서비스 내용에 따라 유료 서비스를 위한 이용약관, 청소년 보호정책
등도 약관 내지 약관 유사한 형식으로 정하고 있다. OSP가 제공하는
서비스의 범위가 넓어지고 그 내용이 다양해지면서, 그에 따라 OSP
와 이용자 사이에서 적용되는 약관의 종류도 늘어나고 있다. 특히
최근에는 여러 OSP 단체나 상위 협회 등에서 온라인서비스 제공시
적용될 수 있는 표준규약이나 약관을 정해 이를 준수하도록 지도하
기도 한다.

### 3. 생산자로서의 이용자와의 관계

### 가. OSP의 약관에 따른 계약관계의 형성

OSP는 다수의 대중 이용자에게 가상공간을 제공하고, 각 이용자
들이 서로 연결될 수 있도록 하는 도구를 제공해 주기는 하나, 직접
콘텐츠를 생산하거나 제공하는 역할을 수행하지 않는 것이 일반적
이다.[72] OSP는 생산자로서의 이용자가 게재한 정보 등을 저장하여
다른 소비자로서의 이용자에게 노출함으로써 정보가 이동할 수 있
도록 도와줄 뿐이며, 생산자로서의 이용자가 정보를 게시할 때 관여

---

[72] 최근에는 OSP 스스로 영화사, 방송사, 음반제작자 등과 직접적으로 콘텐츠
제공에 관한 계약을 체결하고 서비스를 제공하는 경우도 증가하고 있다.
이러한 경우에는 OSP 스스로 소비자로서의 대중 이용자에 대하여 하자담
보책임 등의 계약책임을 부담하게 될 것이다.

하지 않는다. OSP는 생산자로서의 이용자와 기본 계약을 체결하고, 여기서 생산자로서의 이용자에게 광범위한 자유를 부여하며, 모든 책임을 실제 게재한 자에게 부과한다. 이러한 계약관계 역시 약관으로 규율되는 경우가 많고, OSP는 약관에 생산자로서의 이용자를 통제할 수 있는 근거조항을 두고 있기도 하다.

온라인서비스를 이용하는 이용자는, 소비자의 입장에서 타인의 게시한 정보를 이용함과 동시에 자기 스스로도 콘텐츠를 게시하여 생산자의 입장이 되기도 한다. 이에 따라 OSP의 이용약관은 이용자가 게시한 정보에 관한 내용도 담고 있는데, 주로 이용자가 게시한 콘텐츠 자체에 대한 저작권 등 권리는 여전히 이용자에게 귀속되나, 그에 대한 법률상 책임도 모두 이용자가 부담하되, 해당 게시물이 법령에 위반한 경우 OSP는 이를 통제할 수 있다는 내용으로 구성되어 있다.

### 나. OSP의 통제권 행사와 이용자의 권리

여기서 생산자로서의 이용자의 입장에서는 OSP의 통제행위에 대해 자신의 합법적인 행위에 대한 부당한 통제라고 이의제기를 할 수 있을 것이다. 생산자로서의 이용자와의 관계에서 분쟁이 발생한 사례로, "손담비 미쳤어 UGC 동영상" 사건을 들 수 있다.[73] 본 사안에서 원고는 자신의 다섯 살짜리 딸이 가수 손담비의 "미쳤어"라는 노래를 따라 부르는 동영상을 자신의 개인 블로그에 올렸다가 저작권 침해를 이유로 블로그 공간을 제공한 OSP로부터 게시 중단 조치를 당하자, 한국음악저작권협회와 해당 OSP를 상대로 손해배상을 청구하였다.[74] 이에 대하여 법원은 UGC 형태로 제작된 해당 동영상 게시

---

73) 서울남부지방법원 2010. 2. 18. 선고 2009가합18800 판결.
74) 참고로 미국에서도 유사한 사례가 문제된 바 있었다. *Lenz v. Universal Music Corp.*, 572 F. Supp. 2d 1150 (N.D. Cal. 2008). 이 사건에서 원고는 그녀의 어린 딸이 "Prince"라는 유명 가수의 노래를 따라 부르는 장면 약 30초가량을 녹

까지 제한할 경우 표현의 자유를 침해하고 다양한 문화·예술을 향유할 수 있는 자유를 지나치게 제약하게 될 것이라고 하면서 원고의 한국음악저작권협회에 대한 청구를 일부 인용하였으나, OSP에 대하여는, 저작권자의 요구가 있을 경우에는 저작물 게시를 중지시킬 의무가 있고 법령에 따라 해당 동영상 게시를 중단했으며, 원고에게 재게시절차도 안내한 만큼 OSP로서의 주의의무를 위반했다고 볼 수 없다며 손해배상 청구를 기각하였다.[75]

## II. 불법행위에 의한 OSP의 책임

### 1. 단순불법행위

OSP가 스스로 특정 저작물을 인터넷상에 게재하는 경우, 명예훼손이나 개인정보침해, 상표권침해 등에 해당하는 정보를 직접 게재한 경우에는 온라인 서비스 제공자에게 특별히 적용되는 면책규정 없이 스스로 자신의 행위에 대하여 책임을 져야 한다. 이에 대한 근거규정은 민법 제750조 불법행위책임이 된다. 한편, 국내외의 판례 중에는 OSP가 직접 게재 등의 행위를 하지 않았음에도 불구하고, OSP의 서비스 내용을 근거로 OSP에게 직접 불법행위 책임을 추궁하는 등 일정한 경우에는 OSP를 직접행위자로 의제하는 것과 같이 판

---

화하여 YouTube에 게시하였는데, YouTube는 저작권 침해를 이유로 이를 차단하였다. 이에 원고는 잘못된 저작권 행사를 이유로 저작권자에 대해 소를 제기하였고, 법원은 저작권자가 통지 및 차단조치를 요청하기 전 해당 게시물이 공정사용(fair use)에 해당할 여지가 없는지 판단해야 한다고 판시하였다.

75) 이 사건에 관한 보다 상세한 설명에 관하여는, 우지숙, "저작권법상 OSP에 대한 복제·전송의 중단 및 재개 요청 절차의 문제점에 관한 연구", 계간 저작권 제89호, 저작권위원회(2010. 3.), 76, 77면 참조.

시한 바 있다. 이러한 사례는 주로 이용자의 게재 등 행위가 저작물의 사적 이용 등에 해당하여 불법행위를 구성하지 않는 경우인데, 이에 관하여는 아래에서 다시 자세히 살펴보도록 한다.

### 2. 공동불법행위

일반적으로 OSP는 이용자에게 가상공간이나 온라인에 접속할 수 있는 소프트웨어 등 도구만을 제공하고, 이용자가 그와 같이 제공된 가상공간에 자유롭게 자신의 의견이나 상품 정보, 음악, 동영상 등을 게재할 뿐이다. 따라서 OSP가 단독으로 불법행위책임을 지게 되는 경우는 그리 많지 않고, 오히려 OSP는 일반 이용자의 행위에 가담한 형태로 불법행위책임을 지게 되는 경우가 있다. 즉, 생산자의 행위가 제3자의 권리를 침해하는 경우, OSP는 생산자와 함께 제3자에 대하여 책임을 질 수 있다.

## 제2절 이용자의 불법행위에 관여한 OSP의 책임 근거 검토 필요성

OSP가 직접 정보의 발신자로서 행위한 경우라면, 당연히 직접행위자로서 그에 따른 법률적 책임을 부담하게 될 것이다. 그러나 일반적으로 OSP는 정보의 발신자에게 인터넷을 통해 이를 배포할 수 있는 도구를 제공하는데 그치고, 정보 발신행위를 직접적으로 행하지는 않기 때문에 직접행위자로서 단순 불법행위책임을 추궁하는 것만으로는 충분치 않다. 따라서 OSP가 그 이용자가 한 불법행위에 대해 어떠한 근거에서 법적인 책임을 부담하는지 여부가 각국에서 문제되어 왔다. 제2장에서 살펴본 바와 같이 우리나라 및 해외 각국의 입법은 OSP의 종류와 개념을 정하면서 주로 책임을 제한할 수 있는 요건만을 규정하고 있을 뿐이어서, 그 책임 근거에 대하여는 여전히 이론상 논의에 맡겨져 있는 실정이다.

이에 대하여는, 전통적으로 OSP는 주로 그 이용자의 행위를 통해 서비스를 제공하고, 직접적으로 이용자나 제3자에게 용역이나 재회를 제공해 오지 않았기 때문에, OSP의 법적 책임의 근거에 대하여는 주로 간접책임이나 대위책임의 법리 등이 논의되어 왔고, 우리 판례는 저작권침해나 명예훼손 등 여타 권리침해의 경우를 가리지 않고 민법 제760조 제3항에 의한 방조규정에 의하여 OSP의 책임성질을 가리고 있어 통일적 입장을 이미 취하고 있으므로, 책임 근거에 대하여는 더 이상 살펴볼 필요가 없다는 견해도 있다.[76] 그러나 아래에서 보는 바와 같이, 우리나라 판례가 항상 민법 제760조 제3항 방조규정에 의하여 OSP의 책임을 인정하는 것으로 단정하기 어려울 뿐 아니라, OSP의 역할이 커짐에 따라 직접적으로 이용자와 관계를 맺고 서비스 제공행위를 하는 경우도 늘어나고 있고, 특히 원격저장 비디오 저장장치에 관련한 사안이나 포털 사이트의 키워드 검색광고 서비스 등 이용자의 불법행위에 대하여도 간접책임이나 대위책임 법리만을 통하여 해결될 수 없는 경우가 발생하고 있다. 따라서 여전히 OSP가 이용자의 행위와 관련하여 제3의 권리자에 대해 책임을 지게 되는 근거에 대하여 면밀히 살펴볼 필요가 있다.

책임 근거에 대하여는 더 이상 살펴볼 필요가 없다는 위 견해 역시 최근에는 입장을 다소 변경하여, 우리나라의 민사법에서는 방조범이 의미있게 취급되는 형사 분야와는 달리 복수당사자가 관여한 상황에서 각 당사자의 관여도에 따라 이를 직접침해자와 간접침해자로 이원화하여 구별하는 사고방식이 친숙하지 않았고, 그 때문에 설령

---

76) 박준석, "한국에서 OSP의 법적 책임론이 나아갈 방향", 경희법학 제43권 제 3호(2008), 19면, 45면.

방조에 의한 침해행위로 인정되더라도 실질적인 법적 효과에서는 민법 제760조 제1항의 협의의 공동불법행위자와 차이가 없으며 결국 직접침해와 간접침해를 구별할 별다른 실익이 없지 않은가 하는 의문이 없지 않다고 하면서도, 침해의 결과만을 기준으로 책임을 추궁하게 될지 아니면 일정한 인식 또는 과실 등 주관적 사정까지 고려할지 여부, 이른바 책임제한 조항이 적용될 수 있는지 여부 등에 관하여는 여전히 직접침해와 간접침해를 구별할 실익이 있다고 보고 있다.[77][78]

　　OSP의 책임 근거에 관하여는 국내 학설상 심도있게 논의된 바는 거의 없는 것으로 파악된다. 이에 관하여 2000년대 초반의 학설 중에서는 (i) OSP와 이용자 사이의 약관에 근거를 두는 견해,[79] (ii) 부작위범에 관한 형법 제18조가 관련된다는 견해,[80] (iii) 전기통신사업법,

---

77) 박준석, "인터넷상에서 '상표의 사용' 개념 및 그 지위 (II) - 키워드 검색광고에서 상표를 직접 사용한 자는 누구인가?-", 저스티스 통권 제122호(2011. 2.), 188~191면.

78) 위 견해는 박준석, "OSP의 저작권 침해책임에 관한 한국에서의 입법 및 판례 분석", 창작과 권리 63호(2011. 6), 108면에서도 OSP의 책임과 관련하여 ① OSP가 스스로 침해행위를 범하였는지 문제되는 사안, ② 이용자가 침해행위를 범하는데 OSP가 이바지한 행위가 비난받는 사안 및 ③ 위 2개의 사안 중 어느 것에 속하는지조차 문제가 되는 새로운 사안 등으로 구별하고 있기도 하다.

79) 이충훈, "전자거래 관여자의 민사법적 지위", 연세대학교 대학원 박사학위 논문(2000. 8.), 131면. 이 견해는 OSP는 단순한 정보의 매개 역할을 하는 것이 아니라 정보를 제공하거나 알선하는 역할을 하고 있으므로 자신이 제공하는 정보의 내용 또는 품질에 대하여 책임을 져야 한다고 보면, 자신이 제공하는 정보의 내용과 품질을 관리하기 위하여 회원을 관리·감독할 수 있다고 볼 수 있을 것이라고 하면서, 대부분의 경우 약관을 통하여 자신의 회원이 등록한 정보의 내용이 이용고객의 의무에 위배된다고 판단되는 경우 이용고객에게 사전통지 후 삭제할 수 있다고 명시하고 있으므로, 이에 따라 문제행위를 한 회원에 대한 관리의무 내지 감독의무가 존재한다고 볼 수 있다는 입장이다.

80) 김동진(주 42), 48, 49면.

정보통신망법 등 공법에 근거하는 견해, (iv) 민법 제750조의 변용된 운용으로 족하다는 견해, (v) 민법상 협의의 공동불법행위에 근거를 두는 견해[81] 및 (vi) 민법상 방조에 의한 공동불법행위에 근거를 두는 견해[82] 등이 있다고 한다.[83]

그러나 우선 (i) OSP와 이용자 사이의 약관에 근거를 두는 견해는, OSP와 그 이용자 사이의 약관에 의해, OSP와 이용자가 아닌 제3의 피해자 사이에서의 불법행위 관계까지 규율할 수는 없다는 측면에서 부당할 뿐 아니라, OSP가 약관상 삭제권한을 갖는다는 점을 근거로 삭제의무를 부과할 수는 없다는 측면에서도 타당하지 않다. 다음으로 (ii) 부작위범에 관한 형법 제18조가 관련된다는 견해는 우리 형법이 "위험의 발생을 방지할 의무가 있거나 자기의 행위로 인하여 위험발생을 야기한 자가 그 위험발생을 방지하지 아니한 때에는 그 발생된 결과에 의하여 처벌한다"고 정하고 있어, 일종의 조리상 작위의무의 근거로 들 수 있다는 점에서는 참고할 만하나, 민사상 책임 여부 판단에 형법상 규정을 근거로 드는 것은 한계가 있다고 보인다. 한편, (iii) 전기통신사업법, 정보통신망법 등 공법에 근거하는 견해는 비교적 구체적인 기준을 제시할 수 있다는 점에서는 타당한 측면이 있으나, 특별법상으로는 OSP의 일반적 책임근거를 설시하고 있지 않고, 단지 책임을 면제받을 수 있는 요건이나 조건만을 규정하

---

81) 안기순, "저작권침해에 대한 OSP의 책임" 정보법학회 2002. 4. 15. 제1회 사례세미나 발표문, 16면(박준석(주 10), 58면에서 재인용).

82) 이규홍(주 17), 211면. 이 견해는 교사에 의한 공동불법행위도 가능하다는 취지로 서술하고 있으나, 현실적으로 OSP가 이용자를 교사한 경우를 상정하기는 어렵다고 생각된다.

83) (iii)~(iv)의 견해는 강학상 제시된 것이고, 실제로 이러한 견해가 주장된 바는 없다고 한다(박준석(주 10), 54~58면). 다만, 아래에서 살펴볼 판례 중 민법 제750조를 근거로 삼고 있는 하이텔 사건, 청도군 사건 및 싸이월드 사건은 (iv)의 입장에 있다고 해석할 여지가 있다.

고 있다는 점에서 책임근거로 삼기에는 부족하다. (iv) 민법 제750조의 변용된 운용으로 족하다는 견해와 (v) 민법상 협의의 공동불법행위에 근거를 두는 견해는 우리 민법상 조항을 근거로 들었다는 점에서는 타당하나, OSP가 직접 행위자에 해당하지 않고 단지 제3의 이용자의 행위로 인하여 간접적인 책임을 지는 것에 불과하다는 점을 간과하였고, OSP를 직접 행위자로 의제할 아무런 이유도 없다는 점에서 부당하다. 결국 (vi) 민법상 방조에 의한 공동불법행위에 근거를 두는 견해가 가장 타당하다고 할 것이다.

이처럼 OSP의 책임 중 제3자에 대한 책임은 불법행위 이론, 특히 공동불법행위에 의해 규율되는 것이 타당하고, 결론적으로는 방조에 의한 공동불법행위에 근거를 두게 될 것이다. 그런데 종래의 우리나라 판례를 분석해 보면, 공동불법행위 이론에 따라 OSP의 책임 근거를 파악해 보려는 시도를 발견할 수 있으나, 이를 이론적인 관점에서까지 정치하게 정리하였다고 보기는 어렵다. 이에 이하에서는 먼저 공동불법행위에 관한 민법 이론에 따라 OSP의 책임 구조에 관하여 살펴보고, 이를 전제로 OSP의 책임론에 관한 국내외에서의 논의에 관해 분석하도록 하겠다.

# 제3절 민법상 공동불법행위 이론 및
## 이에 따른 OSP의 책임 근거 검토

## Ⅰ. 공동불법행위 이론 개관

### 1. 공동불법행위의 유형 및 성립요건

수인이 관여하는 행위로 인하여 하나의 손해가 발생하는 불법행위를 공동불법행위라고 하며, 우리 민법상 공동불법행위에 관하여는 제760조가 규정하고 있다.[84] 제760조는 모두 3개의 항으로 구성되어 있는데, 이를 협의의 공동불법행위(제1항), 가해자불명의 공동불법행위(제2항) 및 교사·방조에 의한 공동불법행위(제3항)의 3가지 유형으로 구분하는 것이 통설이다.[85]

공동불법행위가 성립하기 위해서는 각 가해자의 행위가 일반불법행위의 요건을 충족시켜야 함은 물론이고, 따라서 각 행위자에게 고의 내지 과실, 책임능력, 인과관계 등이 인정되어야 한다. 이처럼 공동불법행위의 경우에도 일반 불법행위와 마찬가지의 요건을 요구하고 있음에도, 일반불법행위 규정(민법 제750조) 외에 별도로 공동불법행위에 관한 규정을 따로 마련하고 있는 취지는, 다수가 공동하여 타인에게 손해를 가하는 경우 독립적인 수개의 행위가 누적되는 것보다 상호간의 상승작용이 발생할 가능성이 높고, 따라서 손해가 확대되거나 행위자의 유책비난성이 높게 됨에 따라 피해자 보호의 중요성이 증대되기 때문이라고 한다. 또한 피해자가 불법행위에 대한 입증책임을 지는 구조에서는 다수의 행위자의 각 행위와 손해와의 명확한 인과관계의 입증이 곤란하므로 피해자에게 그러한 부담을 덜어주기 위한 것이라고 한다.[86] 즉, 원래의 불법행위책임의 일반원칙에 따르면 가해자는 자기 행위와의 사이에 인과관계가 인정되

---

84) 독일과 일본의 경우는 우리나라와 공동불법행위에 관한 규정 체계가 다른데, 이에 관한 상세한 설명은, 김용담 편집대표, 「주석 민법」 채권각칙 8, 한국사법행정학회(2016), 590~595면(강승준 집필부분); 박성호, "방조에 의한 공동불법행위", 인권과 정의 제296호(2001. 4.), 108~111면 등 참조. 참고로 프랑스의 경우에는 공동불법행위에 관한 조항을 따로 두고 있지 않고, 민법상 일반 불법행위에 관한 조항(Code Civil 제1382조 이하)으로 해결하고 있다.
85) 김용담 편집대표, (주 84), 588~589면(강승준 집필부분) 참조.
86) 김용담 편집대표(주 84), 589면(강승준 집필부분); 김대규·서인복, "공동불법행위의 성립요건" 기업법연구 제11집(2002. 12.), 285~287면.

는 손해에 대해서만 책임을 부담하고, 인과관계가 있는 손해에 대해서도 자기행위가 기여한 한도 내에서만 책임을 부담하게 되나, 공동불법행위에 있어서는 경우에 따라 자기행위와 직접적인 인과관계가 없는 손해에 대해서도 책임을 부담하게 되거나 자기의 행위가 기여한 한도를 초과하는 손해에 대해서도 책임을 부담하게 되며, 이러한 것이 바로 공동불법행위의 경우 인정되는 특칙이라는 것이다.[87]

OSP의 책임과 관련하여서는 공동불법행위의 유형 중 특히 협의의 공동불법행위와 방조에 의한 공동불법행위가 문제될 수 있으므로, 이하에서는 이 두 가지에 대하여 살펴보도록 하겠다.

## 2. 협의의 공동불법행위와 방조에 의한 공동불법행위

### 가. 협의의 공동불법행위

공동불법행위 중 협의의 공동불법행위가 성립하기 위해서는 각 행위자 사이에 행위의 관련공동성이 있어야 한다. 이러한 관련공동성의 의미와 관련하여서는 (i) 불법행위제도 본래의 목적이 피해자의 보호에 있으므로, 수인의 행위가 객관적으로 관련공동하여 모두 당해 가해행위의 원인으로 되어 있는 한, 주관적 공동의 유무를 불구하고 연대책임을 인정하는 것이 타당하다는 이유에서, 각 행위자의 행위가 객관적으로 관련공동한 경우를 의미한다는 객관적 공동설과 (ii) 민법 제760조 제1항의 '공동의 불법행위'는 같은 조 제2항에서 '공동 아닌 수인의 행위'라는 점과 비교할 때 주관적 공동으로 이해하는 것이 문리해석에 부합된다는 점, 협의의 공동불법행위자의 책임 가중 근거는 수인이 의식적으로 합세하므로 유책비난가능성이 높다는 점에 있다는 점 등을 근거로, 수인 간에 의사의 공동이 존재하는

---

87) 박주영, "공동불법행위의 책임체계", 서강대학교 석사학위 논문(2003. 8.), 41면, 42면.

불법행위라고 이해하는 주관적 공동설의 대립이 있고, 객관적 공동설이 다수설이자 판례[88]의 태도이다.[89]

법원은 OSP에 대한 사안에서도 "민법 제760조 제1항의 공동불법행위가 성립하려면 행위자 사이에 의사의 공통이나 행위공동의 인식까지 필요한 것은 아니지만 객관적으로 보아 피해자에 대한 권리침해가 공동으로 행하여지고 그 행위가 손해발생에 대하여 공통의 원인이 되었다고 인정되는 경우라야 할 것이고, 또한 그 각 행위는 독립적으로 불법행위에 해당하여야 할 것(대법원 1989. 5. 23. 선고 87다카2723 판결, 대법원 1996. 5. 14. 선고 95다45767 판결 등 참조)"이라고 판시함으로써 객관적 공동설의 입장을 견지하고 있다.[90]

OSP가 처음부터 이용자와 사이에 주관적 공동 관계를 가지고 불법행위에 가담하는 경우를 상정하기는 현실적으로 어려울 뿐 아니라, OSP의 책임을 확대하여 익명 내지 불특정 다수의 이용자의 행위에 대해 피해자를 폭넓게 보호하고자 하는 OSP의 책임 논의에 비추어 보더라도 주관적 공동설을 적용하기는 어렵다고 본다. 이에 이

---

88) 대법원 1982. 6. 8. 81다카1130 등의 판례에서 이러한 태도가 유지되고 있다. 판례의 태도에 관한 보다 자세한 설명은, 김학동, "공동불법행위에 관한 연구-'공동'의 의미에 관한 판례를 중심으로-", 비교사법 제10권 2호 통권 21호(2003), 195면 이하 참조.

89) 협의의 공동불법행위 성립요건 중 관련공동성에 관한 학설과 판례에 대한 보다 자세한 설명은 김용담 편집대표(주 84), 609~616면(강승준 집필부분); 정진명, "공동불법행위책임", Jurist 통권 412호 Jurist Plus 4호(2007. 2.), 47, 48면 참조.

90) 서울고등법원 2005.1.12. 선고 2003나21140 판결('소리바다 1 사건' 항소심 판결) 및 서울중앙지법 2008.11.20. 선고 2006가합46488 판결('K2 사건' 판결로, 원고가 항소하였으나, 2009. 4. 7. 소취하로 종결). 다만, 양 사례에서는, 객관적 공동설의 입장에서 각 사안의 사실관계를 분석한 뒤, 협의의 공동불법행위가 성립할 정도로 직접적이고 밀접하게 그 침해행위에 관여하였다거나 적극적으로 기여하였다고 평가하기는 어렵다고 하며, 결론적으로 협의의 공동불법행위의 성립은 부인하였다.

글에서는 우리나라 판례와 다수설이 취하고 있는 객관적 공동설에 따라 OSP의 책임에 관하여 논의하도록 하겠다.

### 나. 방조에 의한 공동불법행위

#### 1) 민법 제760조 제3항의 성격

불법행위를 교사하거나 방조한 자는 공동불법행위자로 간주되어 직접적인 불법행위자와 연대책임을 지게 된다. 이러한 교사자나 방조자는 직접적인 불법행위자와 객관적으로 행위를 공동하지는 않았지만 형법과는 달리 손해전보를 중심으로 하는 민사책임에 있어서는 피해자 보호를 위하여 공동책임을 인정하려는 것으로, 객관적 공동설에 의할 때 민법 제760조 제3항은 공동불법행위에 있어 특별규정으로 해석된다.[91] 다만, 판례 중에는 "…피고의 방조행위와 ○○○ 등의 예금불법인출행위는 객관적으로 관련공동되어 있고"라고 한 것이 있어(대법원 2000. 9. 29. 선고 2000다13900 판결) 객관적 공동설의 입장을 취하는 판례는 방조자에게도 직접 불법행위자와의 객관적 관련공동이 요구된다고 보아 이를 주의규정으로 보는 것이 아닌가 추측된다고 해석하는 견해가 있다.[92]

그러나 OSP의 책임에 관한 사안에서 판례[93]는, "민법 제760조 제1항의 공동불법행위가 성립하려면 행위자 사이에 의사의 공통이나 행위공동의 인식까지 필요한 것은 아니지만 객관적으로 보아 피해자에 대한 권리침해가 공동으로 행하여지고 그 행위가 손해발생에

---

91) 박성호(주 84), 112면, 113면; 정태윤, "공동불법행위의 성립요건과 과실에 의한 방조 : 대법원 2000. 4. 11. 선고 99다41749 판결(공2000상, 1172), 민사법학 제20호(2001. 7.), 489면, 490면.

92) 박성호(주 84), 112면.

93) 소리바다 1 사건 항소심 판결 참조. 이 사건의 상고심인 대법원 2007. 1. 25. 선고 2005다11626 판결에서는 협의의 공동불법행위 성립 여부에 관하여는 언급하지 않고, 과실 방조에 의한 공동불법행위가 성립한다고 판시하였다.

대하여 공통의 원인이 되었다고 인정되는 경우라야 할 것이고, 또한
그 각 행위는 독립적으로 불법행위에 해당하여야 할 것인바(대법원
1989. 5. 23. 선고 87다카2723 판결, 대법원 1996. 5. 14. 선고 95다45767 판
결 등 참조), … 채무자들이 서버를 운영하면서 이용자들에 의한 복
제권 침해행위에 관여한 정도에 비추어 볼 때, 비록 소리바다 서버
에의 접속이 필수적이기는 하나, 이것만으로 채무자들이 독립적으로
이 사건 음반제작자들의 복제권을 침해하였다거나 협의의 공동불법
행위가 성립할 정도로 직접적이고 밀접하게 그 침해행위에 관여하
였다고 평가하기는 어렵다고 할 것"이라고 하여 객관적 관련공동성
이 인정되지 않는 경우 협의의 공동불법행위가 성립하지 않는다고
하면서도, 이에 뒤이어 방조에 의한 공동불법행위 책임은 인정하고
있어, OSP의 책임과 관련하여서는 민법 제760조 제3항을 특별규정으
로 해석하는 것으로 이해할 수 있다.

2) 과실에 의한 방조 인정 여부

한편, 민법 제760조 제3항은 방조자를 공동불법행위자로 본다고
규정하고 있을 뿐 방조의 구체적인 요건에 관하여는 언급하지 않고
있다. 이에 대하여 판례는 "방조라 함은 불법행위를 용이하게 하는
직접, 간접의 모든 행위를 가리키는 것으로서 작위에 의한 경우뿐만
아니라 작위의무 있는 자가 그것을 방지하여야 할 제반 조치를 취하
지 아니하는 부작위로 인하여 불법행위자의 실행행위를 용이하게
하는 경우도 포함하는 것"이라고 판시하여[94] 방조를 폭넓게 인정하
고 있다. 이처럼 판례는 방조의 개념범위를 확장하여 직접 불법행위
를 용이하게 하는 직간접의 모든 행위를 포함시키고 있는데, 이와
관련하여 과실에 의한 방조가 가능한지 여부가 문제되었다. 공동불

---

94) 대법원 1998. 12. 23. 선고 98다31264 판결.

법행위에 관해 주관적 공동설을 취하는 독일의 경우 과실에 의한 교사나 방조를 인정하지 않는 반면, 일본에서는 당연히 이를 인정해 왔다고 하며,[95] 우리나라에서도 과실에 의한 방조가 인정되고 있다. 판례는 "형법과 달리 손해의 전보를 목적으로 하여 과실을 원칙적으로 고의와 동일시하는 민법의 해석으로서는 과실에 의한 방조도 가능하다고 할 것이며, 이 경우의 과실의 내용은 불법행위에 도움을 주지 않아야 할 주의의무가 있음을 전제로 하여 이 의무에 위반하는 것을 말한다"고 하여, 주의의무의 존재와 위반을 내용으로 하는 과실에 의한 방조를 인정하였다.[96]

대법원은 저작권 침해와 관련한 OSP의 책임이 문제된 사안에서 "저작권법이 보호하는 복제권 침해를 방조하는 행위란 타인의 복제권 침해를 용이하게 해주는 직·간접의 모든 행위를 가리키는 것으로서, 복제권 침해행위를 미필적으로만 인식하는 방조도 가능함은 물론 과실에 의한 방조도 가능하다고 할 것인바, 과실에 의한 방조의 경우에 있어서 과실의 내용은 복제권 침해행위에 도움을 주지 않아야 할 주의의무가 있음을 전제로 하여 이 의무에 위반하는 것'을 말하며, '위와 같은 침해의 방조행위에 있어서 방조자는 실제 침해행위가 실행되는 일시나 장소, 복제의 객체 등을 구체적으로 인식할 필요가 없으며 실제 복제행위를 실행하는 자가 누구인지 확정적으로 인식할 필요도 없다"[97]라고 판시하여 과실에 의한 방조를 인정하였으며, 그 이후 OSP의 책임에 관한 여러 대법원 판결[98]을 통하여서도 이러한 입장을 확인하였다.

---

95) 박성호(주 84), 113면, 114면.
96) 대법원 2000. 4. 11. 선고 99다41749 판결.
97) '소리바다 1 사건' 상고심 판결 참조.
98) 예를 들어 adidas 사건 재항고심 결정, 대법원 2010. 3. 11. 선고 2009다4343 판결('야후 사건' 상고심 판결) 및 대법원 2010. 3. 11. 선고 2009다5643 판결 ('네이버 사건'으로 야후 사건과 동일한 내용의 판시를 하고 있다) 등이다.

## II. 민법상 공동불법행위 이론에 따른 OSP의 책임 구조 검토

OSP의 책임은 크게 계약상 책임과 불법행위 책임으로 나눌 수 있고, 제2장에서 살펴본 바와 같이 특별법상 이에 관하여 규율하고 있지 않으므로, 기본적으로 민법 일반 이론이 적용된다. 그 중 이 글이 중점적으로 다루는 불법행위 책임과 관련하여 보면, OSP가 직접 행위자로서 정보를 발신한 경우에는 민법 제750조에 따라 일반 불법행위 책임을 지게 될 것이나, 반면 OSP가 정보의 발신자에게 도구를 제공하는데 그치고, 직접 정보의 발신행위를 하지는 않은 경우에 관하여는 방조 등 공동불법행위 규정(민법 제760조)을 적용[99]하는 것이 이론적으로 타당하다.

OSP에 대한 우리 판례는 일반 불법행위 규정에 따라 책임을 인정한 것과 방조에 의한 공동불법행위 규정을 적용한 것으로 나눌 수 있고, 다시 전자는 OSP를 직접 행위자로 본 것과 OSP를 직접 행위자로는 보지 않았음에도 일종의 관리의무 해태를 근거로 한 것으로 다시 나눌 수 있다. 예를 들어 ① 원격 방송프로그램 저장 서비스에 관한 엔탈 사건[100] 및 마이TV 사건[101]에서는 OSP가 직접 행위자로서

---

99) 민법 제760조는 그 자체로 책임근거를 부여하는 규정은 아니고, 다수인에 의하여 민법 제750조에 의해 불법행위가 성립할 경우, 관련공동성을 근거로 하여 책임의 범위를 확대하는 규정에 해당한다. 따라서 민법 제760조가 적용되기 위해서는 제750조의 적용이 당연한 전제가 된다. 이 글에서 소개한 국내 판결은 오로지 민법 제750조만을 근거조항으로 삼아 불법행위를 인정한 사안과 민법 제750조 및 민법 제760조를 모두 근거로 불법행위를 인정한 사안으로 나뉘게 되나, 표현의 편의상 민법 제750조를 적용한 사안 및 민법 제760조를 적용한 사안으로 기재하였다.

100) 서울고등법원 2009. 4. 30. 선고 2008나86722 판결. 이에 대하여는 피고가 상고하였으나, 대법원에서는 심리불속행 기각 판결이 내려져(대법원 2009. 9. 24. 선고 2009다39738 판결), 원심의 결론과 같이 확정되었다.

저작권침해에 대한 책임을 진다고 보았고, ② 하이텔 사건,102) 청도군 사건103) 및 싸이월드 사건104)에서는 OSP가 직접 명예훼손 행위를 하였다고 인정한 것은 아니지만,105) 이들에게 관리의무 해태를 이유로 민법 제750조의 책임을 인정하였으며, ③ 상표권 침해에 관한 히노키 사건,106) K2 사건 및 adidas 사건과, 저작권 침해에 관한 소리바다 사건, 야후 사건107)에서는 민법 제760조 제3항을 근거로 제3자의 침해행위를 방지할 주의의무를 해태하였는지 여부를 판단한 바 있다.108)

    OSP가 직접 침해행위를 한 것으로 인정한 사례를 제외하면, 민법

---

101) 서울중앙지방법원 2010. 9. 28.자 2009카합4625 결정. 이 사건은 그대로 확정되었다.

102) 1심 : 서울지방법원 동부지원 1999. 8. 18. 선고 99가소83281 판결; 2심 : 서울지방법원 2001. 4. 27. 선고 99나74113 판결; 3심 : 대법원 2001. 9. 7. 선고 2001다36801 판결.

103) 1심 : 대구지방법원 2002. 6. 25. 선고 2001가단62531 판결; 2심 : 대구지방법원 2002. 11. 13. 선고 2002나9163 판결(1심의 판결을 그대로 인용); 상고심 : 대법원 2003. 6. 27. 선고 2002다72194 판결.

104) 1심 : 서울중앙지방법원 2007. 5. 18. 선고 2005가합64571 판결; 2심 : 서울고등법원 2008.7.2. 선고 2007나60990 판결; 3심 : 대법원 2009.4.16. 선고 2008다53812 판결.

105) 다만, 싸이월드 사건에서는 OSP인 포털 업체가 일종의 편집권을 행사한 부분과 관련하여 직접 침해자에 해당한다고 보았다.

106) 1심 : 서울중앙지방법원 2008. 8. 5.자 2008카합1901 결정; 가처분이의 : 서울고등법원 2009. 2. 10.자 2008카합3997 결정. 이 결정에 대하여는 피신청인 측이 항고하였으나, 2009. 5. 8. 신청인 측의 신청 취하로 종결되었다. 이 결정의 사실관계와 판시사항은 최성준, "부정경쟁행위에 관한 몇 가지 쟁점", LAW & TECHNOLOGY 제5권 제1호, 서울대학교 기술과 법센터 (2009. 1), 13~15면 참조.

107) 1심 : 서울중앙지방법원 2008. 2. 15. 선고 2006가합106779 판결; 2심 : 서울고등법원 2008. 11. 19. 선고 2008나35779 판결; 3심 : 대법원 2010. 3. 11. 선고 2009다4343 판결; 파기환송 후 항소심 : 서울고등법원 2010. 7. 15. 선고 2010나31879 판결.

108) 각 사례의 구체적인 사실관계와 판시는 아래에서 다시 자세히 살펴보도록 한다.

제750조에 의한 책임을 인정한 사례나 민법 제760조 제3항에 의한 책
임을 인정한 사례 모두 제3의 이용자의 행위에 OSP가 관여한 경우라
는 점에서 기본적 전제사실이 동일하다. 그럼에도 불구하고 종래의
판례 중 명예훼손에 관한 하이텔 사건, 청도군 사건 및 싸이월드 사
건에서는 민법 제750조를 근거로 하여109), 그 외 상표권 침해와 저작
권 침해에 관한 사건에서는 민법 제760조 제3항을 근거로 하여 OSP
의 책임을 인정하였다. 민법 제750조의 책임은 관리자로서의 주의의
무 위반을 이유로 하고 있고, 민법 제760조 제3항 역시 과실에 의한
방조로 주의의무 위반을 책임 근거로 하고 있으므로, 근거 조항에
따라 OSP의 책임 기준이 결정적으로 달라지는 것은 아니다. 더욱이
종범의 형을 정범의 형보다 감경하도록 하는 형법(제32조 제2항)과
는 달리, 민법상 방조자는 공동불법행위자로서 정범과 동일한 책임
을 지게 되므로, 위와 같은 구별은 결론에 있어서는 차이가 없다.

그러나 민법이 제760조 제3항에서 방조에 의한 불법행위 규정을
따로 두고 있으므로, 제3자의 행위에 보조하는 전형적인 방조에 해
당하는 경우 이 규정의 적용을 피할 이유는 없다. OSP가 직접 정보
를 발신한 것이 아니고 정보 발신을 개시한 행위자는 별도로 존재하
며, OSP는 정보 발신을 위한 도구를 제공한 것에 불과하므로, 개념상
방조에 의한 공동불법행위에 그 사실관계가 정확히 부합하고, 또

109) 최경진, "OSP의 민사 책임에 관한 판례 연구", 경기법조 15호, 수원지방변
호사회(2008), 356면, 360면은 이 글에서 민법 제750조를 적용한 사례로 소
개한 판례들을 소개하면서, 해당 판례들이 당연히 민법 제760조 제3항에
따른 방조책임을 인정한 것으로 설명하고 있다. 그러나 위 사례들이 OSP
본인의 과실책임에 근거해 민법 제750조만을 적용한 것인지, 아니면 민법
제760조 제3항을 적용시켜 제3자의 불법행위에 방조하지 않을 의무에 근
거한 것인지 여부는 해석상 의문의 여지가 있으며, 위와 같이 민법 제760
조 제3항을 적용한 사례라고 단정하기에는 이론적으로 불명확한 부분이
있다고 생각된다. 이 점에 관하여는 아래에서 살펴보도록 한다.

OSP의 행위는 대부분 일상적 중립적인 것이어서 그 자체로 위법하다고 하기 어려운 반면, 직접 행위자의 행위를 매개로 하여서만 불법성이 발현된다는 점에서 볼 때, OSP의 행위는 전형적인 방조에 해당할 것이므로, 굳이 민법 제760조 제3항을 적시하지 않고 민법 제750조만을 근거로 삼을 이유는 없는 것이다.

OSP의 책임 제한 규정을 적용함에 있어서, OSP의 책임 근거를 방조에 두는 것이 보다 매끄러운 논리적 설명이 가능하다. 앞에서 살펴본 바와 같이, 현행법상 OSP가 책임을 부담하게 되는 근거를 명시하는 규정은 없는 것으로 파악되나, 반면 저작권법 등에서는 OSP의 책임이 감면되는 기준에 관하여는 구체적이고 자세한 책임제한 조항을 두는 경우가 있다. 그런데 이러한 책인제한 조항에 따라 OSP에게 책임을 제한하기 위해서는, OSP가 직접 불법행위를 자행한 것이 아니라 타인의 행위에 조력한 것에 불과하다는 것이 전제가 된다. 따라서 만약 OSP에게 방조에 의한 공동불법행위가 아니라 별도의 관리책임 위반으로 인한 단독 일반불법행위가 성립한다고 이론구성한다면, 위와 같은 책임 제한 조항을 적용할 전제를 상실하는 것으로 오해될 여지가 다분하다.[110]

따라서 OSP의 책임 근거를 구성함에 있어서는, OSP의 행위가 제3자의 관여 없이 그 자체로 별도의 불법행위를 구성하는 경우가 아닌

---

110) 이규호, "우리나라에 있어 최근 UCC서비스 현황과 입법·정책동향: OSP책임과 분쟁사례를 중심으로", (계간)저작권 vol.21 no.4 통권 제84호(2008. 겨울), 17면 역시 오로지 간접책임의 경우에만 OSP의 책임 제한 규정이 적용된다고 한다. 다만 이 견해는 민법 제760조 제3항의 방조책임이 직접책임의 한 유형에 해당한다고 하면서, 방조책임으로 이론구성할 경우 저작권법 제102조 이하 등의 면책조항의 적용이 애초에 배제될 것이라고 하는데, 방조책임은 직접책임의 한 종류가 아니라 어디까지나 타인의 불법행위에 간접적으로 가담한 경우 인정되는 간접책임에 해당하는 것으로 위와 같은 견해는 방조책임 법리 및 OSP의 책임 구조에 대한 근본적인 오해에 의한 것으로 생각되고 부당하다.

한, 기본적으로 민법 제760조의 공동불법행위 조항을 근거로 함이 타당하다고 생각된다. 현재까지 나타난 OSP의 서비스 유형 중에는 민법 제750조를 적용하더라도 결론에 있어 큰 차이를 나타내는 경우가 없었다고 할 수 있다. 그러나 OSP의 활동 영역이 확대되고 서비스 내용에 따라 OSP의 개입 정도가 크게 변화하는 상황에서는, 제3자의 행위로 야기된 불법행위와 관련하여 OSP의 책임은 어디까지나 민법상 공동불법행위를 근거로 한다는 점을 명확히 하는 것이 바람직할 것이다. 이에 관하여, 과실 방조를 민법 제760조 제3항의 범주상 허용하면서, 제2차적 책임자가 오직 제1차적 책임자의 불법행위를 매개로하여서만 손해의 발생에 기여하는 경우 일체를 교사 내지 방조로 포섭하되, 그 과실기준을 신중하게 심사하는 접근이 더 낫다는 견해가 있는데,[111] 이상의 논의와 그 궤를 같이하는 것이라고 생각된다.

## 제3절 소결

이상에서 살펴본 민법상 불법행위 이론 구조 및 우리나라 판례가 공동불법행위와 관련하여 취하고 있는 객관적 공동설에 의하면, OSP의 불법행위 책임과 관련하여 ① OSP가 직접 불법행위의 실행자로서 일반 불법행위 규정(민법 제750조)에 따른 책임을 지는 것인지 여부를 먼저 살펴보고, 다음으로 ② OSP가 단독적인 직접 실행자에는 해당하지 않지만, 직접 행위자의 행위와 객관적 관련공동성이 있어 협의의 공동불법행위자에 해당할 수 있는지 여부를 검토한 뒤, 마지막

---

111) 이동진, "미국 불법행위법상 제2차적 책임-증권사기·회사법상 신인의무 위반 및 지적재산권 침해를 중심으로-", 민사법학 제61호(2012. 12.), 543면.

으로 ③ 제3자의 불법행위에 직간접적으로 조력하였거나 주어진 주
의의무를 해태하여 방조자로서 공동불법행위 책임을 부담하는지 여
부를 판단해야 할 것이다. 지금까지 국내외에서 OSP의 책임이 문제
된 사례가 다수 존재하나, 이를 위와 같은 관점과 순서에서 분석한
경우는 찾아보기 어렵고, 오히려 저작권 침해, 상표권 침해, 명예훼
손 등 각각의 영역으로 나누어 따로따로 살펴봄으로써 마치 OSP의
책임에 대하여는 법익에 따라 전혀 별개의 법리가 적용되는 것처럼
오해된 부분이 없지 않다. 이 글에서는 OSP에 대한 사례들을 위에서
살펴본 불법행위 이론에 의한 순서에 따라 분석함으로써 각각의 판
례가 불법행위 이론상 어떻게 이해될 수 있는지를 살펴보고자 한다.

이러한 입장에서 지금까지의 국내외의 판례 사안을 (i) OSP 등 도
구제공자를 직접 행위자로 의제하려는 일본의 판례들 및 직접 행위
자로 판단한 우리나라의 판례들, (ii) OSP의 직접적인 주의의무 위반
으로서 민법 제750조를 적용하는 우리나라의 판례들과 역시 일반 불
법행위 규정을 근거로 한 일본과 프랑스의 판례 및 명예훼손에 관한
유럽인권재판소(European Court of Human Right)의 최근 판례, (iii) OSP
는 어디까지나 간접적·2차적 책임을 지는 자에 불과하다는 전제에서
기여책임이나 대위책임으로 이론구성하는 미국의 판례들 및 (iv) 민
법 제760조 제3항 방조에 의한 공동불법행위책임으로 보는 우리나라
의 판례들로 분류해 살펴보고자 한다. 여기서 (i)의 경우는 OSP가 직
접 불법행위의 실행자에 해당한다고 보아 책임을 구성하고 있고, (ii)
의 경우는 OSP가 직접 실행자에 해당한다고 보지는 않았으나 자기의
관리책임 위반 등이 있다고 하여 책임을 인정하였으며, (iii)의 경우
는 OSP 외에 제3의 직접적 불법행위자가 있다는 것을 전제로 우리나
라의 방조책임과 유사한 간접책임을 부과하였고, (iv)의 경우는 위에
서 언급한 ① 내지 ③의 순서에 맞추어 검토한 뒤 방조에 의한 공동
불법행위에 해당하는지 여부를 판단하였다.

이러한 사례들은 OSP의 책임 근거와 관련하여서도 의미가 있지만, 그보다 OSP의 구체적인 책임 기준을 도출하기 위한 선례로서 더욱 의미를 갖는다고 할 것이다. 이하에서는 위와 같은 분류 순서에 따라 각각의 사례의 당부와 시사점에 관해 살펴보고, 이러한 사례 분석을 통하여 OSP가 관여된 여러 법익과 관련된 사안에서 통일적인 공통 기준을 도출할 수 있는지 검토하고자 한다.

# 제4장

# OSP의 책임에 관한
# 구체적 사례 분석

# 제1절 OSP를 직접 행위자로 의제한 사례

## Ⅰ. 문제의 제기

일반적으로 OSP는 직접 인터넷을 통한 발신행위를 하는 것이 아니고, 제3의 이용자에게 인터넷접속을 비롯한 도구를 제공하는 것에 그친다. 그럼에도 불구하고 OSP를 직접 불법행위를 실행한 행위자인 것으로 보아 책임을 부과할 수 있는지 문제될 수 있다. 일본에서는 종래 "가라오케 이론"을 통해 도구제공자에 대해 직접 행위자에 준하여 책임을 지운 사례가 있었고, OSP에 대하여도 가라오케 이론을 적용한 바 있었다. 한편 국내에서는 원격저장 디지털 비디오 저장장치와 관련한 엔탈 사건 등에서 일종의 OSP인 업체 측에 대해 직접 행위자로서 불법행위 책임을 인정하였다. 미국에서는 원격저장 디지털 비디오 저장장치에 관한 사안에서 종래 OSP의 책임을 부정하였으나 최근 내려진 연방대법원 판결에서는 클라우드 기반의 사업자에 대해 저작권침해 책임을 인정하여 그 입장이 변경된 것은 아닌지 귀추가 주목되고 있다.

이하에서는 먼저 일본의 가라오케 법리와 그에 따른 일본의 사례들에 관해 살펴보고, OSP를 직접 침해자로 본 국내 사례들 및 미국의 사례에 대해 각각 분석해 보도록 한다.

## Ⅱ. 해외의 사례

### 1. 일본의 "가라오케 법리" 및 OSP에 대해 동 법리를 적용한 사례들

가. 가라오케 법리의 도입 : 클럽 캐츠아이(クラブ·キャッツアイ) 사건

일본에서는 침해주체의 개념과 관련하여, 판례이론에 따른 해석

상 직접침해자를 도구(手足)로 이용한 자에게도 침해주체성을 인정하려는 "가라오케 법리"가 채용되어, 실질적으로 침해주체의 범위가 확장되어 왔다. 가라오케 법리는 처음부터 OSP의 책임과 관련하여 인정된 것은 아니고, 노래방 반주기기 사안("클럽 캐츠아이(クラブ・キャッツアイ) 사건")112)에서 최고재판소에 의해 인정된 것으로, "관리"와 "영업상의 이익"을 요건으로 하여 저작권법상 규율의 관점에서 침해주체의 개념을 확장할 수 있도록 한 것이다.

　이 사건은 가라오케 주점에서 손님에게 유료로 노래방 반주기기를 사용하도록 한 주점 주인에 대해, 일본음악저작권협회(Japanese Society for Rights of Authors, Composers and Publishers, 이하 "JASRAC")가 저작권 침해를 이유로 손해배상 등을 청구한 사안이다. 실제로는 손님에 의해 행하여진 악곡의 가창을 주점 운영자에 의한 가창과 동일시할 수 있는지 여부가 최대의 쟁점이 되었는데, 일본 최고재판소는 주점 측은 가라오케 기기를 설치하여 손님으로 하여금 이용하도록 함으로써 이익을 얻고 있을 뿐 아니라 가라오케 테이프의 제공이나 손님에 대한 권유행위 등을 계속적으로 한 점을 근거로, 손님 뿐 아니라 주점 측도 저작물의 이용주체라고 인정해야 한다고 판단하면서, 가라오케 주점의 손님의 가창에 대하여 주점 측이 저작권 침해주체에 해당한다고 보았다. 가라오케 법리에 따라 침해주체개념을 확장한 결과 ① 간접침해자에 대하여도 금지청구의 대상이 될 수 있도록 한 것에 그치지 않고, ② 실제 행위자에게 공정이용 등 별도의 법리에 의해 침해가 성립하지 않는 경우라고 하더라도 침해 주체로 인정된 간접침해자에 의한 침해가 성립할 수 있게 되었다. 최고재판소 판결 이후 가라오케와 관련된 영역에서 하급심 판례를 중심으로 동 법리의 적용범위가 확장되어, "관리"를 대신하여 "관리지배"라는 용어가

---

112) 最高裁判所 1988(昭和63)年3月15日判決 判例タイムズ 663號95頁.

사용되게 되었다고 한다.[113]

## 나. OSP에 대한 가라오케 법리의 확장

### 1) P2P에 관한 파일로그(ファイルローグ) 사건

일본에서는 위와 같은 가라오케 법리에 의해, OSP의 서비스와 관련하여서도 실제 행위자가 아닌 간접침해자에 대하여 직접침해자로 의제하는 사례가 이어져 왔다. 일본 하급심 재판소는 하이브리드형 파일공유 서비스를 통한 저작권침해 사안에서 가라오케 법리를 적용하여, 파일로그(ファイルローグ, File Rogue)라는 OSP를 침해주체로서 인정하였고, 프로바이더 책임제한법 제3조 제1항 단서의 발신자에 해당한다고 함으로써 면책을 부정하였다.[114]

1심은 우선 이용자가 파일을 공유폴더에 넣고 파일로그 서버에 접속하여 자동적으로 동시에 접속한 다른 이용자들에게 파일을 송신하

---

113) 岡村久道, "プロバイダ責任制限法上の發信者概念と著作權の侵害主體—知財高判平成22·9·8判例時報2115號103頁(TVブレイク事件)", 別冊NBL No.141 (2012. 7.), 117~118면 참조.

114) 파일로그와 관하여는 여러 건의 관련 사건이 있는데, 가처분결정으로는 음반회사 19개사가 신청한 東京地方裁判所 2002(平成14)年4月9日決定 判例タイムズ 1092號110頁 및 JASRAC이 신청한 東京地方裁判所 2002(平成14)年4月11日決定 判例タイムズ 1092號110頁이 있고, 본안판결로는 역시 음반회사 19개사가 원고가 된 東京地方裁判所 2003(平成15)年12月17日判決 일본 재판소 웹사이트 www.courts.go.jp, 이에 대한 중간판결은 東京地方裁判所 2003(平成15)年1月29日判決 일본 재판소 웹사이트 www.courts.go.jp)과 JASRAC이 원고가 된 東京地方裁判所 2003(平成15)年12月17日判決 判例タイムズ 1045號102頁(이에 대한 중간판결은 東京地方裁判所 2003(平成15)年1月29日判決 判例タイムズ 1113號113頁), 전자에 대한 항소심 판결인 東京高等裁判所 2005(平成17)年3月31日判決 일본 재판소 웹사이트 www.courts.go.jp 및 후자에 대한 항소심 판결인 東京高等裁判所 2005(平成17)年3月31日判決 일본 재판소 웹사이트 www.courts.go.jp 등이다. 이에 대한 상세한 설명은 박준석(주 10), 246~261면 참조.

는 행위는 사적 사용에 해당하지 않고 저작권침해를 구성한다고 판단하였다. 그리고 파일로그 측에 대하여, 스스로 이용자의 개인컴퓨터에 저장된 파일을 자신의 서버에 접속시키는 물리적인 행위를 하고 있는 것은 아님에도 불구하고 파일로그 측이 직접 저작권을 침해하는 것이라고 판단하였다. 또한 파일로그의 서버가 파일을 공유폴더에 장치한 상태인 송신자의 개인컴퓨터와 일체가 되어 제2조 4호에서 정한 '기록매체'에 해당한다고 해석하면서, 파일로그 측이 프로바이더 책임제한법상 책임 제한의 예외인 "발신자"에 해당한다고 보아 면책규정의 적용을 배제하였다. 항소심에서도 여전히 파일로그 측을 직접침해자에 해당한다고 보면서, 단지 일반적으로 위법한 이용이 될 우려가 있는 점만으로 정보통신서비스를 제공하는 자를 위법정보로 인한 침해주체로 보는 것은 적절치 않다고 하면서도, 서비스가 그 성질상 구체적이고 현실적인 개연성을 가지고 특정유형의 위법한 침해를 야기하고 그것을 예상하면서 서비스를 제공함으로써 침해행위를 유발하고, 그에 따른 관리와 경제적 이익이 있다면 그 책임을 부담하는 것이 타당하여 결론적으로 침해주체로 인정할 수 있다고 하였다.

### 2) 원격 디지털 비디오 녹화 서비스 사건

위와 같이 OSP에게 직접침해의 책임을 인정한 일본 판례의 태도는 그 이후로 이어져, 각 이용자가 인터넷을 통해 텔레비전 PC를 조작하여 TV 방송을 녹화하고 서비스제공자는 녹화된 파일을 이용자의 PC에 전송할 수 있는 환경을 제공하여 해외 등 원격지에서도 일본 국내의 방송 프로그램을 시청할 수 있도록 한 녹화넷(錄畵ネット) 사건[115], 요리도리미도리(選撮見錄) 사건[116] 등에서도, 시스템 제공

---

115) 東京地方裁判所 2004(平成16)年10月7日決定 判例時報 1895號120頁; 知的財産高
　　等裁判所 2005(平成17)年11月15日決定 일본 재판소 웹사이트 www.courts.go.jp.
116) 1심 : 大阪地方裁判所 2005(平成17)年10月24日判決 判例時報 1911號65頁; 2

자가 직접 저작권 침해행위를 한 것으로 인정되었다. 또한 시스템 제공자가 저작권 침해자에 해당한다고 보면서, 각 이용자의 사적복제 항변도 받아들이지 않았다.

최고재판소의 판단을 거친 마네키TV(まねきTV) 사건[117], 로쿠라쿠(ロクラク) II[118] 사건에서도 원고들의 방송을 원거리에서 시청할 수 있도록 도와주는 형태의 서비스를 제공한 피고 업체에 대해 직접책임이 인정되었다. 여기서 최고재판소는 송신가능화 행위 내지 복제행위의 주체는 모두 서비스제공자로, 서비스제공자의 저작권 침해를 긍정하였다. 즉, 동 판결은 방송프로그램 등의 복제물을 취득할 수 있도록 가능하게 하는 서비스에 대하여 서비스를 제공하는 자가 그 관리·지배 하에 두고, TV안테나로 수신한 방송을 복제기능이 있는 기기에 입력하며, 해당 기기에 녹화 지시되면 방송프로그램 등의 복제가 자동적으로 이루어지는 경우, 그 녹화 지시를 해당 서비스 이용자가 하더라도 당해 서비스를 제공한 자가 그 복제의 주체가 된다고 해석하였다.

로쿠라쿠 II 판결에서 카네츠키 세이지(金築誠志) 대법관은 보충의견으로, 가라오케 법리는 법개념의 규범적 해석으로서 일반적인 법해석의 방법 중 하나에 지나지 않고, 어떤 특수한 법이론인 것처

---

심 : 大阪高等裁判所 2007(平成19)年6月14日判決 判例時報 1991號122頁.

117) 1심 : 東京地方裁判所 2008(平成20)年6月20日判決 일본 재판소 웹사이트 www.courts.go.jp; 2심 : 知的財産高等裁判所 2008(平成20)年12月15日判決 判例時報 2038號110頁; 3심 : 最高裁判所 2011(平成23)年1月18日判決 裁時 1524號1頁; 파기환송심 : 知的財産高等裁判所 2012(平成24)年1月31日判決 判例時報 2142號96頁.

118) 1심 : 東京地方裁判所 2008(平成20)年5月28日判決 判例時報 2029號125頁; 2심 : 知的財産高等裁判所 2009(平成21)年1月27日判決 일본 재판소 웹사이트 www.courts.go.jp; 3심 : 最高裁判所 2011(平成23)年1月20日判決 判例時報 2103號128頁; 파기환송심 : 知的財産高等裁判所 2012(平成24)年1月31日.判決 判例時報 2141號117頁.

럼 보는 것은 적당하지 않다고 하면서, 저작물의 이용행위는 사회적, 경제적 측면을 가지므로 행위주체의 판단은 단순히 물리적, 자연적으로 관철하는 것으로 충분하지 않고, 사회적, 경제적 측면을 포함하여 종합적으로 관찰해야 하는 것으로 이러한 해석방법은 저작권법상 각 권리의 행위주체를 판단하는 경우에 있어 법적 판단으로서 당연한 것이라고 하였다. 한편, 위 판결에서는 "이익의 귀속" 요건에 대하여는 언급하지 않았는데, 이에 대해 카네츠키 대법관의 보충의견은, 가라오케 법리를 적용할 때 고려해야하는 요소도 행위유형에 의해 바뀔 수 있는 것이고, 행위에 대한 관리·지배와 이익의 귀속이라는 2가지 요소를 고정적인 것으로 생각해야 하는 것은 아니라고 판시하였다. 위 사건의 파기환송심은 최고재판소가 제시한 기준에 따라 사실인정을 한 뒤, 피고가 복제의 주체에 해당한다고 판단하였다.

  3) 기타 가라오케 법리를 적용한 사례들

  가라오케 법리는 그 이후로도 여러 사건에서 적용되었다. 동영상 투고·공유사이트가 문제된 TV브레이크(TVブレイク) 사건[119]에서, 피고가 위 서비스를 제공하여, 이로 인해 경제적 이익을 얻기 위해 그가 지배관리하는 위 사이트에서 이용자의 복제행위를 유인하고, 실제로 위 서버에 JASRAC 관리저작물의 복제권을 침해하는 동영상이 다수 투고되는 것을 인식하면서, 침해방지조치를 강구함이 없이 이를 인용하고 저장하는 행위는 이용자에 의한 복제행위를 이용하여 스스로 복제행위를 한 것으로 평가할 수 있으므로, 피고는 위 서버에 저작권을 침해하는 동영상 파일을 저장하고 송신가능한 상태에 두어 저작권을 침해하는 주체라고 보아야 한다고 판단하였고, 피고가 관리하는 서버는 프로바이더 책임제한법에서 규정하는 기록매체 내지

---

119) 1심: 東京地方裁判所 2009(平成21)年11月13日判決 判例時報 2076號93頁; 2
    심 : 知的財産高等裁判所 2010(平成22)年9月8日判決 判例時報 2115號103頁.

송신장치에 해당하므로, 피고는 발신자로서 책임을 부담하고 면책을 주장할 수 없다고 보았다.

한편 컴퓨터와 휴대폰의 인터넷 접속이 가능한 이용자를 대상으로 이용자의 CD 음악을 자신의 휴대폰에서 들을 수 있는 서비스를 제공한 것이 문제된 MYUTA 사건[120]에서 재판소는 서버에서의 음악파일 복제행위 및 사용자 휴대전화에 대한 전송행위의 주체는 서비스 제공자인 원고로서, 저작권자의 허락이 없는 이상 위법하다고 판시하였다.[121]

## 2. OSP의 직접침해자성 여부에 관해 판단한 미국의 사례

### 가. 전자게시판 운영자를 직접침해자로 본 Frena 사건

피고 Frena가 운영하는 전자게시판 이용자들은 원고 Playboy Enterprises의 플레이보이 잡지 사진을 위 전자게시판에 무단으로 게시하여 다른 이용자들로 하여금 이를 다운로드 할 수 있도록 함으로써 원고의 저작권을 침해하였다. 피고는 원고로부터 통지를 받은 후에는 해당 사진을 게시판에서 즉시 삭제하였다.

이에 대하여 법원[122]은, 피고가 가입자들로 하여금 피고의 게시판을 통하여 원고가 저작권을 가진 사진들의 복제파일을 배포, 전시하도록 허락하는 방법으로 원고의 저작권을 직접적으로 침해하였다고 판시하여 피고에게 직접책임을 인정하였다. 즉, 법원은 Frena가 직접

---

120) 東京地方裁判所 2007(平成19)年5月25日判決 判例時報 1979號100頁.

121) 이 사건에 대한 평석으로는, 佐野信, "ＣＤ等の樂曲を自己の携帯電話で聽くことのできるサービスの提供が, 當該樂曲についての複製權及び自動公衆送信權を侵害するとされた事例", 判例タイムズ別冊 22號262頁(2008.); 森善之, "間接侵害(5)－ストレージサービス(MYUTA 事件) 平成１９年５月２５日 東京地方裁判所 判例時報1979號100頁, 判例タイムズ1251號319頁", 著作權判例百選 [第4版] (2007. 5.) 참조.

122) *Playboy Enterprises, Inc. v. Frena*, 839 F.Supp. 1552, 1554 (M.D.Fla.1993).

게시판에 저작물을 게시하지는 않았지만, 게시판을 운영하면서 그 이용자들로 하여금 게시판에 게시된 저작물을 이용할 수 있도록 허락하였으므로 결국 Frena가 임의로 저작권자의 지위에서 허락권[123]을 행사한 것이어서 직접침해가 성립된다고 설명하였다. 더 나아가 법원은 침해에 있어 의도나 인식은 요건에 해당하지 않는다고 하면서, 피고가 설령 이용자들의 저작권 침해행위를 알지 못하였다고 하더라도 책임이 있다고 판단하였다.

## 나. 원격 디지털 복제 서비스 제공자의 책임을 부정한 Cablevision 사건

이 사건에서 미국의 케이블TV 회사인 Cablevision은 이용자들에게 디지털 비디오 리코더(Digital video recorder, 이하 'DVR') 없이도 Cablevision의 원격 저장 DVR 시스템을 이용하여 방송프로그램을 녹화하여 볼 수 있는 서비스를 제공하였다. 이용자들은 이 시스템을 이용하여 Cablevision에게 프로그램의 녹화와 저장을 요청하고, Cablevision은 해당 프로그램을 녹화하여 자신의 중앙 서버에 저장하였으며, 이용자는 언제든지 위 복제물의 전송을 요청할 수 있고, 그러한 요청에 따라 Cablevision의 서버는 서버에 저장된 데이터를 스트리밍 방식으로 이용자에게 재시청하게 하였다.[124] 한편, Cablevision는 고객에게 위와

---

123) 미국저작권법 제106조는 저작권의 종류를 정하면서 "저작권자는 이 장에 의하여 다음의 행위를 하거나 허락할 독점적 권리를 갖는다"고 하여 마치 저작권자 자신이 직접 저작물을 이용하지 않고 타인에게 허락할 권리, 즉 "허락권"도 저작권자의 독점적 권리의 하나라고 해석할 수 있는 다소 애매한 표현을 두고 있다.

124) Cablevision의 RS-DVR의 작동방식에 대한 보다 자세한 설명은, Megan Cavender, "RS-DVR SLIDES PAST ITS FIRST OBSTACLE AND GETS THE PASS FOR FULL IMPLEMENTATION", North Carolina Journal of Law & Technology(Fall 2008), pp. 145~147 참조.

같은 시스템 및 서비스를 이용한 대가로 추가 비용을 청구하였다.

이에 방송사 등 콘텐츠제공자들은 Cablevision을 상대로 저작권침해를 주장하며 소를 제기하였고, 미국 지방법원[125]은 Cablevision이 직접적으로 저작권 침해행위를 한다고 보아 방송사의 청구를 인용하는 약식판결(Summary Judgement)을 선고하였다. 그러나 미국 항소법원은 불법적인 복제행위를 하는 제3자에 의해 사용되는 기계를 소유하였다는 사실만으로 직접침해자라고 볼 수 없고, 복제물 제작에 있어 상당한 형태의 의지적인 행위(volitional conduct)가 요구되며, RS-DVR 서비스와 관련하여 그 이용자가 보다 큰 통제권을 행사하므로 직접 행위자는 이용자라고 보았다.[126] 이후 원고는 연방대법원에 상고허가 신청을 하였으나, 연방대법원에서 상고허가가 이루어지지 않아 위 판결은 그대로 확정되었다.

## 다. 클라우드 기반 원격 디지털 복제 서비스 제공자를 직접침해자로 본 Aereo 사건

Aereo는 2012년부터 방송사에서 제공하는 지상파방송을 수신한 후 인터넷 망을 통해 가입자들에게 전송하는 서비스를 제공해왔다. Aereo는 위 서비스를 제공하기 위해 중앙 서버 내에 수만 개의 작은 안테나를 설치하고 각 안테나마다 한 명의 가입자만 할당했으며, 공중파

---

125) *Twentieth Century Fox Film Corp. v. Cablevision Systems Corp.*, 478 F.Supp.2d 607 (S.D.N.Y.,2007). 이 사건에 대한 보다 상세한 설명은, 이소정, "인터넷 녹화·전송 서비스의 저작권 침해에 관한 연구", 숙명여자대학교 석사학위 논문(2012), 5~12면; 이숙연, "새로운 형태의 방송 프로그램 관련 서비스에 대한 저작권 및 저작인접권 분쟁에 관한 연구", 연세 의료·과학기술과 법 제2권 제2호(2011. 8), 136~144면 참조.
126) 위 사건에서 항소법원은 기여책임 법리에 따라 Cablevision에게 책임이 인정될 여지는 있다고 하였다. 그러나 위 사건에서는 이용자에 의한 공연권 침해도 부정되었으므로, 설령 Cablevision의 기여책임이 주장되었더라도 결론적으로 책임이 인정되지는 않았을 것으로 보인다.

방송은 스트리밍 방식으로 해당 가입자에게 거의 실시간으로 전송
되었다. 또한 가입자는 그 안테나를 통해 수신된 프로그램을 녹화할
수 있는데, 녹화된 프로그램은 그 가입자에게만 할당된 클라우드 저
장공간에 저장되고, 그 가입자의 지시에 따라 오로지 그 가입자에게
만 전송되었다.127) 이와 같은 Aereo의 서비스에 대해 지상파 방송사
업자들은 자신들의 공연권을 침해하였다고 주장하며 소를 제기하였
다. 이에 대해 Aereo는, 방송신호의 수신과 송신은 오로지 가입자의
의사와 조작에 따라 이루어지고, 자신은 가입자의 시청을 위한 장비
를 제공하는 데 지나지 않으므로 행위의 주체가 될 수 없다고 항변
하였으며, 이 사건에서는 Aereo의 서비스가 과연 저작권법상 전송에
의한 공연에 해당하는지 여부가 주된 쟁점이 되었다.

    위와 같은 쟁점에 관하여 1심128) 및 2심129)은, (i) 가입자가 어떤
프로그램을 보거나 녹화하도록 지시하면 그 가입자에게만 할당된
저장공간에 개별적인 복제본이 생성되고, (ii) 특정 가입자에게 전송
되는 콘텐츠는 위와 같이 개별적으로 생성된 복제본으로서 다른 가
입자는 그 복제본을 전송받아 시청할 수 없다는 등의 이유에서,
Aereo의 서비스가 사적 용도의 전송에 불과하여 저작권법상 공연에
해당하지 않으므로 공연권 침해가 성립하지 않는다고 판단하였다.

    1, 2심 판결과 달리 연방대법원130)은 6 대 3으로 Aereo 서비스가 저

---

127) Aereo의 기술방식에 관한 보다 상세한 설명은, Samuel J. Dykstra, "WEIGHING
    DOWN THE CLOUD: THE PUBLIC PERFORMANCE RIGHT AND THE INTERNET
    AFTER AEREO", Loyola University Chicago Law Journal(Summer 2015), pp. 1014~
    1017; 이 사건 상고심에서 각 당사자들의 주장에 관하여는 같은 논문, pp.
    1021~1029 참조.

128) *American Broadcasting Companies, Inc. v. AEREO, Inc.*, 874 F. Supp. 2d 373
    (S.D.N.Y. 2012).

129) *American Broadcasting Companies, Inc. v. AEREO, Inc.*, 712 F.3d 676 (2d Cir.
    2013).

130) *American Broadcasting Companies, Inc. v. AEREO, Inc.*, 573 U.S. (2014).

작권법상 전송에 의한 공연에 해당하여 지상파 방송사업자의 공연권을 침해했다고 판단하였다. 그 핵심 이유는 Aereo 서비스가 단순히 장비를 제공하는 것에 그치지 않고 나아가 케이블 TV 서비스와 실질적으로 차이가 없다는 것이었다. 먼저 6인의 다수의견은, (i) Aereo 서비스의 경우 가입자의 지시에 따라 전송·녹화가 이루어지는 등 케이블 TV 서비스와 차이가 있지만, 이러한 차이는 서비스 제공을 위한 기술적인 방법의 차이일 뿐 이로 인해 두 서비스 사이에 본질에 차이가 없고, (ii) 공중에의 전송은 단지 하나의 행위에 의해서만 가능한 것이 아니라 송신자에 의한 일련의 행위(a set of actions)에 의해서도 이루어질 수 있으며, (iii) 이러한 Aereo 서비스를 '공연'의 범위에 포섭하는 것이 저작권법의 입법목적에도 부합한다는 등의 이유에서, Aereo 서비스가 저작권법상 전송에 의한 공연에 해당하고, Aereo는 직접 공연권을 행사하는 침해자에 해당한다고 판단하였다. 이에 대해 3인의 소수의견은 Aereo 서비스가 저작권법상 문제될 수 있다는 점에는 동의하면서도, Aereo 서비스에서 전송의 행위 주체는 개개의 가입자이므로 Aereo 서비스는 전형적인 간접침해에 해당할 뿐이고, 다수의견은 공연의 개념에 혼동을 초래하여 부당하다고 보았다. 만약 Aereo의 행위가 간접침해에 해당한다는 소수의견에 따르면, 가입자 개개인의 전송행위는 사적복제 내지 공정이용에 해당하여 직접침해가 성립하지 않고, 결과적으로 Aereo의 책임 역시 인정되지 않을 가능성이 높다.

## Ⅲ. 원격 비디오 저장장치와 관련하여 OSP를 직접 침해자로 본 국내의 사례

### 1. 엔탈 사건

엔탈은 원고 등 5개 공중파 방송사업자의 방송프로그램을 압축파일로 만들어 가입자들에게 전송하는 '인터넷 VCR서비스'를 유료로 제공해 왔는데, 위 서비스를 통해 마치 VCR처럼 사전에 녹화예약을 신청하도록 하였으며, 녹화 예약한 프로그램은 피고가 설치하여 관리하는 엔탈 녹화시스템을 통해 녹화가 이루어지고, 이 파일은 서버에 10일간 저장되며, 이용자는 'MY엔탈'란을 클릭하여 다운로드 목록을 통해 파일을 확인하고 이를 전송받아 재생할 수 있게 된다. 다만, 녹화예약을 하지 않고 방송시간이 끝난 프로그램은 녹화할 수 없고, 이용자들이 녹화되지 않은 방송프로그램을 다운로드 할 수는 없었다. 그러자 원고는 자신이 권리를 가지고 있는 방송프로그램에 대하여 피고가 복제권과 전송권 등을 침해하고 있다고 주장하면서 그 녹화서비스 제공행위의 금지를 구하였고, 이에 대해 피고는 피고의 녹화서비스는 이용자들의 사적복제행위를 방조하는 것에 불과하다고 다투었다.

엔탈 사건에서 법원은 피고의 항변을 받아들이지 않고 ① 엔탈 녹화시스템은 피고가 그 전체를 조달·구축하여 피고의 점유·관리 하에 있고, 피고가 그 작동을 점검·감시하고 장치의 보수와 교체 등을 담당하는 점131), ② 이용자들은 별다른 장비를 구비할 필요가 없으며, 피고의 웹사이트에 접속하여 녹화하고 피고 관리 서버에 저장된 프로그램을 전송받아야 하는 점, ③ 송신된 신호를 특정비디오 형식으로 변환하는 행위 및 이를 서버에 저장하는 행위 모두 복제에 해당하여 위 녹화시스템 내에서만 2회의 복제가 발생하는 점, ④ 피고가 녹화 가능 방송프로그램 편성표 제공하는 등 녹화예약신청을 유인하고 있는 점, ⑤ 이용자들의 각 프로그램에 대한 녹화예약신청이 가능한 상태로 둠으로써 저작재산권 내지 저작인접권의 침해 및 침해의 우려가 포괄적으로도 인정될 수 있는 점132), ⑥ 피고는 엔탈 서

---

131) 이 점에서 이용자들이 녹화기기를 점유하고 통제·관리하는 VCR(Video Cassette Recorder)이나 일반 DVR(Digital Video Recorder)의 경우와 다르다고 보았다.

비스를 제공하면서 이익을 취득하고 있는 점 등을 근거로 피고 엔탈은 방송프로그램에 대한 저작재산권 중 복제권(저작권법 제16조) 또는 방송사업자로서 가지는 저작인접권으로서의 복제권(제84조)을 침해하는 주체에 해당한다고 보았고, 프로그램을 복제하는 주체가 개별 이용자가 아닌 피고인 이상 사적복제에 해당할 수 없다고 판시하였다. 또한 법원은 엔탈의 행위가 저작재산권 중 공중송신권(전송권, 저작권법 제18조, 제2조 제7호, 제10호) 침해에도 해당한다고 보았으며, 설령 엔탈이 아닌 개별 이용자들이 복제행위의 주체라고 하더라도 이용자들의 복제행위가 '사적 이용을 위한 복제'에 해당하지 않는다고 판단하였다.

## 2. 마이TV 사건

이 사건에서 마이TV 서비스 제공자인 피신청인은 자신의 웹사이트의 회원인 이용자들의 요청에 따라 케이블방송사로부터 수신한 방송프로그램을 컴퓨터용 디지털 파일 형식으로 변환하여 (i) 이용자들에게 스트리밍 방식으로 실시간 송신하는 '실시간 재송신 서비스'와 (ii) 이용자의 요청을 받아 예약 녹화하면서 변환한 컴퓨터 파일을 요청자의 컴퓨터로 동시에 송신해주는 '예약 녹화 서비스'를 유료로 제공하였다.

이에 대하여 법원은 서비스 제공자인 피신청인의 직접 침해를 긍정하였다. 피신청인이 전적으로 방송 프로그램 복제를 위해 필요한 다수의 UTV Hubb 및 PVR 장비를 구비·설치·보관·관리하고 있어 이용자들은 녹화프로그램을 지정하는 것 외에는 복제과정에 관여하는 점 등 복제 과정에서 이용자와 피신청인이 수행하는 역할과 비중을

---

132) 다만, 개별 프로그램에 대한 '복제'는 이용자들의 선택에 의해 실제로 개별 프로그램이 녹화됨으로써 완성된다고 보았다.

종합해보면 (i) '실시간 재송신 서비스'에 대해서는 저작인접권인 동
시중계방송권과 관련해서 실질적으로 방송신호를 전환 및 송신하는
자는 이용자가 아닌 피신청인이며 사회일반 관념상 피신청인이 이
용자와 독립한 지위에서 이용자의 영역으로 방송신호를 송신하고
있다고 평가되므로 피신청인의 행위는 수신보조행위가 아닌 송신행
위에 해당된다고 판단되며, (ii) '예약 녹화 서비스'에 대해서는 저작
인접권인 복제권133)과 관련해서 피신청인도 실질적으로 방송 프로
그램을 복제·저장하는 주체에 해당된다고 판단하였다.

## Ⅳ. 검토

### 1. 직접침해자로 본 판단에 대한 비판

위에서 살펴본 바와 같이, OSP의 직접침해자성 여부가 문제된 것
은 주로 원격 비디오 저장장치와 관련된 사례들에서였다. 일본에서
는 가라오케 법리를 통해 녹화넷 사건, 요리도리미도리 사건, 마네키
TV 사건 및 로쿠라쿠 II 사건에서,134) 미국에서는 Cablevision 사건 및
Aereo 사건에서, 우리나라에서는 엔탈 사건 및 마이TV 사건에서 이에
관해 각 판단된 바 있다. 이 중 Cablevision 사건에서는 OSP는 의지적
인 행위를 한 것으로 볼 수 없다고 하여 직접침해자성을 부인하였으

---

133) 복제권과 관련하여서는 위 결정에서 "피신청인도"라는 표현을 사용하였
    으므로, 시스템 제공자인 피신청인과 대상 프로그램을 선택하여 녹화예
    약 지시를 내린 이용자 모두 복제행위의 주체로 판단한 것으로 보인다는
    견해도 있다. (이숙연(주 125), 135면).
134) MYUTA 사건은 휴대폰 음악저장 서비스에 대해 가라오케 법리를 적용한
    사례로, 원격 디지털 비디오 저장장치와 관련된 사안은 아니나, 그 서비
    스 형식이나 쟁점은 원격 디지털 비디오 저장장치의 경우와 유사하므로,
    이하의 논의가 그대로 적용될 수 있을 것이다.

나, 나머지 사건들에서는 모두 OSP가 직접침해자로서 책임을 진다고
판단되었다.

방송사에서 방송프로그램을 DVD로 따로 제작하여 판매하거나 또
는 온라인을 통한 VOD 방식의 서비스를 제공하고 있으므로, OSP가
위와 같은 서비스를 할 경우 방송사의 경제적 이익이 훼손될 것은
분명하다. 여기서 OSP는 위와 같은 서비스를 유상으로 제공하고 있
으므로, 방송사의 이익을 보호하기 위해 OSP를 직접 행위자로 의제
하면서까지 정책적으로 법적 책임을 부과한 것은 아닌지 조심스레
추측해 볼 수 있다. 또한 이러한 정책적인 판단에 덧붙여, 위 사례들
에서 일반적으로 나타나는 다음과 같은 사실관계, 즉, ① 원격 비디
오 저장 서비스를 이용하기 위한 각종 장치는 주로 OSP가 조달·구축
하였고, 서비스를 제공하기 위한 시스템 전반도 OSP가 점유·관리하
면서 그 관리권한도 전적으로 보유한다는 점, ② 기술적인 측면에서
이용자가 녹화를 요청할 경우 OSP의 서버 내에서 방송프로그램을 특
정 비디오 형식으로 변환하여 저장하는 행위가 발생하게 된다는 점,
③ 이용자가 개인적으로 방송프로그램 데이터를 녹화하여 저장하는
것이 기술적으로 불가능한 것은 아니지만, 수동적으로 매번 정보를
입력해야 하는 등 매우 번거롭다는 점, ④ 어떤 방송프로그램을 복제
할 것인지의 여부는 이용자에 의해 정해지지만 이는 단서가 되는 행
위에 국한되고, 서비스를 위한 필수적인 소프트웨어나 하드웨어의
사양이나 서버에 저장하는 데 필요한 조건 등은 OSP에 의한 시스템
설계에 의해 미리 결정된다는 점, ⑤ OSP는 이러한 서비스를 통해 새
로운 수익을 창출하게 된다는 점 등을 고려하여 OSP를 직접행위자로
본 것으로 이해된다.

그러나 어느 방송물을 저장할 것인지 여부는 전적으로 개별 이용
자 스스로 결정하고, OSP는 그러한 복제행위를 위해 필요한 장치를
제공하는 것뿐이며, 개별 이용자의 복제 요청이 없는 이상 복제행위

가 발생하지 않고, 복제된 파일은 오로지 해당 개별 계정을 보유한 이용자만이 이용할 수 있으므로, 설령 위와 같은 사실관계가 있다고 하더라도 그러한 사정만을 근거로 OSP를 침해주체로 보는 것은 타당하지 않다. Aereo 사건에서 소수의견이 밝힌 바와 같이, 행위자가 직접 침해행위에 관여한 경우에는 저작권 침해에 관한 직접책임이, 반면 제3자의 행위를 유인하였거나 그러한 행위로부터 이익을 얻은 경우에는 간접책임을 부담할 뿐이며, Cablevision 사건에서 확립된 바와 같이 불법행위에 대하여 자신의 자유의사로 행위한 경우(volitional act)에만 직접행위자로 책임을 져야 하고, Aereo 사건의 다수의견은 가급적 좁게 해석되어야 한다는 비판이 있다.135) 결국 Cablevision 사례와 같이, 이용자 스스로의 행위에 의해 저작물의 복제나 송신이 일어나고, 오로지 그러한 행위를 한 이용자만이 해당 저작물을 이용하는 경우136)에는 이용자 본인의 행위로 보아야 하고, 이용자의 행위는 사적 복제로서 허용되며, 결론적으로 그에 부수하는 OSP의 행위 역시 적법하다고 보는 것이 타당하다.137)

일본 내에서도 가라오케 법리를 적용하여 OSP를 직접 침해자로 의제하려는 시도는 부정적인 평가를 받고 있다.138) 위와 같은 일련의 재판례는 가라오케 법리의 주된 영역을 넘어 인적 지배가 없는

---

135) Ira S. Sacks·Mark S. Lafayette·Amy S. Price, "AEREO: ANOTHER VIEW", Intellectual Property & Technology Law Journal(2014. 12.), p. 19 참조.

136) 반면, 이용자의 행위에 의해 저작물의 복제나 송신이 일어나더라도, 그러한 행위를 한 이용자 외 다른 제3자가 해당 저작물을 이용할 수 있는 경우라면 사적 복제에 해당하지 않는다고 해석해야 할 것이다.

137) 같은 입장으로는, 고형석, "통신판매중개자의 책임에 관한 연구", 법학논고 제32집, 경북대학교 법학연구원(2010. 2), 54, 55면.

138) 아래에서 소개한 견해 외에도, 가라오케 법리를 OSP에게까지 확대 적용한 사안에 대하여 일본에서 여러 가지 논의가 이루어졌는데, 이에 관한 설명은, 전성태, "일본의 재판례를 통해서 본 저작권 간접 침해와 가라오케법리", 디지털 재산법 연구 제7권(2008. 12.), 57~61면 참조.

유형에까지 이 법리를 적용한 것으로, 시스템제공과 같이 장치나 서비스에 대해 관리를 두고 이용행위에 대한 관리라고 의제해버리면, 결국 사람의 이용행위를 규제하는 것이 아니라 당해 이용행위에 제공된 장치나 서비스의 제공행위를 규제하는 것이 되어 부당하다는 것이다.[139] 위 사례들에서 OSP는 직접 침해행위를 발단시킨 것이 아니라, 항상 이용자 스스로의 선택에 의한 개입이 필요하다는 점에서 특별한 사정이 없다면 OSP를 직접적인 침해주체로 보는 것은 부당하다. 특히 요리도리미도리 사건에서 1심은 일반론으로서 가라오케 법리를 긍정하면서도 판매업자의 이용행위주체성을 명확히 부정하고 가라오케 법리의 한계를 그었으며, 방조자 이론을 통해 접근하였고, 반면 2심은 1심과 사실인정 내지 사실의 평가 측면에서 차이를 보이며 가라오케 법리에 따라 판매업자의 이용행위주체성을 인정하였는데, 오히려 1심의 입장이 타당하다고 보면서 비판하는 견해도 있다.[140] 이 견해는, 요리도리미도리 시스템 상품의 판매자는 소유권적인 의미에서도, 물리적 위치관계에서도 당해 시스템과 떨어져 있음에도, 2심은 판매 후 원격조종의 존재 및 위 시스템이 1대 다수의 구성을 하고 있다는 점에서 위 시스템이 침해전용품에 해당한다고 보아 지배가능성을 인정하였는데, 침해전용품을 제공하였다는 점을 이유로 가라오케 법리의 요건인 "지배가능성"을 인정하고 이용행위주체성을 인정하는 것은 가라오케 법리라는 해석의 한계를 넘는 것이라고 하며 비판하였다. 이 견해가 지적하다시피 가라오케 법리를 적용함에 있어 과도하게 관리지배의 의미를 확장해석하여 이용주체를 파악하는 것은 부당하다고 할 것이다.

　한편, 가라오케 법리를 적용한 일본 사례 중 로쿠라쿠 II 사건과 관

---

139) 田村善之, "著作權の間接侵害", 知的財産權政策學硏究 Vol. 26(2010), 66면.
140) 大江修子, "著作權の間接侵害~選撮見錄事件控訴審判決－大阪高判平成 19年6月1日(平成 17 年(ネ)第 3258 號)－", パテント Vol. 61 No. 12(2008), 45, 46면.

련하여서는, 해당 판결이 단순히 가라오케 법리의 요건인 관리·지배와 이익의 귀속이라는 2가지 요건을 형식적으로 적용함으로써 생기는 문제가 발생하지 않도록 여러 가지 요소를 종합적으로 관찰하여 실질적으로 판단하도록 전환하는 한도에서 의미가 있고, 이를 "로쿠라쿠 법리"라고 부를 수 있다고 보는 견해도 있다.[141] 그러나 이 견해는, 로쿠라쿠 II 사건 판례가 가라오케 법리의 형식성에서 탈피한 점에 대하여는 긍정적으로 평가하면서도, 실질적으로 규범적 해석을 통해 행위주체성을 판단할 명확한 기준을 제시하지 못하고 있다는 점에서, 정보유통을 위축시킬 위험이 있는 등 큰 의문점이 남아 있다고 비판하고 있다. 로쿠라쿠 II 사건 판결이 여러 가지 요소를 종합적으로 판단하였음에도 불구하고 결론적으로 OSP를 직접침해자로 인정하였다는 점에서 볼 때. 실질적으로 가라오케 법리에서 탈피한 것으로 보기는 어려우며, 여전히 가라오케 법리의 연장선상에서 과도하게 OSP의 직접침해자성을 확대한 것으로 그 판단을 받아들이기 어렵다.

참고로 가라오케 법리를 적용한 일본 판결례에 대하여는, OSP의 관리·지배 정도와 저작물의 이용행위를 직접적으로 행한 이용자의 관리·지배 정도를 비교형량한 점에서 특징이 있다고 하면서도, 침해주체의 인정에 관하여 OSP와 그 이용자 중 이자택일(二者擇一)을 전제로 하는 것으로 이론 논리전개과정상 부당하다는 비판도 있다.[142] 즉, 가라오케 법리에 의할 때, OSP를 침해행위의 주체로 인정한 이상, 이용자에 대하여는 애초에 침해행위의 존재가 인정되지 않게 되는데, 이는 부당하다는 것이다. 그러나 저작물의 직접적인 이용자가

---

141) 岡村久道(주 113), 118면.
142) 中平健, "テレビ番組の受信·錄畵機能を有するパソコンをインターネットを通じ操作する方法によって海外で日本國內のテレビ番組の錄畵·視聽を可能とするサービスを提供している者は、著作隣接權(複製權)侵害の主體といえるか", 判例タイムズ主要民事判例解說1215號 202頁 臨時增刊(2006. 9.), 3, 4면.

침해주체에 해당한고 하여 그 외의 관여자가 절대로 저작물의 침해주체가 될 수 없다고 한정할 수는 없다. 저작물의 이용과 관련하여 OSP와 그 이용자의 행위가 어떻게 관련되는지 사실관계를 명확히 하여, 그 관계에 따라 OSP가 직접 행위자와 공동불법행위자로서 책임을 지는 경우도 상정할 수 있기 때문이다. 만약 OSP에게 침해행위에 대한 관리·지배, 복제행위에 의한 이익 귀속이 인정된다면 OSP가 복제의 주체로 평가될 것이고, 반면, OSP의 행위가 그 서비스 이용자에 대한 단순한 방조에 머무르고, 복제행위에 대하여 관리·지배가 인정되지 않는다고 한다면, 피고는 행위의 주체로 평가될 수 없게 될 것이지만, 양자가 선택적으로만 침해자에 해당한다고 볼 수는 없으며 위 견해의 지적은 부당하다고 할 것이다.

## 2. 사적 복제 항변과의 관계

위에서 살펴본 사안들에서 만약 이용자를 행위주체로 보았다면, 이용자의 행위는 단순한 사적복제로서 허용되고 그 경우 OSP 역시 위법하지 않은 정범적 직접행위자에 대한 방조자로서 면책된다는 결론에 이를 것이다. 다만, 저작물의 사적 복제는 적법하다고 하더라도, 사적 복제를 가능하게 하는 시스템을 구축하여 그러한 서비스를 이용자에게 제공한 경우에는 여전히 책임을 물을 수 있다고 보는 견해도 있다. 저작물의 사적 복제가 허용될 수 있는 이유는 그러한 복제가 대량으로 일어나지 않는다는 점을 전제로 하여 권리자의 이익을 해하는 정도가 적기 때문인데, 시스템의 구축은 이러한 전제를 파괴하기 때문이라고 한다.[143] 그러나 어떤 새로운 온라인 시스템을

---

143) 전성태(주 138), 41, 42면. 이 견해는 같은 논리에 의해, 이용자가 제공된 시스템을 이용하는 것 역시 저작권침해행위로 사적 복제에 해당할 수 없다는 취지로 설명하고 있는 것으로 보인다.

구축하여 이용자에게 제공한 경우 반드시 사적 복제가 대량으로 일어난다고 단정할 수는 없다. 한 이용자가 복제한 저작물을 오로지 그 이용자만이 단독으로 이용할 수 있도록 하는 시스템이라면, 이는 종래의 사적 복제를 기술적으로 용이하게 돕는 것에 불과할 뿐이고, 사적 복제를 대량으로 발생시키는 것은 아니기 때문이다. 따라서 사적 복제인지 여부는 해당 시스템의 내용상 한 이용자가 복제한 저작물을 제3자에게까지 이용할 수 있도록 하는지 여부에 따라 결정되어야 할 것이고, 위 견해와 같이 일률적으로 부정할 것은 아니다.

한편, 디지털 시대에 사적 복제 자체에 대해 재고함으로써 이 문제를 해결해야 한다는 견해도 있다.[144] 디지털 시대에서는 복제행위가 매우 간단하고 쉽게 일어나면서도, 매우 뛰어난 품질의 복제품을 얻을 수 있으므로, 아날로그 복사기에 의한 사적 복제와는 다른 기준을 적용해야 할 필요성을 부인할 수 없다. OSP를 직접행위자로 의제하기보다는, 이 견해와 같이 사적 복제의 범위를 조정함으로써 저작권자와 이용자 사이의 권리관계를 조정하는 것이 바람직할 것이다. 또한 사적 복제의 범위를 조정하는 것 이외에, 방송사가 방송프로그램을 제공할 때 약관 등을 통해 그 사용범위를 제한하는 등의 방안[145]도 고려해볼 만하다고 생각한다.

### 3. 혁신적 기술에 대한 제약이라는 비판

클라우드 기반의 방송 송신 서비스가 공연권 침해에 해당할 수

---

144) 최진원, "인터넷 TV 녹화서비스에 대한 법적 고찰－간접침해와 사적복제를 중심으로－", 인터넷법률 제43권(2008. 7), 104, 105면.

145) 예를 들어, 실시간으로 방송을 수신하여 시청하는 범위에서만 허락하고, 이를 디지털 기기로 복제하여 저장하는 등의 행위를 금지하는 내용의 약관을 통해 소비자를 직접 규율하는 것이다.

있다고 본 Aereo 사건 판결에 대하여는, 클라우드 기술 전반에 대한
제약이 될 수 있다면서 비판하는 견해도 있다. 특히 이 판결은 Aereo
서비스와 전통적 케이블 TV 서비스의 기술적 차이점을 다소간 과소
평가한 측면이 없지 않아서, 향후 다양한 형태의 방송·통신 서비스
출시에 부정적인 영향도 가능할 수 있다고 한다.146) 위 연방대법원
판결은 Aereo를 비롯하여 유사한 서비스를 제공하고 있는 많은 업체
들에 대해 큰 영향을 미칠 것으로 예상된다.

   일본에서도 클라우드 기반의 원격 디지털 저장장치 서비스의 책
임을 인정한 사례가 클라우드 서비스 일반에 대해 끼칠 악영향을 염
려하는 입장이 있다.147) 그러면서도 이 견해는 클라우드 기반의 온
라인 스토리지 서비스에 대하여는 PC나 스토리지 서버에의 정보입
력을 중심적으로 담당하는 것이 이용자인 이상 송신의 주체도 이용
자로서 정보의 왕복 모두 1대 1 송신에 지나지 않으므로, 그 악영향
이 크지는 않을 것으로 보면서, 위와 같은 판결이 저작권법상 이용
행위별로 특성에 착안하여 본래적 이용주체를 판단한다는 점에서
의미가 있고, 사업자에 대해 주체성을 긍정한 결론 자체는 타당하다
고 보았다.

   물론 Aereo 사건의 다수의견은 Aereo 서비스가 공연권 침해에 해당
한다고 인정하면서도, 이 판결의 취지가 관련 저작물을 적법하게 보

---

146) Patrick C. Tricker, "THE INTERNET AFTER AEREO: HOW TO SAVE INNOVATION
    FROM THE PUBLIC PERFORMANCE RIGHT", Vanderbilt Journal of Entertainment
    and Technology Law 17(Spring 2015), pp. 817, 818; pp. 826~830은 특히 이 판결
    이 클라우드 컴퓨팅 기술에 가져올 부정적인 영향에 관해 비판하고 있고,
    Collette Corser, "ABC v. AEREO: HOW THE SUPREME COURT'S FLAWED RATIONALE
    WILL IMPLICATE PROBLEMS IN NEW TECHNOLOGIES", North Carolina Journal of
    Law & Technology Online Edition(2015. 1.), pp. 20~25 역시 같은 취지로 비판
    하고 있다.
147) 島並良, "自動公衆送信の主體-まねきTV 事件", ジュリス No. 1440(2012. 4.),
    282면.

유하고 있는 자의 행위에 대해서까지는 미치지 않는다고 지적하는 한편, 이 판결이 외부서버 방식의 콘텐츠저장 서비스(remote storaged content)에 관한 것이 아니라는 점도 분명히 밝힘으로써, 다른 유형의 서비스에 대한 영향력을 제한하려는 취지로 해석될 수 있다. 그러나 클라우드 컴퓨팅 기술은 기본적으로 어느 저작물이나 정보에 대해 이용자의 사적 복제가 허용된다는 전제에서 성립하는 것이다. 이용자가 자신의 로컬 PC에 저장되어 있는 어느 저작물 등을 자신의 클라우드 계정에 복제하는 것은 허용된다는 것이 전제되어야만 클라우드 컴퓨팅이 허용되기 때문이다. 따라서 Aereo 사건 연방대법원 판결이나 원격 디지털 저장장치에 관하여 책임을 인정한 사례를 자칫 확대해석할 경우 클라우드 기술을 억제하는 부정적인 효과가 발생할 우려를 배제하기는 어려우며, 이는 극히 예외적인 사실관계 하에서 직접행위자성이 인정되어 책임이 부과된 것으로 제한적으로 해석되어야 할 것이다.

## 4. 기타 사례들에 대한 검토

위에서 소개한 사례 중 일본의 파일로그 사건, TV브레이크 사건 및 미국의 Frena 사건의 경우, 각각 P2P 서비스제공자, 동영상 투고·공유사이트 및 전자게시판 운영자의 책임이 문제되었고, 각 서비스제공자가 직접행위자로서 책임이 인정되었다. 그런데 아래에서 다시 보다시피, 다른 나라의 사례들에서는 P2P 서비스제공자, 동영상 투고·공유사이트 및 전자게시판 운영자에게는 간접행위자로서의 책임이 문제된 경우가 있었으나, 이들이 직접행위자로서 판단된 경우는 없었다. 위와 같은 판례의 경향은 매우 이례적인 것으로 평가될 수 있으며, 특히 일본의 사례들은 프로바이더 책임제한법의 적용을 배제하기 위해 행위자성을 확장하여 해석한 결과로 추측된다.

위에서 살펴본 사례들에 대하여는 개별적으로 다음과 같은 평가가 있다.

우선 파일로그 사건에 대하여는, 저작권 침해의 결과와 파일로그 측의 행위 사이에 상당인과관계가 아닌 조건적인 인과관계를 적용한 것이어서 부당하다는 비판이 있다.[148] 상당인과관계의 입장에서 살필 때 직접 저작권이나 저작인접권을 침해하는 자는 어디까지나 P2P 서비스를 이용하는 이용자들로서 그들이 파일을 스스로 선택하고 송신가능한 상태로 공유폴더에 그냥 둘지 여부까지 결정하는 것이므로, P2P 서비스제공자를 형사상 공동정범이라고 인정하기 어려움은 물론이고 민사상으로도 협의의 공동불법행위를 인정하기 위한 요건인 객관적 공동관계가 존재한다고 보기 어렵다고 하며, 특히 파일로그 판결 내용 중 피고의 직접침해를 긍정하는 이러한 입장은 가라오케 법리를 기준으로 삼고 있는 것이나, 이는 당시 가라오케의 급증이라는 시대상황에 대처하기 위하여 다소 무리하게 법리를 확장한 사례에 불과하고 이런 논리를 함부로 확장해서는 안 된다고 한다.[149] P2P 서비스는 오로지 이용자들 사이에서 정보의 송수신이 이루어지고 OSP의 관여 정도는 가장 적은 형태로, P2P 서비스와 관련하여서는 OSP를 직접 행위자로 의제하는 것은 지나친 확장이다. P2P 서비스제공자와 관련하여서는 방조행위로 책임을 구성하는 것이 불법행위 이론 측면에서도 보더라도 타당하다.

---

148) 박준석(주 10), 255, 256면.
149) 이 견해는 파일로그 사건 항소심에 대하여도, 형식상 직접책임을 인정하면서도 그 논리상으로는 미국의 기여·대여책임의 간접책임 이론을 모방하여 '컨트롤(コントロール)'이나 '경제적 이익'이라는 용어를 사용하고, 파일로그 측의 행위가 고의에 의한 것인지, 과실에 의한 것인지를 명확히 하지 않으면서 뭉뚱그려 "… 침해행위를 … 예상하면서 … 서비스를 제공하여 …침해행위를 유발하고'라고 표현하여 기여책임론의 논의와 유사한 포괄적 기준을 설정하고 있다는 점에서도 문제라고 보았다. 박준석(주 10), 259~261면.

TV브레이크 사건과 관련하여도 같은 입장에서 비판적인 견해가
있다. TV브레이크 사건은 서버에 저장한 동영상 파일을 송신가능하
게 하여 열람의 기회를 제공한 것을 이유로 OSP의 침해주체성을 인
정하였다. 즉, 자동공중송신과 그 준비단계의 행위인 송신가능화에
대하여, 자동적으로 송신할 수 있도록 설비를 준비하였던 것은 피고
이기 때문에, 외형적으로 볼 때 피고가 행위한 것으로 보았던 것이
다. 그러나 피고는 자동공중송신되는 동영상 파일의 설정 그 자체에
는 직접적으로 관여하지 않는다는 점에서 이는 부당하다고 한다. 예
를 들어 제3자의 이용자가 투고하는 동영상이 아니라, NHK의 VOD와
같이 방송사 등이 스스로 동영상을 직접 설정하여 배포하는 사이트
의 경우 송신가능화행위를 서비스제공자가 행한다는 것은 명확하나,
피고의 서비스의 경우 피고가 아닌 제3의 동영상 투고자를 송신가능
화행위를 하는 주체로 볼 수 있다는 것이다. 또한 피고를 자동공중
송신의 주체로 인정하는 경우, 송신가능화 내지 자동공중송신된 정
보의 내용에 대하여 인식의 유무를 고려할지 여부도 논점이 될 것인
데, 만약 정보의 내용에 대하여 인식이 필요하지 않다고 한다면, 서
버의 설치자는 무조건 공중송신권의 침해주체가 될 것이며, 여기서
프로바이더 책임제한법 등의 적용이 가능하다고 하더라도 서비스제
공자에게 과도한 잠재적 소송 위험을 부담시키는 것으로 부당하다
고 한다. 송신의 주체를 검토하는 경우에는, 서버의 설치자라는 점
에 더하여, 저작권 등의 침해에 대한 현실의 인식이나 침해의 예측
가능성 등 각종 요소를 종합고려할 필요가 있다는 입장을 취한다.[150]
OSP가 불법행위에 사용될 여지가 있는 도구를 제공한 것이기는 하
나, 실제 그러한 도구를 이용하여 불법행위를 자행한 자는 별도로

---

150) 今村哲也, "動畫投稿·共有サービスの提供者に關する著作權侵害行爲の侵
害主體性", 知的財産法/法學セミナー增刊　速報判例解說Vol.9(2011.　10.),
263, 264면.

존재하므로, OSP를 직접 침해주체로 보는 것은 부당하여 이러한 비판은 타당하다고 생각된다.

또한 MYUTA 사건에 관한 견해이기는 하지만, 프로바이더 책임제한법의 적용 등과 관련하여 파일로그 사건 등에 대해서도 시사점을 갖는 견해가 있다.[151] 동 견해는 MYUTA 사건 판결이 OSP가 제공하는 시스템과 이용자의 개인컴퓨터 내지 단말기를 일체시한다고 하면서 OSP를 직접행위자로 보기도 하였는데, 이 때 "일체시"라는 단어의 의미는 항상 명확한 것이 아니고, 이러한 기교적이고 부자연스러운 해석은 "발신자" 개념 등을 명확화하려는 프로바이더 책임제한법의 입법취지에 반하며, 이러한 이론에 의하면 검색서비스사업자 전반까지도 "발신자"에 해당할 수 있는 위험성이 있다면서 비판한다. 동 견해는 파일공유 기술 서비스 자체는 가치중립적으로 반드시 위법이라고 할 수는 없지만, 특히 이 서비스에서는 높은 비율로 저작권침해 파일이 유통되고 있다는 특징이 있으므로, 이러한 무리한 해석에 의하기보다는 프로바이더 책임제한법 제3조 제1항 1호 내지 2호에 해당한다는 것을 근거로 면책을 부정하면 충분하다고 보고 있다.

Frena 사건에 대해서도 이에 대하여 OSP가 직접 업로드 또는 다운로드 행위에 개입하지 않은 한, 직접침해로 보는 것은 부당하다는 비판이 있다. 즉 Frena 사건 법원은 게시판 운영자의 직접 책임을 추궁하기 위하여 전시와 배포의 의미를 과도하게 확장하였고, 게시판 운영자의 행위만으로는 침해를 구성하지 않는 경우에까지 직접침해로 구성한 것은 적절하지 않다고 한다.[152] 실제 침해결과물인 사진

---

151) 岡村久道, "判批". 中山信弘ほか偏 著作權判例百選(第4版), 有斐閣(2009), 192면.

152) M. David Dobbins, "COMPUTER BULLETIN BOARD OPERATOR LIABILITY FOR USERS' INFRINGING ACTS", Michigan Law Review(1995. 10.), pp. 222~224; Kelly Tickle, "THE VICARIOUS LIABILITY OF ELECTRONIC BULLETIN BOARD OPERATORS FOR THE COPYRIGHT INFRINGEMENT OCCURRING ON THEIR BULLETIN

을 게시판에 업로드 하거나 다운로드 받은 주체는 이용자이지 피고
가 아니며, 피고는 단지 전자게시판을 통하여 피고의 네트워크에 수
동적으로 침해결과물인 자료를 수용하였을 뿐이데, 그러한 정도만으
로 곧바로 직접침해를 긍정한 위 법원의 태도는 부당하다는 것이다.

　이상에서 살펴본 견해들은 모두 OSP를 직접 침해자로 본 판결의
결론에 대해 반대하고 있다. 가.항에서 살펴본 원격 디지털 비디오
저장장치 사례들과는 달리, 본 항에서 살펴본 사례들은 OSP의 침해
행위 관여 정도가 훨씬 낮고, 이에 따라 다른 사례들에서는 모두 간
접행위자에 불과한 것으로 전제되어 방조책임 등만이 문제되었던
경우이다. OSP가 이용자의 행위에 관여한 정도에 따라 직접 침해주
체에 해당하는지 아니면 간접적인 방조자에 불과한지 여부가 판단
되어야 할 것이고, 위 사례들에서 이용자의 행위에 의해 촉발된 불
법행위에 대해 단지 관리책임 등만을 부담하는 OSP를 직접행위자로
본 것은 부당하다. 특히 P2P 서비스의 경우에는, 방조책임조차 인정
될 근거가 무엇인지가 치열하게 다투어질 정도로 OSP의 실질적 관여
정도가 낮으므로, 직접행위자로까지 의제하는 것은 불법행위 이론에
정면으로 반하는 과도한 해석이라고 할 것이다.

　일본의 사례들은 프로바이더 책임제한법상 책임면제 조항을 회
피하기 위해 가라오케 법리를 과도하게 확장하여 OSP를 "발신자"에
해당하는 것으로 보았다고 할 수 있다. 그러나 프로바이더 책임제한
법상 책임면제 조항을 부정하기 위해서는 동법 제3조 제1항 각호에
따라 인식가능성이나 회피가능성이 있었다고 하면 충분하고, 굳이
불법행위에 관한 민법 이론적 정합성을 해치면서까지 발신자에 해
당한다고 볼 필요는 없을 것이다. 한편, 미국의 Frena 사건은 OSP의
관리통제권 행사가 상대적으로 용이한 비교적 좁은 범위의 전자게

---

BOARDS", Iowa Law Review(1995. 1.), pp. 403; 박준석(주 10), 40~42, 49면 참조.

시판 서비스에 관한 것이기도 하고, 시기적으로도 매우 이른 것이었을 뿐 아니라 미국 내에서도 이 판결에 대한 비판이 상당하며, 그 이후 Cablevision 사건 및 아래에서 볼 전자게시판에 관한 다른 사례들에서도 Frena 사건 판결과는 다른 입장을 취하고 있어, OSP의 책임 근거에 관한 일반론적인 선례로 확장하기에는 부족하다고 할 것이다.

## 5 소결

OSP는 이용자에게 온라인서비스를 이용할 수 있는 도구를 제공할 뿐이고, 구체적인 이용행위는 이용자 스스로에 의해 이루어진다. 따라서 일반적인 경우 OSP를 직접 행위자로 의제하는 것은 부당하고, 위에서 살펴본 사례들의 경우 역시 이용자의 행위를 배제한 채 OSP가 행위자에 해당한다고 본 결론에 수긍하기는 어렵다. 아래에서 보는 바와 같이 OSP의 행위는 간접적인 방조책임으로 구성하면서 그 주의의무 위반 정도에 따라 책임 여부를 결정하는 것이 타당할 것이다.

그러나 2000년대 말 OSP의 관여 정도가 가장 적은 형태의 P2P 서비스가 가장 큰 쟁점이 되었던 것과는 달리, 2010년대 초반부터는 스마트폰과 태블릿의 보급을 통해 온라인이 아닌 모바일 환경이 더욱 커지고 있고, 이에 따라 앱스토어 및 각종 스트리밍 서비스, 키워드 검색광고 등 오히려 OSP의 관여도가 증가하고 있다. 이러한 상황에서 OSP의 법적 책임 문제가 거론될 경우, 아래에서 보는 바와 같이 무조건적으로 OSP가 간접책임을 지는 것에 불과하다고 볼 수는 없을 것이고, OSP가 직접행위자에 해당할 여지가 없는지 다시 한 번 검토할 필요가 있다고 할 것이다. 이러한 측면에서는 위에서 살펴본 OSP를 직접 행위자로 의제한 사례들의 이론구성이 다시 실질적인 의미를 가질 수 있다. 또한 불법행위 이론 측면에서 보더라도, 침해되는 권리의 성질이나 서비스의 내용, 이용자에게 요구되는 행위 등 여러 가지 사정 등을 고려하여 먼저 OSP가 직접행위자에 해당하는 것은 아닌지 판단한 후 다음 단계에서 협의의 공동불법행위책임이나 방조책임 등을 논하는 것이 논리적으로도 타당할 것이다. 이러한 점에서는 OSP를 직접행위자로 의제하는 사례들이 불법행위법 체계 내에서 여전히 시사점을 가진다고 하겠다. 위 사례들은 OSP의 구체적인 주의의무를 도출하는 기준으로서도 의미를 가질 수 있을 것인데, 이에 관하여는 아래 제5장에서 살펴보도록 한다.

## 제3절 게시판 관리의무 등을 근거로 불법행위 책임을 인정한 사례

### I. 문제의 제기

위에서 살펴본 바와 같이, 우리나라 판결 중에는 OSP를 직접 행위자로 보아 책임을 부과한 사례가 있다. 그런데 국내외의 사례 중에는 상표권 침해나 저작권 침해 및 명예훼손 행위를 한 자가 별도로 있다는 것을 전제로 하면서도, OSP에게 그러한 자에게 가담한 공동불법행위 책임에 관하여는 언급하지 않으면서, 전자게시판 등에 대한 관리행위의무 위반을 이유로 책임을 인정한 사례들이 존재한다. 이러한 판례의 태도는 위에서 살펴본 OSP를 직접적인 행위자에 해당하는 것으로 보아 책임을 인정한 사례들과는 다르나, OSP의 관리의무에 관하여는 구체적으로 설시하면서도 그 전제로 제3자의 행위에 가담하였다는 점을 명확히 밝히지 않은 점에서 아래에서 살펴볼 간접책임 사례와도 구별할 수 있다. 이러한 태도는 명예훼손에 관한 일본의 사례 및 상표권침해에 관한 프랑스 사례와 명예훼손에 관한 유럽인권재판소 사례에서도 나타나고 있다. 한편, 미국에서는 명예훼손과 관련된 OSP의 책임과 관련하여 통신품위법의 해석을 통해 전적으로 그 책임을 면제하려는 경향을 보이고 있기도 하다.

사실 이하의 사례들은 직접 행위자에게 책임이 성립하는 것을 전제로 OSP에게 방조책임을 인정한 것으로 볼 여지도 있다. 그러나 아래에서 소개하는 미국의 간접책임 법리에 따른 사례들이나 방조책임임을 명시한 우리나라의 사례들과는 판시 내용 등에서 다른 점이 있으며, 방조책임 등을 명확히 한 사례들로 이어지는 과도기적 사례군이라고 할 수도 있으므로 이 글에서는 절을 나누어 따로 소개하였다. 이하에서는 이러한 사례들에 나타난 사실관계와 판시사항을 살펴보고, OSP의 법적 책임 구조의 관점에서 해당 사례들을 분석해 보도록 하겠다.

## II. 국내의 사례

### 1. 명예훼손 사안에서 관리의무 위반으로 인한 불법행위 책임 인정 사례

#### 가. 하이텔 사건

피고 회사는 "하이텔" PC통신 서비스를 제공하는 전기통신사업자로서 공개게시판인 플라자(Plaza)를 운영하고 있었는데, 소외 이용자가 플라자 게시판에 원고의 명예를 훼손하는 글을 다수 게재하였다. 그러자 원고는 플라자 관리담당자 앞으로 해당 글의 삭제를 요구하였으나, 피고 회사는 욕설이 포함되어 있지 않은 한 삭제는 불가능하고 이용자 스스로 반론 글을 올리면 된다는 취지의 답변을 보냈을 뿐 해당 게시글들을 삭제하지 않았다. 또한 원고는 정보통신윤리위원회에 글이 삭제되도록 피고 회사에 대해 조치를 취해줄 것을 요청하였고, 정보통신윤리위원회도 피고 회사에게 시정조치를 취할 것을 요구하였으나, 피고 회사는 이러한 요구를 받은 뒤 소외인에게 심한 욕설이 담긴 내용을 플라자에 게시하지 말라는 경고메일을 발송하였을 뿐, 별다른 조치를 취하지 아니한 채 해당 글들을 그대로 방치하여 두었다. 그러자 원고는 피고를 상대로 손해배상을 청구하였다.

1심에서는 원고의 청구가 기각되었으나, 2심 법원은, "무릇 전자게시판을 설치, 운영하는 전기통신사업자는 그 이용자에 의하여 타인의 명예를 훼손하는 글이 전자게시판에 올려진 것을 알았거나 알수 있었던 경우에 이를 삭제하는 등의 적절한 조치를 취하여야 할 의무가 있다 할 것인바, 위 인정 사실에 의하면, 플라자에 게재된 소외 1의 글들은 위 정보서비스이용약관 제21조 소정의 '다른 이용자 또는 제3자를 비방하거나 중상모략으로 명예를 손상시키는 내용인 경우'에 해당하고, 피고 회사로서는 원고와 정보통신윤리위원회의 시정조치 요구에 따라 그러한 글들이 플라자에 게재된 것을 알았거나 충분히 알 수 있었다고 할 것인데, 그럼에도 불구하고 무려 5~6개월 가량이나 이를 삭제하는 등의 적절한 조치를 취하지 아니한 채 그대로 방치하여 둠으로써 원고로 하여금 상당한 정신적 고통을 겪게 하였을 것임은 경험칙상 명백하므로, 피고는 특별한 사정이 없는 한 원고에게 위와 같은 전자게시판 관리의무 위반행위로 인한 손해배상책임을 진다고 할 것"이라고 판시하여 원고의 청구를 인용하였고, 대법원 역시 2심의 판단을 그대로 유지하며 상고를 기각하였다.

### 나. 청도군 홈페이지 사건

피고 경상북도 청도군은 자신의 군에 대한 홍보와 안내, 주민들의 의견청취를 목적으로 인터넷에 홈페이지를 개설하여 운영하여 왔는데, 2000. 4. 중순경 가명 이용자에 의하여 원고가 공직생활 중 성추행 및 금품수수를 했다는 취지의 글과 신문 기사내용 등이 방명록에 게시되었다. 피고의 전산관리 담당직원이 위 글을 발견하고 즉시 총무과장에게 보고하였으나 그대로 방치되었다가, 원고가 2001.

6.경 피고에게 삭제 요청을 하자 피고는 2001. 6. 중순경 원고와 관련된 모든 게시물을 삭제하였다.

이에 대하여 1심과 2심 법원은, "전자게시판을 설치, 운영하는 자는 그 이용자에 의하여 타인의 명예를 훼손하는 글이 전자게시판에 게시된 것을 알았거나 알 수 있었던 경우에 이를 삭제하는 등의 적절한 조치를 취하여야 할 의무가 있다 할 것"이라고 하면서, 피고의 전산관리 담당직원 등이 이를 보고한 점 등에서 볼 때 피고에게 관리의무 위반행위로 인한 책임이 있다고 판단하였다.

그러나 대법원은, "특별한 사정이 없다면 단지 홈페이지 운영자가 제공하는 게시판에 다른 사람에 의하여 제3자의 명예를 훼손하는 글이 게시되고 그 운영자가 이를 알았거나 알 수 있었다는 사정만으로는 항상 운영자가 그 글을 즉시 삭제할 의무를 지게 된다고 단정할 수는 없다"고 하면서, "비영리 군정 홍보사이트의 게시판에 익명의 이용자가 임의로 게시한 게시물에 관하여 게시된 것을 알게 될 때마다 원고가 반론까지 게시하였다가 그 후 원고가 그 게시물의 삭제를 공식 요청하자 즉시 피고측 담당자가 그를 삭제하기에 이르렀던 이 사건에서, 원심으로서는 앞서 본 관련 사항들을 모두 심리한 다음 거기서 밝혀진 사정을 종합적으로 고려하여 피고에게 그 게시물에 대한 삭제의무가 있는지를 판단하여야 할 것임에도 그에 이르지 못한 단계에서, 원고의 명예를 훼손하는 글이 게시되었고 그의 관리자인 피고로서는 그 게시사실을 알았거나 알 수 있었음에도 이를 삭제하지 아니하였다는 사정에 치중한 나머지 전자게시판 관리자로서 게시물의 즉시 삭제 의무 위반에 해당한다고 단정하였으니, 거기에는 앞서 본 관련 사항들에 관하여 필요한 심리를 다하지 아니하였거나 OSP의 책임에 관한 법리를 오해한 위법이 있다"고 하여 원심판단을 파기·환송하였다.

## 2. 적극적인 행위를 근거로 직접 불법행위 책임 인정한 사례

### 가. 사안의 개요 및 사실관계

국내 사례 중 싸이월드 사건에서는 OSP가 제3자의 불법행위에 관하여 보다 적극적으로 개입한 결과 직접적인 불법행위 책임을 인정하였다. 포털 사이트는 언론사로부터 공급받은 기사를 자신의 사이트 홈페이지에 게재하는데, 이러한 게재 과정에 포털 사이트가 그 기사의 일부를 선별하여 게시하는 등 일종의 편집권을 행사하였다면 명예훼손에 관해 불법행위 책임을 진다는 것이다. 한편, 포털 사이트가 명예훼손적인 게시물을 방치하고 차단하거나 삭제하지 않은 부분에 대하여는 관리의무 위반으로 인한 불법행위 책임이 인정되었다.

원고는 소외 망인과 교제하다가 헤어졌는데 망인이 원고와 헤어진 후 자살하자 망인의 어머니는 싸이월드 미니홈피 등에 원고의 잘못으로 망인이 자살을 하였다는 등의 내용이 담긴 게시물을 작성하였다. 이후 여러 언론사들이 이러한 사실을 보도하기에 이르렀고, 피고들 포털 사이트 운영자들은 언론사들로부터 제공받은 뉴스를 자신의 포털 사이트 홈페이지 뉴스 서비스란에 게재하거나 검색 서비스를 통해 검색할 수 있도록 데이터베이스에 보관하였다. 원고는 피고들에게 포털 사이트에 게시된 제3자의 게시물의 삭제를 요구하였고, 피고들은 원고로부터 삭제요구가 있기 전에 이미 망인의 미니홈피의 폐쇄 요청, 뉴스 기사의 편집판 제외, 댓글 등 게시물의 삭제, 원고 실명의 검색어 순위 제외 등의 조치를 취하였으나, 피고들 포털사이트에 원고 관련 게시글이 여전히 남아 있었고, 피고들은 '문제되는 글을 특정하여 삭제를 요구해 달라'고 답변하였다. 그 이후 원고는 기자회견을 열어 피고들을 상대로 손해배상을 청구할 것임을 밝혔고, 이에 피고들은 원고와 망인의 실명에 대한 검색결과가 노출되지 않

도록 하고 관련 게시물들을 삭제하거나, 원고 관련 뉴스기사의 댓글
창 폐쇄, 금칙어 등록하여 검색차단, 망인의 미니홈피 사용 중지 등
으로 원고와 관련된 게시물을 검색되지 않도록 조치하였다.153)

## 나. 1심 법원의 판단

이 사건의 1심 법원은, 인터넷에 명예훼손적 게시물이 존재하는
경우 OSP의 책임을 판단하기 위해서는 인터넷의 특성을 고려한 책임
발생 요건과 책임 제한 요건을 비교형량하여야 한다고 전제한 뒤,
OSP의 주의의무와 관련하여 피고들의 행위를 (i) 게시글의 존재를 알
수 있었음에도 이를 방치하고, 명예훼손 내용이 담긴 기사를 적극적
으로 특정 영역에 배치하여 이 기사들을 쉽게 접할 수 있도록 한 작
위행위 및 (ii) 삭제 요청, 커뮤니티 활동 정지 등 피해 확산을 방지하
지 않은 부작위행위로 나누어 위법하다고 판단하였다. 1심은 이와
같이 피고들의 행위를 2가지로 나누어 살펴보기는 하였으나, 아래
항소심 및 상고심과 같이 OSP의 행위를 스스로의 직접적인 행위(편
집권의 행사)와 제3자에게 가담한 간접적인 행위(게시글의 방치)로
명확히 나누어 판단하지는 않았고, 단지 주의의무 위반 여부와 관련
하여 이를 작위 및 부작위로 나누어 설시하였다. 또한 포털 사이트
의 언론매체성 자체를 인정하지는 않았다는 점에서도 항소심 및 상
고심과는 차이가 있다.

## 다. 기사 게재로 인한 불법행위 책임의 인정

항소심 법원은 통상 언론매체는 취재, 편집 및 배포의 3가지 기능

---

153) 보도 이후의 사실관계에 대하여는 박원근, "타인의 명예를 훼손하는 뉴스
   기사 제3자의 게시물에 대한 포털사업자의 책임 - 대법원 2009. 4. 16. 선고
   2008다53812 전원합의체 판결 -", 부산판례연구회 판례연구 22집(2011. 2.),
   203~205면 참조.

을 그 핵심적인 요소로 하므로, 뉴스 서비스를 제공하는 인터넷 포털사이트인 피고들이 언론매체에 해당하는지 여부를 판단함에 있어서도 우선 위 3가지 기능의 충족 여부를 살펴보아야 할 것이고, 그러한 기준에서 피고들도 명예훼손의 주체인 언론매체에 해당한다고 전제하면서, 피고들 모두가 원고 관련 기사에 대하여 제목을 붙이고 게재 여부, 위치 및 기간 등을 정하는 유사 편집행위를 한 이상 해당 언론사들과 함께 공동불법행위자로서 책임이 있다고 보았다.[154] 즉, 항소심은 포털 사이트인 피고를 언론사에 해당한다고 보며, 공동불법행위책임을 인정하였다.

대법원도 이러한 항소심의 판단을 유지하면서, "인터넷 종합 정보제공 사업자가 보도매체가 작성·보관하는 기사에 대한 인터넷 이용자의 검색·접근에 관한 창구 역할을 넘어서서, 보도매체로부터 기사를 전송받아 자신의 자료저장 컴퓨터 설비에 보관하면서 스스로 그 기사 가운데 일부를 선별하여 자신이 직접 관리하는 뉴스 게시공간에 게재하였고 그 게재된 기사가 타인의 명예를 훼손하는 내용을 담고 있다면, 이는 단순히 보도매체의 기사에 대한 검색·접근 기능을 제공하는 경우와는 달리 인터넷 종합 정보제공 사업자가 보도매체의 특정한 명예훼손적 기사 내용을 인식하고 이를 적극적으로 선택하여 전파한 행위에 해당하므로, 달리 특별한 사정이 없는 이상 위 사업자는 명예훼손적 기사를 보도한 보도매체와 마찬가지로 그로 인하여 명예가 훼손된 피해자에 대하여 불법행위로 인한 손해배상 책임을 진다"고 판시하였다. 이 부분의 판시내용은 OSP 자신의 관여 행위를 이유로 하여, OSP가 단순히 공범자로서 제3자의 불법행위에

---

154) 이러한 법원의 판단에 대하여는, 포털 사이트의 영향력을 근거로 한 것이라고 보는 견해가 있다. 우지숙, "인터넷서비스제공자의 법적 책임 판단에 있어서 편집권 행사의 역할에 관한 연구", 인권과 정의 통권 395호, 대한변호사협회(2009. 7.), 73면.

가담한 것이 아니라 스스로 직접행위한 침해자로서 불법행위책임을 진다는 취지이다. 이러한 점에서는 위 제2절에서 살펴본 OSP를 직접 불법행위자로 의제하려는 이론과 유사한 취지로 볼 여지가 있다.

### 라. 게시물 등 방치로 인한 불법행위 책임의 인정

#### 1) 방조로 인한 불법행위를 인정한 항소심의 판단

다음으로 피고들이 게시물 등을 방치한 행위로 인해 불법행위책임을 지는지 여부에 관하여, 항소심 법원은 위 청도군 홈페이지의 대법원 판례의 법리를 원용하였으나, ① 원고의 통지나 삭제 요청이 없었다고 하더라도, 피고들로서는 원고 관련 게시물로 말미암아 원고의 명예가 훼손되고 사생활이 침해되는 등의 피해가 발생, 확대되고 있음을 인식하였거나 적어도 예견할 수 있었다고 봄이 상당하고, ② 피고들이 원고의 피해를 인식 또는 예견할 수 있었던 이후 블로그·카페 등의 운영자 또는 게시자에게 삭제를 요청하고 불응할 경우 피고들이 직접 이를 삭제하는 등의 가능한 모든 조치를 하는 데 기술적·경제적으로 큰 어려움은 없어 보이는 점 등을 종합하면, 피고들에게는 원고 관련 게시글의 존재를 알거나 알 수 있었던 시점에서 원고의 요청이 없더라도 이를 즉시 삭제하거나 그 검색을 차단할 의무가 있으므로, 피고들이 원고 관련 게시글을 전면적으로 삭제하거나 그 검색을 차단하지 아니하고 부분적으로 삭제 또는 차단하는 조치만을 취한 이상 피고들은 정당한 사유 없이 원고의 피해 방지를 위한 주의의무를 이행하지 아니하거나 그 이행을 지체한 것으로 원고 관련 게시물의 작성자의 원고에 대한 불법행위를 방조한 경우에 해당하여 불법행위 책임이 인정된다고 보았다.[155]

---

155) 이에 대하여는 민법 제760조 제3항을 제1항에 대한 특별규정으로 보는 입장에서, 방조에 의한 공동불법행위 영역으로 포섭하여 해결하려 하면서 사업자에게 과실에 의한 책임까지 인정하는 것은 가혹하다고 비판하는

2) 대법원 다수의견의 입장

대법원 역시 "명예훼손적 게시물이 게시된 목적, 내용, 게시 기간과 방법, 그로 인한 피해의 정도, 게시자와 피해자의 관계, 반론 또는 삭제 요구의 유무 등 게시에 관련한 쌍방의 대응태도 등에 비추어, 인터넷 종합 정보제공 사업자가 제공하는 인터넷 게시공간에 게시된 명예훼손적 게시물의 불법성이 명백하고, 위 사업자가 위와 같은 게시물로 인하여 명예를 훼손당한 피해자로부터 구체적·개별적인 게시물의 삭제 및 차단 요구를 받은 경우는 물론, 피해자로부터 직접적인 요구를 받지 않은 경우라 하더라도 그 게시물이 게시된 사정을 구체적으로 인식하고 있었거나 그 게시물의 존재를 인식할 수 있었음이 외관상 명백히 드러나며, 또한 기술적, 경제적으로 그 게시물에 대한 관리·통제가 가능한 경우에는, 위 사업자에게 그 게시물을 삭제하고 향후 같은 인터넷 게시공간에 유사한 내용의 게시물이 게시되지 않도록 차단할 주의의무가 있고, 그 게시물 삭제 등의 처리를 위하여 필요한 상당한 기간이 지나도록 그 처리를 하지 아니함으로써 타인에게 손해가 발생한 경우에는 부작위에 의한 불법행위책임이 성립한다"고 하면서 원심의 판단을 지지하였다.156)

3) 대법원 별개의견의 견해

대법원 별개의견은 표현의 자유를 제한함에 있어 명확성의 원칙과 비례의 원칙(목적의 정당성, 수단의 적합성, 침해의 최소성, 법익

---

견해가 있다. 추신영, "제3자의 게시물로 인한 인터넷 종합정보제공사업자의 불법행위책임 : 대법원 2009. 4. 16. 선고 2008다53812 전원합의체 판결", 인권과 정의 통권 409호(2010. 9.), 80~85면 참조.

156) 다만, 항소심에서는 명시적으로 "원고 관련 게시물의 작성자의 원고에 대한 불법행위를 방조한 경우에 해당"한다고 설시한 것에 비하여, 대법원에서는 방조에 의한 불법행위가 성립한 것인지 아니면 별도의 관리의무 위반에 해당하는 것인지 여부에 대하여는 명확히 밝히지 않았다.

의 균형성)이 적용되어야 한다고 천명하면서, "인터넷 종합 정보제공 사업자의 명예훼손 게시물에 대한 삭제의무는 특별한 사정이 없는 한 위 사업자가 피해자로부터 명예훼손의 내용이 담긴 게시물을 '구체적·개별적으로 특정'하여 '삭제하여 달라는 요구'를 받았고, 나아가 그 게시물에 명예훼손의 불법성이 '현존'하는 것을 '명백'히 인식하였으며, 그러한 삭제 등의 조치를 하는 것이 '기술적·경제적으로 가능'한 경우로 제한하는 것이 합리적이고 타당하다"고 하여 보다 엄격한 요건 하에서만 OSP의 책임이 인정된다고 보았다. 그러나 별개의견은 '구체적·개별적 특정'에 관하여는 "명예훼손행위가 다수의 개별 인터넷 게시공간에서 광범위하고 급속하게 이루어지고 있어 피해자가 이를 일일이 확인하는 것이 현저히 곤란한 때도 있을 수 있으므로, 이러한 경우에는 개개의 명예훼손행위를 구체적으로 특정하지 않더라도, 예를 들어 '일정한 기간 동안 피해자에 대하여 어떠한 사항과 관련하여 어느 개별 게시공간 내에서 게시되는 게시물' 등으로 특정하고 인터넷 종합 정보제공 사업자의 입장에서 이러한 정도만으로도 명예훼손 게시물을 탐지하는 것이 기술적·경제적으로 가능하다면, 이러한 정도로 특정하여 삭제요구하는 것은 유효한 삭제요구로 볼 수 있다"고 하여 특정의 정도를 다소 완화하였다.

### 4) 대법원 보충의견의 견해

이러한 별개의견에 대하여는 인터넷 종합 정보제공 사업자의 삭제의무가 제한되는 근거로 표현의 자유를 제시한 후 이에 기초하여 피해자가 삭제요구를 할 정도의 위험이 현존하여야 하고 이를 위 사업자가 인식하여야 하므로 피해자의 삭제요구가 필요하다는 논리를 전개하고 있지만 (i) 인터넷에서의 표현의 자유는 게시물을 게재하는 인터넷 이용자의 표현의 자유를 의미하며, 인터넷 종합 정보제공 사업자 자신의 표현의 자유를 뜻하는 것은 아니라는 점, (ii) 인터넷의 특성상 타인의 명예를 훼손하는 게시물이 인터넷에 게시됨으로써 이미 타인의 법익 침해라는 중대한 위험이 현실화되는 것이며, 피해자의 삭제나 차단 요구에 의하여 그 위험이 비로소 발생하거나 증가하는 것은 아니고, 저작권법이나 정보통신망법 등에서도 피해자의 요구를 책임성립에 영향을 주지 않는다는 점, (iii) 설령 별개의견이 주장하는 바와 같이 명예훼손적 게시물을 삭제할 정도의 위험이 필요하다고 하더라도 인터넷 종합 정보제공 사업자가 갖추어야 할 동종 업계 일반 운영자의 평균적인 인식능력을 기준으로 그 위험의 인식 여부를 가리면 되지 피해자의 삭제 및 차단 요구에 의하여서만 비로소 그 위험을 인식할 수 있다고 할 수는 없다는 점, (iv) 별개의견은 게시물을 통한 명예훼손의 위험은 구체적으로 존재하여야 하므로 명예훼손적 게시물이라는 이유로 삭제를 요구할 때에는 구체적·개별적으로 특정하는 방식으로 이루어져야 하며, 명예훼손 사실을 다른 사실과 독립하여 구별할 수 있을 정도의 표지가 되는 사항을 적시하는 방법으로도 할 수 있다고 보고 있는데, 별개의견의 입장은 결론적으로 개괄적인 삭제요구에 불구하고 인터넷 종합 정보제공 사업자인 위 피고들이 보유한 광범위한 정보 검색 능력을 고려하여 인터넷 공간에 광범위하게 흩어져 있는 원고에 대한 명예훼손적 게시물에 대하여도 인식 가능성을 긍정하고 이를 근거로 하여 삭제의무를 인정하는 결론을 취한 것으로 오히려 실제로는 다수의견보다 더 광범위한 삭제의무를 인정하는 결과가 된다는 점 등에서 그 논거가 충분하다고 보기 어려우며, 또한 삭제요구가 필요하다고 하면서 주장된 논리와는 달리 삭제요구의 방식에 관하여는 그 특정성을 완화하고 오히려 인터넷 종합 정보제공 사업자 스스로의 인식 가능성에 기초하여 삭제의무를 인정함으로써 현실적인 운영의 면에서도 위와 같은 논리를 그대로 유지하는 것에 한계가 있음을 보이고 있다고 하며 반대하는 보충의견도 있었다.

## Ⅳ. 해외의 사례

### 1. 명예훼손 사안에서 불법행위 규정을 근거로 책임을 인정한 일본의 사례

#### 가. 명예훼손 사안에 대한 일본 사례 개관

위에서 살펴본 바와 같이 일본에서는 특히 저작권침해 사안에서 가라오케 법리를 적용해서 직접 책임을 인정한 것과는 달리, 인터넷 상의 명예훼손이나 사생활침해 문제를 민법상의 불법행위 규정으로 해결해 왔다. 따라서 OSP의 불법행위책임도 일반 민사법이론에 따라 판단되었으며, 주의의무 위반이 있는지 여부에 따라 결론이 달라졌 다. 아직까지 이에 관한 일본 최고재판소의 판례는 없고, 몇몇 하급 심 판례만이 소개되고 있다.[157] 종래 일본의 판례는 명예훼손과 관 련한 OSP의 책임을 극히 제한적으로만 인정하면서, 피해자의 보호 측면보다는 발언자의 표현의 자유 측면을 강조하는 입장을 보였다. 그러나 이른바 '동물병원 사건'[158]을 기점으로 하며 그 이후의 판례 에서는 다른 경향을 읽을 수 있다.[159] 이하에서는 일본의 사례를 프 로바이더 책임제한법 시행 전후로 나누어 소개한다.

#### 나. 프로바이더 책임제한법 이전의 판결례

##### 1) 동물병원 이전의 사건

일본에서 최초로 OSP의 명예훼손책임과 관련되어 판단된 것은 니 프티서브(ニフティサーブ) 사건[160]이었다. PC통신을 이용한 포럼의 전자

---

157) 시진국(주 14), 343면.
158) 1심 : 東京地方裁判所 2002(平成 14)年6月26日判決 判例時報 1810號78頁;
　　　2심 : 東京高等裁判所 2002(平成 14)年12月25日判決 判例時報 1816號52頁.
159) 이와 같이 동물병원 사건 전후로 일본 사례를 분류한 방식은 시진국(주
　　　14), 345면을 참조한 것이다.

회의실에서 명예훼손 발언을 한 행위자에게 불법행위가 인정된 사
안에서, 해당 포럼의 운영·관리자에게도 그런 발언이 게재된 사실을
구체적으로 인식하면서도 이를 방치하여 책임이 인정될 것인지 문
제되었다. 1심에서는 불법행위 책임이 인정되었으나, 항소심에서는
조리상 작위의무가 없다고 하여 책임은 부정하였다.

위 니프티서브 사건 이후 선고된 '도립대학관리 홈페이지 사건'[161][162]
에서도 OSP의 책임이 부정된 바 있다. 이 사건에서 대립하는 대학생
그룹 중 한쪽이 다른 쪽의 학생들의 명예를 훼손하는 문서를 대학이
관리하는 컴퓨터시스템 내에 개설한 홈페이지에 게재하였고, 원고는
문서의 게시자와 함께 대학 측에 대하여도 불법행위 책임이 성립한
다고 주장하였다. 이에 대해 일본 재판소는 대학에 있어서 컴퓨터네
트워크와 같이, 네트워크를 관리하는 자가 인터넷을 통해 외부로 게
시되는 개별 정보의 내용에 관해 일반적인 지휘명령권을 갖는다고
할 수 없는 경우라고 하더라도 정보의 내용에 대해 네트워크 관리자
는 정보의 삭제권을 갖는 것이 통상적이라고 하였으나, 관리자가 삭
제권한을 갖는 것은 사회통념상 허용될 수 없는 내용의 정보가 해당
네트워크로부터 발신됨으로써 해당 네트워크 전체의 신용을 훼손하
여 그러한 신용훼손을 방지할 필요가 있는 때로, 피해자보호를 위해
삭제권한이 인정된다고 하기 보다는 대학 구성원 전체의 이익을 위
해 삭제권한이 인정되며, 이는 피해자에 대한 관계에서 의무가 아닌
재량권에 불과하다고 하였다. 다만, 이러한 경우 피해발생을 방지할
의무를 전혀 부담하지 않는 것은 아니며, 문제가 된 형벌법규나 사
법질서의 내용에 의해 달리 판단되어야 하고, 특히 명예훼손의 경우

---

160) 1심 : 東京地方裁判所 1997(平成9)年5月26日判決 判例時報 1610號22頁; 2심 :
     東京高等裁判所 2001(平成13)年9月5日判決 判例時報 1786號80頁.
161) 東京地方裁判所 1999(平成11)年9月24日判決 判例時報 1707號139頁.
162) 이 사건에서는 사죄광고청구 등도 문제되었다.

당사자 이외 일반인의 이익을 침해할 위험도 있기 때문에, 당해 명예훼손 게시물이 심각하게 악질적이고 피해의 정도가 심대한 것이 일견 명백한 극단적으로 예외적인 경우에 한한다고 판시하였다.

### 2) 동물병원 사건 및 그 이후의 경과

이처럼 일본의 판례는 명예훼손과 관련한 OSP의 책임을 극히 제한적으로만 인정하면서, 피해자의 보호 측면보다는 발언자의 표현의 자유 측면을 강조하는 입장을 보였다. 그러나 이른바 '동물병원 사건'163)을 기점으로 하며 그 이후의 판례에서는 다른 경향을 읽을 수 있다.164) 이 사건은 피고가 운영하는 인터넷 전자게시판서비스인 2채널165)상 동물병원 관련 게시판에 게재된 문언과 관련하여, 원고 동물병원과 동 병원의 대표자인 수의사가 명예훼손을 주장한 사안이다. 위 문언은 복수의 게시판서비스 이용자가 작성한 것으로, 원고들에 대한 명예훼손적 내용을 담고 있었다. 1심 재판부는 피고가 위 문언의 내용 자체로부터 명예훼손 내지 모욕에 해당한다는 것을 인식하였음에도 이를 삭제하지 않은 경우 명예훼손에 해당하여 위자료지급 및 삭제의무가 있다고 판단하였다. 항소심 역시 익명성을 표방하는 인터넷 전자게시판에 익명으로 타인의 명예를 훼손하는

---

163) 1심 : 東京地方裁判所 2002(平成 14)年6月26日判決 判例時報 1810號78頁; 2심 : 東京高等裁判所 2002(平成 14)年12月25日判決 判例時報 1816號52頁.
164) 시진국(주 14), 345면.
165) 2채널(www.2ch.net, 2ちゃんねる, 니챤네루)이란 익명으로 운영되는 일본 최대의 인터넷 게시판 사이트로, 일본 인터넷 커뮤니티의 대명사라고 한다. 2채널의 운영방식과 성격에 대한 설명은, 町村泰貴, "判例批評：動物病院対2ちゃんねる事件第1審判決 インターネットの公開掲示板上で批判・非難を受けた動物病院が、掲示板を運営している個人に対して名譽毀損に基ずく損害賠償および當該發言の削除を求め、これが認められた事例(東京地裁平成14年6月26日判決)", ネットワークと法の中心課題 判例タイムズ No.1104(2002. 12.), 84(2), 83(3)면 참조.

발언이 게재된 경우, 피해자가 발언자를 특정하여 그 책임을 추급하는 것이 사실상 불가능하여, 피해자로부터의 삭제요청도 해당 전자게시판 관리운영자가 일방적으로 정한 애매한 기준이나 규칙에 따르지 않으면 안 되는 등 피해자에 대한 구제수단으로서 충분하지 않다는 점을 추가로 적시하면서, 피고에게는 삭제의무가 인정되며, 그러한 삭제의무를 해태한 이상 불법행위가 성립한다고 판시하였다. 참고로 이 사건에서 피고는 프로바이더 책임제한법의 적용도 주장하였으나, 1심 재판부는 프로바이더 책임제한법 시행일 이전의 사례라고 하여 이러한 주장을 배척하였고, 항소심 재판부는 방론으로 동법의 취지에 따라서 판단하였으나 그 적용을 배제하는 결론을 내렸다.

　이 사건 이후로 일본의 하급심 재판례는 OSP가 부담하는 작위의무에 대하여 약간씩 그 표현을 달리하고는 있으나 공통적으로 '명예훼손 게시물의 존재를 알았거나 알 수 있었을 경우'에는 명예훼손책임을 인정하는 판결을 내놓고 있고, 명예훼손의 인식이나 예견가능성은 대체로 피해자의 통지나 삭제 요청을 토대로 인정하고 있다.[166]

### 다. 프로바이더 책임제한법 이후의 판결례

　프로바이더 책임제한법 시행 이후의 사례로는 다음과 같은 것이 등장하였다.

　우선 OSP의 책임을 인정한 것으로는 쇼가쿠칸(小學館) 사건,[167] 학교 뒷사이트(學校裏サイト)[168] 사건[169] 등이 있다. 쇼가쿠칸(小學館)

---

166) 시진국(주 14), 345면. 이 논문은 그러한 하급심 재판례로 東京地方裁判所 2003(平成 15)年6月25日 判決 判例時報 1869號46頁, 東京地方裁判所 2003(平成 15)年7月17日判決 判例時報 1869號46頁 등을 예로 들고 있다.
167) 1심 : 東京地方裁判所 2004(平成16)年3月11日判決 判例タイムズ 1181號163頁; 2심 : 東京高等裁判所 2005(平成17)年3月3日判決 判例タイムズ 1181號158頁.
168) 학교의 공식 사이트와는 별도로 주로 재학생들에 의해 만들어지는 사이

사건에서는 저작권 침해가, 학교 뒷사이트 사건에서는 명예훼손이 문제되었다. 쇼가쿠간 사건의 1심은 게시판 운영자인 피고가 침해행위를 한 주체에 해당하지 않음이 명백한 이상 피고를 상대로 금지청구를 구할 수는 없으며, 전자게시판을 개설 운영하는 자나 웹호스팅을 하는 자는 기본적으로 타인이 송신한 정보에 대해 매개하는 한도에서 정보의 전달에 관여하는 것에 지나지 않으므로, 이러한 자 자신이 해당 정보의 송신주체가 된다고 인정될 수 있는 예외적인 경우 외에는 침해를 방지하기 위하여 필요한 조치를 취할 작위의무를 부담하지 않는다고 판단하였다. 그러나 2심에서는 입장을 변경하여, 그러한 방치행위 자체가 저작권침해행위로 평가될 경우도 있다고 전제하면서[170], 저작권침해가 되는 게시글이 게재되지 않도록 적절한 주의사항을 적절한 방업으로 안내하는 등 사전적 대책을 취하는 것뿐 아니라, 저작권침해가 되는 게시글이 있는 때에는 적절한 시정조치를 신속히 취할 태세를 갖출 의무가 있다고 하면서, 저작권자 등으로부터 저작권침해 사실을 지적받은 때에는 가능하면 발신자에 대하여 그러한 점에 관해 조회하고, 또한 저작권침해가 극히 명백한 때에는 해당 발언을 즉시 삭제하는 등 신속히 이에 대처하여야 한다고 판시하였다. 이러한 2심의 입장에 대하여는, OSP에 대한 조리상 작위의무 발생근거에 대하여 아무런 구체적인 기준을 제시하지 못하였다는 점에서 강하게 비판하는 견해가 있다.[171]

---

트로, 공개적으로 할 수 없는 이야기나 타인에 대한 험담 등이 주로 오가는 내용이라고 하고, 일본에서는 이러한 사이트를 통해 인터넷을 통한 집단따돌림 등이 일어나는 등 사회문제가 되고 있다고 한다.

169) 大阪地方裁判所 2008(平成20)年5月23日判決 일본 재판소 웹사이트 www. courts.go.jp.

170) 이러한 판시내용은 OSP가 직접 행위자로서 불법행위의 주체가 된다고 보는 가라오케 법리를 적용한 것으로 볼 여지도 있다.

171) 長瀨貴志, "プロバイダ等の作爲義務", 別冊NBL No.141(2012. 7.), 96면.

또한 학교 뒷사이트 사건에서는 원고가 게시판 관리자인 피고에 대하여 해당 게시글의 삭제를 요구함과 동시에, 신속한 삭제 등 적절한 대처를 태만히 하였다는 이유로 위자료를 청구하였다. 이 사건에서 재판부는 위 사이트에서는 해당 학교의 학생들끼리 다른 학생의 실명을 거론하며 비방 중상하는 등 문제를 일으킬 것이 쉽게 예정되어 있고, 그러한 문제는 현실의 학교생활에도 영향을 미칠 것임을 쉽게 예상할 수 있다고 하면서, 피해발생의 방지할 수 있도록 신중하게 관리하고 문제가 발생한 때에는 피해가 확대되지 않도록 신속히 대처할 관리의무를 부담한다고 보며, 원고의 청구를 일부 인용하였다.

반면 책임을 부정한 것으로는 산노대학(産能大學) 사건[172]이 있다. 이 사건에서 대학 등을 운영하는 학교법인인 원고는, 원고의 교원노동조합 홈페이지에 설치된 게시판에 원고에 관한 게시물이 게재되자, 원고의 전직 직원으로서 조합의 대표자 겸 집행위원장인 피고에 대하여, 스스로 게재하였거나 또는 관리자로서 삭제를 태만히 하였다는 등의 이유로 명예훼손을 주장하며 손해배상을 청구하였다. 이에 대하여 재판부는 인터넷에 의한 정보의 확산이 매우 신속하게 일어나고 그 영향력이 크다는 점에 기초하여, 종래 판결의 태도와 같이 OSP에게 제3자의 명예훼손이 일어나지 않도록 할 사전적 사후적 조리상의 주의의무가 있다고 판단하면서도, OSP가 명예훼손에 해당하는지 여부를 쉽게 판단하기 어렵고, 더욱이 표현의 자유와의 관계를 고려할 때, 조리상 의무를 부담하는지 여부에 관하여도 게시판의 목적이나 관리 체제, 피해자에게 유효적절한 구제수단이 있는지 여부 및 명예훼손의 태양과 정도 등을 종합고려하여 개별적 구체적으로 판단해야 한다고 보았다. 또한 제3자로부터 삭제를 요구하는

---

172) 東京地方裁判所 2008(平成20)年10月1日判決 判例時報 2034號60頁.

게시물을 특정한 삭제요구가 있었을 때 비로소 삭제의무를 부담하
는 것이 타당하다고 보았다.

### 2. 상표권침해 사안에서 관리의무 위반으로 인한 불법행위 책임으로 이론구성한 프랑스의 사례 : Louis Vuitton 사건[173)

원고(SA LOUIS VUITTON MALLETIER)는 저명 상표인 "Louis Vuitton"을
이용하여 기성복 등을 제조·판매하는 회사이고, 피고(eBay Inc. 및
eBay International AG)는 인터넷을 통해 물품판매 등을 중개하는 회사
이다. 피고의 사이트(www.eBay.fr)에서 원고 상표를 표시한 위조품이
다수 거래되자 원고는 피고를 상대로 소를 제기하기에 이르렀다.

원고는 eBay가 상표권자로부터 신고를 받은 이후에도 문제되는
광고와 경매를 중지시키지 않았고, 반복적 침해자의 계정을 정지시
키지 않았다고 주장하였는데, 이에 대하여 피고는 상표권자의 권리
와 판매자의 "표현의 자유" 사이에 균형점을 유지하면서 상표권 침해
저지를 위한 조치를 취하였기 때문에 의무위반이 없다고 항변하였다.
또한 2004년 제정된 「디지털 경제에서의 신용에 관한 법률(LOI n°
2004-575 du 21 juin 2004 pour la confiance dans l'économie numérique, 이하
"디지털 경제법")」[174) 제6조 I. 2.에 의하면, 서비스제공자는 그 서비
스 이용자의 행위에 대하여 인식이 없었다면 그 서비스 이용자의 행
위에 대하여 책임이 면제되는바, eBay에게도 동 규정이 적용되어 면

---

173) 1심 : Tribunal de commerce de Paris Premiere Chambre B, Jugement du 30 JUIN
2008, n° 2006077799; 2심 : Cour d'appel de Paris Pôle 5 Chambre 2 Jugement du
3 Septembre 2010, n° 08/12820; 3심 : Cour de cassation Chambre commerciale
Jugement du 3 Mai 2012, n° 11-10.505.

174) 프랑스 디지털 경제법에 대한 보다 상세한 설명은, Thibault Verbiest,
"STUDY ON THE LIABILITY OF INTERNET INTERMEDIARIES", EUROPEAN UNION
COUNTRY REPORT—FRANCE (2007), pp. 2, 3 참조.

책되어야 한다고 항변하였다.

1심인 프랑스 파리상업재판소(Tribunal de Commerce de Paris)는 Louis Vuitton 상표가 수십 년에 걸친 상당한 노력의 결과로 특별한 전세계적 인지도를 향유한다고 전제하면서, 피고는 개별 판매자로부터 수수료를 징수함으로써 직접적인 경제적 이득을 얻고, 그 성질상 거래정보를 인식하고 통제하는 것이 가능하므로, 피고가 거래 중개자(courtier)에 해당하고 디지털 경제법에 의해 책임이 면제되는 단순한 호스팅 서비스 제공자(hébergeur)라고 볼 수 없다고 하여 피고에게 디지털 경제법 제6조 I. 2.가 적용될 수 없다는 피고의 주장을 배척하였다. 또한 파리상업재판소는, 피고가 "Louis Vuitton 유명 모델의 훌륭한 모방품(Belle imitation d'un célèbre modèle Louis Vuitton)"이라는 설명이 달린 경매, 의심스러울 정도로 낮게 책정된 가격의 경매, 의심스러울 정도로 대량의 물품 경매를 허용함으로써 주의의무를 위반하였다고 판단하였으며, 피고가 소송 진행 과정에서 원고로부터 요구받은 조치를 취함으로써 피고 스스로 통제가능성이 있었다는 점을 자인하였다고 하면서 원고의 청구를 모두 인용하였다.

2심인 파리항소법원(Cour d'Appel de Paris)은 1심의 판단을 인용하여, eBay는 자신의 사이트에서 진정상품만 판매되도록 보장하고 통제할 의무가 있음에도 그러한 의무를 해태하여 책임이 있다고 하였다. 또한 파리항소법원은 eBay의 영업이 기술적인 측면에서 호스팅 서비스를 제공하는 부분과 온라인 경매 서비스를 제공하는 부분으로 구성되어 있고 이는 분리할 수 없다고 하면서, eBay가 단순히 제3자에 의해 제공된 매매 정보를 분류하고 용이하게 접근할 수 있도록 할 뿐만 아니라 마케팅 도구나 링크 등의 서비스까지 제공함으로써 적극적으로 판매를 장려하고 모방품의 판매를 통해 경제적 이득을 얻었으므로, 디지털 경제법에 의한 면책조항의 적용을 받는 기계적, 자동적, 수동적 역할에 머물렀다고 할 수는 없다고 판단하였다. 상고심에서 파기원(Cour de Cassation) 역시, eBay는 자신의 사이트에서 일어나는 매매의 중개를 통해 수익을 얻으면서 거래의 성립에 불가결한 역할을 수행하였을 뿐 아니라, eBay 사이트에서 거래 발생 건수를 증가시켜 경제적 이익을 얻기 위해 적극적 역할(le rôle actif)을 하였으므로 디지털 경제법상 서비스제공자에 해당할 수 없다는 점을 재확인하였고, eBay는 거래의 중개자로서 그 사이트에서 일어나는 거래에 대해 인식하고 통제할 수 있었기 때문에 책임이 인정된다고 판시하였다.

### 3. 적극적 역할을 수행하였다고 하여 발행인으로서 책임을 인정한 유럽인권재판소의 사례 : Delfi 사건[175]

#### 가. 사건의 경위

원고 회사인 Delfi는 Estonia 최대의 인터넷 뉴스 포털 중 하나로, 하루에 330건의 뉴스 기사를 발행하고 있었다. 원고 회사는 기사 본문 말미에 "코멘트 달기(add your comment)"라는 항목을 두고 이용자들이 코멘트를 게시할 수 있도록 하였는데, 기사들에는 1일 평균 1만 명의 독자 코멘트가 달렸고(그 중 대부분은 필명으로 게시되었다), 이러한 코멘트 부분은 기사 본문과는 분리된 영역에 게재되었으며, 원고 회사의 편집이나 조정 없이 자동적으로 게시되었다. 다만, 독자가 어느 코멘트에 대해 모욕적이라고 표시(mark)하면 해당 코멘트는 신속하게 제거되는 통지 및 차단조치 시스템이 있었고, 외설적인 단어를 자동적으로 삭제하는 시스템도 있었으며, 명예훼손의 피해자가 직접 원고 회사에게 통지할 경우 즉시 해당 코멘트를 제거하는 시스템도 있었다. 원고 회사의 "코멘트 규칙(Rules of comment)"에 의

---

175) Delfi As v. Estonia Application no. 64569/09, 16 June 2015.

하면, 원고 회사는 코멘트를 편집하지 않고, 코멘트 작성자 스스로가 해당 코멘트에 대해 책임을 진다는 점이 명시되어 있었다.

원고 회사는 2006. 1. 24.경 AS Saaremaa Laevakompanii(이하 "SLK")와 관련된 기사를 발행하였고, 해당 기사에 대하여 2006. 1. 24. 및 같은 달 25. 사이에 185개의 코멘트가 달렸는데, 코멘트 중 약 20개는 SLK의 감사회(supervisory board) 회원이자 SLK의 단독 최대주주인 멤버인 L에 대한 명예훼손적 내용이 포함되어 있었다.[176] L은 2006. 3. 9.경 원고에게 해당 코멘트 삭제와 손해배상을 요구하였고, 같은 날 원고 회사는 해당 공격적인 코멘트를 삭제하였지만, 2006. 3. 23.경 손해배상에 대하여는 응할 수 없다고 회신하였다. 그러자 L은 2006. 4. 13.경 원고 회사를 상대로 소를 제기하였다.

이에 대하여 Estonia 1심 법원(Harju County Court)은 EU전자상거래지침에 근거한 정보사회서비스법(Information Society Services Act)에 따라 원고 회사의 책임이 면제된다고 보았으나, 항소심(Tallinn court of Appeal)은 원심을 파기 환송하였고 대법원에서 항소심의 결정이 유지되었으며, 결국 파기환송심에서는 원고 회사의 책임을 인정하였다. 여기서 Estonia 법원은 원고 회사가 직접 발행한 기사 자체는 균형잡힌 내용이라고 판단하면서도, L에 대한 코멘트는 L의 인격과 존엄성을 훼손하는 것이고 원고 회사는 발행인에 해당하며, 코멘트 내용에 대해 책임이 없다는 부인표명(disclaimer)만으로 책임이 면제되는 것은 아니라고 보았다. 특히 Estonia 법원은 원고 회사가 코멘트에 대해 사전적 통제를 할 필요는 없지만, 사전적 통제를 하지 않는 이상 위법한 코멘트를 신속하게 제거할 수 있는 다른 효과적인 시스템을 구비했

---

176) 한편, 원고 회사 포털 사이트의 코멘트란(欄)은 명예훼손이나 모욕적 코멘트가 달리는 것으로 악명이 높았다고 하고, 이 사건에서 문제된 코멘트는 개인적인 협박이나 증오 발언(hate speech)이 포함된 것으로 단순한 명예훼손이나 모욕의 범위를 넘는 측면이 있었다.

어야 한다고 판단하였다. 파기환송 후 항소심에서도 파기환송심과 마찬가지로 원고 회사의 행위는 단순한 기술적, 자동적, 수동적 성질을 갖는 것이 아니고, 이용자로 하여금 코멘트를 달도록 유도함으로써 콘텐츠 제공자에 해당한다고 보았으며, 대법원에서도 인터넷 포털에서 뉴스와 코멘트의 발행은 언론행위(journalistic activity)에 해당하고, 원고 회사는 코멘트를 통해 상업적 이익을 얻는 발행인 기업이라고 하면서 이러한 결론을 그대로 유지하였다.

그러자 원고 회사는 이러한 판결이 표현의 자유를 침해하는 것으로 유럽인권협약(European convention on Human Rights)177) 제10조 위반이라고 주장하며, 유럽인권재판소에 제소하였다.

## 나. 유럽인권재판소의 판단

### 1) 다수의견

유럽인권재판소의 다수의견은 Estonia 법원의 결정을 지지하였다. 다수의견은 인터넷의 특별한 성질상 제3자 콘텐츠에 대한 인터넷 뉴스 포털의 책임과 의무는 전통적인 발행인의 경우와 달리 판단되어야 하는데, 원고 회사는 전문적인 대형 뉴스 포털로 영리목적에서 뉴스를 발행하고 이용자로 하여금 코멘트를 달도록 유도하였고, 이용자가 자유롭게 주제를 골라 토론하는 일반적인 인터넷 토론 광장이나 전자게시판, 소셜미디어 플랫폼과는 그 성격을 달리하며, Estonia 최대의 뉴스 포탈로 이용자의 코멘트 중에 명예훼손이나 모욕적인 내용이 다수 포함되는 것으로 악명이 높았기 때문에, 그로 인하여 발생하는 예측가능한 위험은 합리적인 범위 내에서 스스로 부담해야 한다고 하여 원고 회사를 발행인으로 볼 수 있다고 판단하였다. 특히 원고 회사가 직접 작성한 뉴스 기사의 내용은 균형잡힌

---

177) 정식명칭은 '인권과 기본적 자유의 보호를 위한 협약(Convention for the Protection of Human Rights and Fundamental Freedoms)'.

것이고, 원고 회사가 코멘트를 직접 작성한 것은 아니라고 하더라도, 원고 회사가 코멘트 개수나 방문자수 등의 증가를 통해 경제적 이익을 얻고 있는 이상 원고 회사는 적극적으로 코멘트 작성을 유도한 것이며, 코멘트 규칙상 원고 회사가 코멘트를 삭제하거나 작성자의 권한을 제한할 수 있는 반면, 코멘트의 작성자는 일단 게시한 코멘트를 수정하거나 삭제할 수 없으므로 원고 회사에게 코멘트에 대한 관리통제권을 부인할 수는 없다고 보았다. 또한 원고 회사가 사전적 필터링 시스템 등을 운영하는 등 제3자에 대한 피해를 방지하기 위한 의무를 전적으로 해태한 것은 아니나, 그러한 시스템이 적절하게 작동하지 않아 문언 그 자체로 모욕적이거나 명예훼손적인 내용을 걸러내지 못하였기 때문에 여전히 책임이 인정된다고 하였고, 이러한 시스템은 사적 검열(private censorship)에 해당하지 않는다고 판단하였다. 더욱이 이 사건에서 문제된 코멘트는 특정될 수 있는 개인인 L에 대한 증오 발언이나 신체적 완전성에 대하 직접적 위협을 포함하는 것이기 때문에, 더욱 신속한 조치가 필요하였다고 보았다.

이러한 다수의견에 대하여는 ① 원고 회사와 같은 포털 사이트의 의무 범위와 관련하여, 위법한 코멘트의 사후적 삭제에 한정되고 사전적 게시 제한은 포함하지 않는다는 점 및 증오 발언 등 명백히 위법한 코멘트에 대하여 포털 사이트의 책임을 인정하고 포털 사이트에게 신속히 이를 제거할 의무를 부담시키는 것은 유럽인권협약과 양립된다는 점을 명확히 한다는 취지와, ② 인격권 침해 사례에 대한 연혁적, 윤리적 설명을 덧붙이는 취지의 2가지 보충의견이 있었다.

### 2) 반대의견

위와 같은 다수의견에 의하면 2차적인 검열(collateral censorship)을 야기하고 결국 표현의 자유를 크게 위축시키는 결과가 된다는 반대의견이 있었다. 반대의견은 원고 회사가 편집되지 않은 코멘트에 대하여 직접 작성자가 아니라는 점을 강조하였다. 또한 반대의견은 이 사건에서 문제되고 있는 코멘트에 관해 설령 해당 코멘트가 L에 대한 신체적 완전성에 대한 위협을 포함한다고 하더라도 실제로 그러한 위협을 실현하는 범죄행위가 이루어지지 않은 이상 과연 위법성이 명백한 것인지 의문의 여지가 있다고 하였다. 반대의견은 적극적인 중개매체는 타인으로 하여금 정보를 주고받을 수 있도록 할 권리를 향유하며, 정보사회서비스법은 서비스제공자가 위법한 게시물의 존재를 인식하고 즉시 이를 제거할 경우 면책되도록 정하고 있음에도, 다수의견과 Estonia 법원은 원고 회사가 정보 저장자(data storage)가 아니라 발행인에 해당한다고 설명하였을 뿐 예측가능한 기준을 제시하지 않으면서 위 법률의 적용을 배제하여 책임을 인정한 것은 부당하다고 보았다. 또한 원고 회사가 영리적 성질을 가진다고 하더라도, 그러한 사정만으로 정보 저장자에 대한 면책 조항이 배제되고 발행인에 대한 책임 체계의 적용을 받는다고 할 수 없으며, 종래의 인쇄매체와 인터넷 매체의 본질적 차이를 감안할 때, 후자의 경우에는 표현의 자유 보장과 증진을 위해 책임 범위가 조정되어야 할 것이라고 지적하였다.

더 나아가 반대의견은, 다수의견이 적극적 중간매체(active intermediary)를 곧 발행인에 해당하는 것으로 전제한 점에 대하여도 반박하였다. 우선 언론매체가 경제적 이득을 얻는다는 점을 근거로 책임을 강화하는 것은 선례에 반하고, 기자는 신문사에 고용된 자로, 편집자는 발행될 내용을 사전에 인식하고 결정할 수 있는 반면, 인터넷 포털 사이트는 사후적 통제 시스템을 통하여서만 이를 삭제하거나 관리할 권한이 있으며, 일반적으로 콘텐츠 게시자에 대하여 아무런 인적 통제권도 갖지 못한다는 점에서, 발행인과 적극적 중간매체는 차이가 있다는 점을 지적하였다.

한편, 반대의견 역시 원고 회사가 자발적으로 코멘트를 게시할 기회를 제공한 이상 전적으로 책임이 면제되는 것은 아니라고 보면서도, 실제적 인식(actual knowledge)이 있는 경우에 한해 효율적인 제거(expeditious removal) 의무만이 있고, 추정적 인식(construed or constructive knowledge)만으로는 코멘트 공간 제공에 대해 책임이 없다고 보았다. Estonia 대법원은 원고 회사가 "코멘트의 게재를 방지하였어야 한다(should have prevented the publication of comments)"고 판시하였으나, 이는 적극적 중간매체에게 사전 검열을 강요하거나 절대적인 엄격책임을 부담시키는 것으로 부당하다고 하였으며, 발행인이기 때문에 이러한 책임을 부담한다는 설명은 순환논리에 불과하고, 다수의견이나 Estonia 대법원 모두 원고 회사에게 엄격한 책임을 부담시키는 이유를 충분히 설명하지 못하였다고 하였다.

## 4. 통신품위법의 해석을 통해 책임을 전적으로 면제하는 경향의 미국 사례

위에서 살펴본 바와 같이 프랑스와 유럽의 사례에서는 OSP가 어느 정도 적극적 역할을 수행하였다고 판단되는 경우, OSP가 제3의 행위자에게 가담한 부분에 대하여 책임을 추궁하는 것이 아니라, OSP의 행위 자체가 침해에 해당한다고 판단되었다. 반면, 미국의 경우 표현의 자유 측면을 훨씬 중요시하면서, 통신품위법의 해석을 통해 OSP가 정보의 발행인에 해당하지 않는 이상 제3의 행위자에게 가담하였는지 여부를 따로 살펴보지 않고 OSP의 책임을 사실상 전적으로 면제하고자 하는 것으로 보인다.

통신품위법 제정 전 미국에서 명예훼손과 관련한 OSP의 책임이 처음 문제된 사례는 CompuServe 사건[178]이다. 이 사건에서 CompuServe는

---

178) *Cubby, Inc. v. CompuServe, Inc.* 776 F. Supp. 135 (S.D.N.Y. 1991).

전자게시판 서비스를 제공하는 OSP의 한 유형이었는데, 법원은 CompuServe는 편집권을 갖지 않기 때문에 발행인에 해당하지 않는다고 보아 CompuServe의 책임을 부정하였다. 반면, 위 사건 이후 선고된 Prodigy 사건[179]에서는 전자게시판 운영자인 Prodigy가 게시판장(board leaders)을 고용하였고 게시글을 모니터하기 위한 심사용 소프트웨어를 설치하였으며, 때때로 검열권을 행사하였다는 이유로, 설령 Prodigy가 명예훼손적 게시물에 대해 인식하지 못하고 그에 대한 아무런 통지를 받지 못하였다고 하더라도 더 이상 단순한 배포자에 해당하지 않고 발행인으로서 책임이 있다고 판단하였다.

그런데 위 Stratton 판결에 대하여는, 편집권을 통해 유해게시물에 대한 자발적 관리를 행하는 양심적인 OSP가 자신의 과실과 무관하게 보다 큰 위험을 부담하게 된다는 점에서 모순을 초래한다는 강력한 비판이 있었고, 이러한 비판에 힘입어 OSP에게 편집권이 있음을 전제로 책임을 인정한 위 판결을 뒤집는 내용의 1996년 통신품위법 개정이 이루어졌다.[180][181] 즉 통신품위법 제203조는 표현의 자유를 최

---

179) *Stratton Oakmont, Inc v. Prodigy Services, Co.* 1995 WL 323710(N. Y. Sup. Ct. 1995).

180) 통신품위법의 입법배경에 대하여는, Nicholas Conlon, op. cit.(52), pp. 114~115; Peter Adamo, "CRAIGSLIST, THE CDA, AND INCONSISTENT INTERNATIONAL STANDARDS REGARDING LIABILITY FOR THIRD-PARTY POSTINGS ON THE INTERNET", Pace International Law Review Online Companion(February, 2011), p. 2 참조.

181) 우지숙(주 154), 60면은, 위 Stratton 판결에 대한 비판이 통신품위법의 개정을 낳게 하였다는 설명은 옳지만, Stratton 판결의 문제점 때문에 통신품위법상 면책조항이 생겼다는 설명은 반드시 옳지 않다고 한다. Stratton 판결에 대한 비판은 불법행위의 예방적 차원, 즉 다른 OSP들에게 어떠한 행위기준을 제시하는가에 대한 논의를 근거로 하고 있고, 당사자의 손해회복의 차원에 대해서는 거의 언급하지 않고 있는데, 문제는 이렇게 예방적 차원의 논의에 의해 판결을 무효화하는 입법이 이루어졌다는 것 자체가 아니라, 이러한 입법을 통해 불법행위의 예방효과가 과연 생겨나는가에 대해서 체계적으로 검토한 결과로 통신품위법이 채택된 것은 아니라는

대한 보호하고, OSP의 자율규제를 촉진하기 위하여, OSP가 정보의 생성 등에 관여하지 않고 단순히 정보 이동을 매개하는데 그친 경우에는 제3의 다른 정보 콘텐츠 제공자로부터 제공된 정보의 발행인 내지 발언자로 취급되지 않는다는 점을 명시하여 면책하였다.

다만, 통신품위법은 OSP가 정보의 중개자 유형 중 배포자에 해당하는 경우에 대하여는 언급하지 않고 있어, 배포자로서의 책임 여부에 관하여는 여전히 논란이 있었다. 이에 대하여는 Zeran 사건[182]에서 판단되었는데, 법원은 통신품위법의 적용을 배포자인 경우까지 확대하여 결과적으로 OSP의 책임을 전적으로 면제하였다. 이러한 미국 법원의 경향은 그 이후로도 이어져, 어느 정도 정보이 유통에 관여한 OSP라고 하더라도 그 책임이 광범위하게 면제되었다.[183]

이러한 다소 극단적으로 보이는 경향은 미국 헌법체계 내에서 표현의 자유가 차지하는 특별한 비중을 감안한 것으로 이해할 수 있으나,[184] Myspace 사건 판결 이후 통신품위법의 과도한 확대 적용에 대한 비판론도 제기되었다. 즉, 통신품위법에 의할 때 제3의 사용자에 의하여 생성된 게시글이기만 하면 무조건적으로 면책을 향유할 수

---

　　점이라는 것이다. 또한 우지숙, 註 232)의 논문 62면은, 통신품위법 제230조가 결과적으로는 OSP들의 모니터링을 통한 자율규제 인센티브를 사라지게 만들었고, 불법행위의 예방적 목적 차원의 논의를 근거로 하여 만들어진 법 조항이 실제로 그 예방적 목적을 달성하기 보다는 오히려 반대의 결과를 보여준다는 점에서 아이러니하다고 지적한다.

182) *Zeran v. America Online, Inc.* 129 F. 3d 327 (4th Cir. 1997).

183) 예를 들어 *Blumenthal v. Drudge* 992 F. Supp. 44 (D.D.C. 1998); *Carafano v. Metrosplash.com, Inc.* 339 F.3d 1119 (9th Cir. 2003) 등. 또한 소셜 네트워크 사업자와 관련된 *Doe v. Myspace, Inc.* 474 F. Supp. 2d 843 (W. D. Tex. 2007), 소비자들이 상품후기를 게재하는 사이트와 관련한 *Nemet Chevrolet, Ltd. v. Consumeraffairs.com, Inc.* 591 F3d 250 (4th Cir. 2009)에서도 이러한 입장이 유지되었다.

184) 권영준, "인터넷상 표현의 자유와 명예의 보호", 저스티스 통권 제91호 (2006. 6.), 19면.

있고, OSP로서는 자율규제를 포기하게 되며, 더욱이 통신품위법 제정 당시와 현재의 인터넷 환경이 변화되었다는 점에서 문제라는 것이었다.[185] 이러한 반성적 고려에 따라 통신품위법 제230조의 의미를 재해석하여 OSP 측이 무조건 배포자로서의 책임까지 면제되는 것은 아니라고 보는 판례[186]도 등장하였으며, OSP가 정보 작성에 깊숙이 관여하였다면 더 이상 정보의 매개자에 그치지 않고 직접적인 콘텐츠 제공자에 해당하게 된다는 이유로 통신품위법에서 규정한 면책 범위에서 제외된다고 보기도 하였다.[187][188][189]

---

185) Ryan Gerdes, "SCALING BACK § 230 IMMUNITY: WHY THE COMMUNICATIONS DECENCY ACT SHOULD TAKE A PAGE FROM THE DIGITAL MILLENNIUM COPYRIGHT ACT'S SERVICE PROVIDER IMMUNITY PLAYBOOK", Drake Law Review(Winter 2012), pp. 667~668. 이에 따라 이 견해는 통신품위법의 면책 범위를 축소하여 DMCA와 같이 규정하자고 주장한다.

186) *Grace v. eBay, Inc.* 120 Cal. App. 4th 984 (Cal. App. 2d 2004); *Chicago Lawyers' Committee for Civil Rights Under Law, Inc. v. Craigslist, Inc.* 519 F.3d 666 (7th Cir. 2008).

187) *Fair Housing Council of San Fernando Valley v. Roommates.com* 521 F.3d 1157 (9th Cir. 2008).

188) Roommates.com 사건에서는 Roommates.com이 적극적으로 불법적인 내용을 생산하는데 관여하였다는 점을 반복적으로 강조하였다고 하면서, 이는 유인이론을 도입한 미국 대법원의 Grokster 사건과 일맥상통하는 면이 있다는 평가가 있다. 김민정, "Web 2.0시대에 인터넷서비스제공자(ISP)의 법적 책임문제: 미국의 'ISP 면책 조항'의 새로운 해석 및 최근 적용 사례들에 대한 고찰", 정보법학 제12권 제1호, 한국정보법학회(2008. 7.), 151면. 그러나 유인이론은 불법적인 목적을 위해 도구를 제공하거나 타인의 불법행위를 유도한 경우 책임을 진다는 것으로, 어디까지나 제3자의 불법행위에 대한 간접적인 관여를 전제로 한다. 반면, 위 사건에서는 Roommates.com 측이 직접 회원가입 양식을 제공하는 등 직접 침해행위를 한 측면이 있다는 것이고, 단순히 제3자의 불법행위에 간접적으로 가담한 것에 불과한 것은 아니므로 유인이론과는 그 전제를 달리한다. 따라서 설령 위 사건 판결의 판시는 통신품위법과 관련하여서만 이해되어야 하며, 유인이론과 일맥상통하는 면이 있다고 보기에는 무리라고 생각된다.

189) 미국 판례의 모순되는 경향에 관한 보다 상세한 설명에 대하여는, Ryan

## V. 검토

### 1. 국내 사례들에 대한 검토

#### 가. 공동불법행위에 관한 이론 구조에 따른 검토

이상에서 살펴본 사례들은 OSP의 책임과 관련하여 제3자의 행위에 관한 방조 등 간접적인 책임을 추궁한 것이 아니라 OSP의 관리의무 위반이나 적극적 관여 등을 이유로 직접책임을 문제삼았다는 점에서 특색이 있다. 그러나 민법상 불법행위 이론에 의하면, OSP의 서비스가 직접 행위자의 위법행위와 객관적 관련공동성이 있는 경우에는 협의의 공동불법행위로, 공동불법행위를 구성할만한 공동성을 인정하기 어려운 경우에는 방조자로서 공동불법행위 책임을 부담하는지 여부를 판단해야 할 것이고, OSP가 단독적인 직접 실행자에 해당하지 않음에도 직접책임으로 보는 것은 타당하지 않다.

우리나라 판결들 중 비교적 이른 시점에 선고된 하이텔 사건이나 청도군 사건의 경우는 OSP에 대한 간접책임 법리가 확립되기 전 과도기적 사례에 해당한다고 할 수 있다. 특히 하이텔 사건에서는 전기통신사업자의 의무에 관한 구 전기통신사업법 조항을 적시한 뒤 "전자게시판을 설치, 운영하는 전기통신사업자는 그 이용자에 의하여 타인의 명예를 훼손하는 글이 전자게시판에 올려진 것을 알았거나 알 수 있었던 경우에 이를 삭제하는 등의 적절한 조치를 취하여야 할 의무가 있다"고 판시하였는데, 명확하지는 않으나 구 전기통신사업법 조항을 OSP의 일종인 하이텔 등 전기통신사업자에게 곧바로 구속력있는 의무를 발생시키는 법률상 근거조항에 해당하는 것

---

French, "PICKING UP THE PIECES: FINDING UNITY AFTER THE COMMUNICATIONS DECENCY ACT SECTION 230 JURISPRUDENTIAL CLASH", Louisiana Law Review (Winter, 2012) 참조.

으로 이해한 것이 아닌가 한다. 뒤이어 선고된 청도군 사건의 1심 및 항소심은 하이텔 사건과 마찬가지로 인식가능성만을 근거로 책임을 진다고 판단하였으나, 청도군 사건의 상고심에서는 인식가능성만으로는 부족하다고 하면서 기타 여러 가지 사정을 고려요소로서 제시하였다. 청도군 사건에서도 하이텔 사건과 마찬가지로 제3자의 행위에 대한 OSP의 책임 여부라는 법리적인 구조를 명확히 설시한 것은 아니나, 인식가능성 외에 추가적인 요건을 요구하였다는 점에서는 하이텔 사건에 비해 한걸음 더 나아간 것으로 평가할 수 있을 것이다.

한편, 2007년부터 2009년 사이에 선고된 싸이월드 사건의 경우, 저작권 침해와 관련하여 간접침해 법리를 명확히 설시한 소리바다 1 사건190) 이후에 선고된 것임에도 불구하고, 간접침해 법리 구조를 명시하지 않고 OSP의 관리책임 위반을 이유로 한 직접책임을 인정한 듯한 태도를 취하고 있다. 이러한 태도에 대하여는 싸이월드 사건의 원심판결은 작성자와 포털사이트의 공동불법행위성을 인정한 반면, 상고심 판결은 독자행위설의 입장에서 포털사이트의 책임을 인정한 것으로 평가하는 견해도 있고,191) 포털 사업자가 명예훼손적 게시물의 삭제나 차단의무를 게을리 한 것이 게시자의 게시행위와의 관계에 있어 결과발생을 향한 협력관계에 있다기보다 게시물에 대한 감독 및 조치의무를 불이행한 것인 점, 게시자의 게시행위에 의한 공표가 완료된 후 삭제나 차단조치를 취하지 않음으로써 그 피해를 확산시킨 것으로서 시간적 괴리가 있다는 점, 주로 동시다발적으로 게시된 특정 사안에 관련한 게시물에 대한 포털사업자의 삭제 및 차단

---

190) 1심 : 서울중앙지방법원 2007. 5. 18. 선고 2005가합64571 판결; 2심 : 서울고등법원 2008. 7. 선고 2007나60990 판결; 3심 : 대법원 2007. 1. 25. 선고 2005다11626 판결.
191) 하헌우, "인터넷 게시물에 대한 포털(Portal)의 민사책임 대법원 2009. 4. 16. 선고 2008다53812 전원합의체 판결을 중심으로", 재판과 판례 제21집(김수학 대구고등법원장 퇴임기념), 대구판례연구회(2012), 281면 각주 13).

의무가 문제된다는 점, 공동불법행위설에 의하는 경우 먼저 게시된 각 게시물의 명예훼손여부를 판단한 후 포털사업자의 방조여부를 판단하여야 할 것인데, 피해자가 명예훼손적 게시물을 특정하기 어려운 점 등에 비추어 보면, 대위책임설이나 공동불법행위설이 아닌, 작위의무위반으로 인한 독자적인 불법행위책임을 추궁하는 것이라고 보는 독자책임설이 타당하다는 견해가 있다.192)

싸이월드 사건의 항소심에서는 관련 기사 게재로 인한 불법행위에 대하여는 협의의 공동불법행위193), 게시물 등 방치로 인한 불법행위에 대하여는 방조에 의한 공동불법행위의 성립을 명시적으로 인정하고 있으나, 상고심에서는 기사 선별 및 게재행위에 대하여는 공동불법행위자로서 손해배상책임이 있다고 설시하고 있는데 비하여, 기사를 삭제하지 않고 방치한 행위에 대하여는 "인터넷에서 타인의 명예를 훼손하는 게시물에 대하여 1차적인 책임을 지는 자는 위 게시물을 직접 게시한 자라 할 것"이라고 하여 제3자의 행위를 전제로 한다는 점을 명시하면서도, 항소심과는 달리 "방조"에 의한 책임이라는 표현을 사용하지 않고, 오히려 "인터넷 공간에서는 익명이나 가명에 의한 정보유통이 일반화되어 타인의 법익을 침해하는 내용의 표현물이 쉽게 게시될 수 있고 또한 많은 사람들이 동시에 접속하여 검색할 수도 있기 때문에 일단 게시된 표현물이 순식간에 광범위하게 전파됨으로써 그 표현물로 인한 법익 침해의 결과가 중대해질 수 있으며, 특히 인터넷을 이용한 다양한 서비스를 종합하여 제공하는 인터넷 종합 정보제공 사업자가 제공한 인터넷 게시공간

---

192) 박원근(주 53), 233, 234면; 이헌숙, "뉴스서비스와 제3자 게시물로 인한 포털의 책임 여부(대상판결 : 대법원 2009. 4. 16. 선고 2008다53812 판결)", 사법 9호(2009), 312면.

193) 항소심은 "해당 언론사들과 함께 공동불법행위자로서 손해배상책임을 부담한다"고 표현하고 있는데, 전후의 문맥상 공동불법행위 유형 중 민법 제760조 제1항 협의의 공동불법행위를 인정한 것으로 생각된다.

에 그 표현물이 게시된 경우에는 인터넷 종합 정보서비스를 이용하는 무수한 이용자들에게 쉽게 노출될 수 있는 위험성이 훨씬 더 커서 다른 어느 경우보다 타인의 법익을 보호할 필요성이 크다. 뿐만 아니라, 인터넷 종합 정보제공 사업자는 인터넷 종합 정보서비스를 통하여 위와 같은 위험성을 안고 있는 인터넷 게시공간을 제공하고 이를 사업목적에 이용함으로써 정보의 유통으로 인한 직·간접적인 경제적 이익도 얻고 있다. 이와 같이 인터넷 종합 정보제공 사업자는 인터넷 게시공간이라는 위험원을 창출·관리하면서 그로 인한 경제적 이익을 얻고 있으므로, 위 게시공간 안에서 발생된 위험에 효과적으로 대처할 수도 있어, 위와 같은 위험으로 인하여 피해가 발생하지 않도록 상황에 따라 적절한 관리를 하여야 할 주의의무가 있다고 보는 것이 합리적이고 공평 및 정의의 관념에 부합한다 할 것"이라고 하여, 인터넷 포털과 같은 종합 정보서비스가 내재하고 있는 위험성을 이유로 OSP에게 일종의 직접적 관리의무가 부과된다는 취지로 판시하였다.

이러한 판시 내용을 종합하면, 대법원이 OSP의 책임 구조를 법익 침해 영역에 따라 서로 달리 파악하여, 명예훼손의 경우에는 다소 직접책임에 가까운 것으로, 반면 P2P 등을 이용한 저작권 침해나 오픈마켓에서의 상표권 침해의 경우에는 완전한 간접책임으로 이론구성하고자 한 것은 아닌가 생각된다. 대법원이 싸이월드 사건 설시에서 정보통신망법을 언급하지는 않았으나, 참고조문으로는 정보통신망법 제44조 제2항을 거시하고 있다는 점에서 보더라도, 저작권 침해나 상표권 침해 사안과는 달리 명예훼손이나 사생활 침해와 관련된 사안에서는 OSP에게 직접적인 관리의무가 부과된다고 해석하여 독자책임설을 취한 것으로 평가할 여지가 있다. 그러나 독자책임설에서 말하는 작위의무 위반은 결국 제3자가 작성한 게시물을 방치함으로써 성립하는 방조책임의 한 요건에 해당한다고 할 것이므로, 굳이 이를 독자적인 불법행위책임으로 이론구성할 필요가 있는지 의문이고, 싸이월드 사건 항소심의 논리 구조가 보다 타당하다고 생각된다.

### 나. 개별 사례에 대한 검토

1) 하이텔 사건 및 청도군 홈페이지 사건에 대한 검토

하이텔 사건의 경우 그 이용자에 의하여 타인의 명예를 훼손하는 글이 전자게시판에 올려진 것을 알았거나 알 수 있었던 경우에 이를 삭제하는 등의 적절한 조치를 취하여야 할 의무가 있다고 인정하였는데, 이 사안은 OSP 중 비교적 좁은 범위를 관장하는 전자게시판을 설치, 운영하는 전기통신사업자에 관한 것으로, 피해자가 침해 게시물을 정확히 특정하였고, 전기통신사업자인 하이텔이 직접 해당 게시판을 관리하고 있는 위치에 있었기 때문에, 침해물에 대한 인식만으로 곧바로 OSP에 대해 삭제할 의무를 부과한 것으로 이해된다. 더욱이 이 사건에서 피해자는 정보통신윤리위원회로부터 시정조치 요구까지 받아 삭제를 요청한 것이어서 게시글의 위법성까지 확인된 사례라고 할 수 있다. 반면 하이텔 사건으로부터 약 2~3년 후에 선고된 청도군 홈페이지 사건의 경우, 법원은 OSP에게 책임을 인정함에 있어서 OSP의 인식 외에 추가적인 요건을 요구하게 되었고, 결론적으로 그 책임을 부정하였다.

하이텔 사건과 청도군 홈페이지 사건은 시간적으로나 기술적으로는 그다지 차이가 없음에도 불구하고 법원은 서로 다른 결론을 내렸는데, 이에 대하여는, ① 전자는 영리 목적의 전자게시판에 관한 것이었던 반면, 후자는 비영리 목적의 전자게시판에 관한 것으로 명예훼손적 게시물이 게재된 온라인게시판의 성격이 서로 상이하고, ② 전자의 경우 삭제요구를 받고도 이를 5, 6개월간 방치하였던 반면, 후자의 경우는 삭제요구를 받고 신속하게 대응하여 OSP가 삭제의무

를 게을리 한 기간에 차이가 있으며, ③ 전자의 경우 OSP와 이용자 사이의 약관에 OSP에 의한 일방적인 삭제근거가 마련되어 있었던 반면, 후자의 경우는 그렇지 아니하였다는 점에서 차이가 있다고 보는 견해가 있다.[194] 다만, 전자의 경우 영리 목적의 전자게시판이었다고 하더라도 제3자의 게시글 게재로 인하여 곧바로 하이텔 측이 경제적 이익을 얻게 되는 것은 아니라는 점, 약관에 마련된 일방적인 삭제근거는 OSP가 위법한 게시글을 삭제할 수 있는 권한을 부여한 것에 지나지 않고 삭제의무 여부와는 직접적인 관련성이 없다는 점에서 위와 같은 사실관계의 차이만으로 OSP의 책임 여부가 달라진다고 단정하기는 곤란한 측면이 없지 않으나, 위와 같은 분석에 더하여, 전자의 경우에는 개인적인 모욕까지 포함되어 그 위법성이 명백하였던 반면, 후자의 경우에는 명예훼손의 위법성이 조각될 여지가 있었다는 점까지 고려한다면 위 각 사건에서 판례의 결론은 타당하다고 보인다.

특히 청도군 홈페이지 사건에서 OSP의 삭제의무 유무에 관해 당해 사이트의 성격 및 규모·영리 목적의 유무, 개방정도, 삭제의 기술적·경제적 난이도 등을 기준으로 삼은 것은 타당한 것으로 보인다. 하이텔 사건이나 청도군 홈페이지 사건의 경우 좁은 범위의 게시판이 문제되어 OSP가 이를 비교적 쉽게 관리·지배할 수 있었다. 그러나 현재 인터넷을 통해 널리 이용되고 있는 전자게시판이나 각종 사회관계망서비스(Social Network Service, 이하 "SNS"), 그리고 상표권침해 등이 주로 문제되는 오픈마켓이나 저작권침해와 관련된 P2P의 경우에는 정보의 전파속도와 방향이 광범위하여 OSP가 이를 온전히 제어하기 위해서는 엄청난 기술적 경제적 노력이 필요하게 된다. 이러한 측면에서 청도군 홈페이지 사건의 대법원이 OSP의 삭제의무를 판단

---

194) 권영준(주 184), 20, 21면.

하면서 추가한 요건은 큰 의미를 갖는다고 볼 수 있으며, 비교적 최근에 선고된 싸이월드 사건에서도 이러한 기조가 유지되었다고 할 수 있다. 이러한 판례의 태도는 다른 분야의 OSP의 책임을 논할 때에도 기준이 될 수 있다.

### 2) 싸이월드 사건에 대한 검토

싸이월드 사건에서 법원은 기사 게재로 인한 불법행위 책임과 게시물 등 방치로 인한 불법행위 책임을 나누어 판단하였는데, 이에 대하여는 이른바 발행인(publisher)과 배포자(distributor)를 구별하여 전자의 경우에는 넓게 불법행위 책임을 인정하는 영미법적 사고를 받아들인 것이라는 평가가 있다.[195] 또한 대법원은 항소심 판결과 달리 피고들의 언론매체성 여부에 대하여 명시적으로 밝히고 있지 않고, 항소심이 인정한 피고들의 행위 내용을 적극적으로 설시한 후 그로부터 피고들이 명예훼손적 기사 내용을 인식하였다는 점과 명예훼손적 기사를 적극적으로 선택하여 전파하였다는 점을 인정하면서 불법행위 성립 요건 중 고의와 가해행위의 위법성이 충족되었음을 밝히고 있는 것으로, 이러한 태도는 인터넷 정보제공자가 편집권과 통제력을 가진 발행인으로 취급되는 경우 그 자체로 별도의 책임 요건 없이 명예훼손책임을 부담한다고 보는 미국법의 해석이 우리나라에는 그대로 받아들여질 수 없음을 분명히 한 것으로서 타당하다고 보는 견해도 있다.[196]

싸이월드 사건에서 대법원은 앞선 하이텔 사건이나 청도군 홈페이지 사건과는 달리, 포털 사이트의 행위 태양에 따라 직접적인 기사 게재와 간접적인 게시물 방치를 나누어 판단하였다는 점에서 의

---

195) 윤진수, "이용훈 대법원의 민법판례", (이용훈대법원장재임기념) 정의로운 사법, 이용훈대법원장재임기념문집간행위원회(2011), 45면.
196) 시진국(주 14), 355면.

미가 있다.[197] OSP의 책임을 판단하기 위해서는 먼저 OSP의 서비스 내용이나 행위 태양에 따라 직접행위자로서 책임이 있는지 여부를 판단하는 작업이 선행되어야 할 것이고, 이러한 점에서는 싸이월드 사건의 논리구조가 타당하다고 생각된다. 다만, 위에서 살펴본 바와 같이, 싸이월드 사건의 대법원 판결이 독자책임설을 취한 것인지는 의문이며, 다른 영역의 법익침해와 마찬가지로 방조책임으로 이론구성하는 것이 타당하다고 본다.

## 2. OSP에게 직접적인 불법행위 책임을 인정한 해외 사례들에 대한 검토

### 가. 일본의 사례들에 대한 검토

일본의 초기 판례 경향은 우리나라 판례군의 판단과는 정반대로 진행되었음을 알 수 있다. 니프티서브 사건이나 도립대학관리 홈페이지 사건에서는 침해 게시물의 존재를 알고 이를 방치하였다고 하더라도 곧바로 작위의무가 발생하는 것은 아니라고 본 반면, 동물병원 사건 이후로는 침해 게시물에 대한 인식이 있었다면 곧바로 삭제의무가 발생하여 책임을 진다는 것으로 태도가 변경되어, OSP의 책임범위를 축소시킨 우리나라 판례와는 반대의 입장을 취하고 있다. 즉, 니프티서브 사건 항소심 판결이나 도립대학관리 홈페이지 사건과 비교할 때, 동물병원 사건에서는 삭제의 요건으로서 권리침해의 중대성·명백성, 삭제 이외 대체적 조치의 유효성 등을 판단요소로 제시하지 않고 있다는 점에서 특징이 있다고 한다.[198] 다만 동물병

---

197) 대법원은 '포털이 편집하는 기사'와 '검색을 통해 제공되는 기사'를 구분한다고 하는데, 최근 네이버의 뉴스캐스트 등 새롭게 등장한 서비스의 경우에는 양자 중 어느 것으로 볼 것인가 하는 등의 문제가 남는다는 견해가 있다. 우지숙(주 154), 72면.
198) 住友隆行, "インターネット利用による不法行爲をめぐる裁判例と問題点(判例展望 民事法21)", 判例タイムズ1182號(2005. 9.), 84면.

원 사건은 익명게시판에 침해 게시물이 게재된 사안으로, 피해자로 서는 침해자를 특정하여 책임을 추급하는 것이 사실상 불가능하였 을 뿐 아니라, 당해 전자게시판의 관리운영자는 익명게시판이라는 특성을 표방하여 발언을 유인하는 등 피해발생과 확산을 방지할 보 다 무거운 의무를 부담하고 있었으므로, 이러한 한도 내에서만 선례 로서 의미를 갖는다고 볼 수 있다. 이에 따라 일본 내에서도, 동물병 원 사건에 대하여는, 권리를 침해당한 자가 피고에게 삭제를 의뢰할 수단이 불명확하고 실효성에 의문이 있던 점, 이 사건 게시판이 익 명으로 이용될 수 있고 그 경우 스스로의 책임을 추궁당하지 않고 권리침해발언을 게재하는 것이 가능하며, 따라서 권리침해발언이 유 발되기 쉬운 환경이며 실제로도 그러한 발언이 흔히 이루어졌다는 점 등 2채널의 특수성이 반영된 것으로, 네트워크상의 발언 일반에 대해 쉽게 일반화하여 삭제의무를 인정하는 것에는 신중을 기하지 않으면 안 되고, 특히 이 사건에서 발언의 공공성, 공공목적, 진실성 여부가 불분명한 단계에서는 정보의 위법성이 불명확하여 삭제의무 가 없다는 주장에 대하여, 진실성·상당성 항변에 대한 주장·입증책 임은 관리자인 피고에게 있다고 하여 진실성이 명확하지 않다는 점 을 이유로 하는 면책을 인정하지 않았는데, 이러한 결론을 일반화하 는 것 역시 신중해야 한다는 견해가 있다.[199]

한편, 일본에서는 프로바이더 책임제한법 시행 이후에도 OSP에 대하여 인식가능성을 근거로 작위의무를 부과하고 있다. 이에 관하 여는 프로바이더 책임제한법상 OSP에 대한 책임을 제한하려는 취지 에 반하고 명확하지 않은 기준인 조리상의 작위의무를 근거로 하여 부당하다는 유력한 비판론이 존재한다.[200] 그러나 대부분 실명으로 게시글을 게재하는 우리나라 전자게시판과는 달리, 일본에서는 주로

---

199) 住友隆行(주 198), 84면.
200) 長瀬貴志(주 171), 93~96면.

익명 게시판 사안이 문제되었고, 익명 게시판이라는 특성상 침해자의 인적사항을 특정하기란 사실상 불가능하며, 게시판 운영자 역시익명 게시판이라는 점을 내세워 이용자를 모집하고 있어 게시판 운영자에게 보다 가중된 책임을 부여할 수밖에 없는 측면이 있고,[201] 결론적으로는 구체적 타당성에 부합하는 판례라고 볼 수 있다. 산노대학 사건 판례에서는 OSP에게 사전적으로 위법한 게시물이 게재되지 않도록 할 의무와 함께 사후적으로 그러한 게시물이 게재된 경우즉시 이를 삭제할 주의의무를 부과하면서도, 게시판의 목적이나 관리 체제, 피해자에게 유효적절한 구제수단이 있는지 여부 및 명예훼손의 태양과 정도 등을 종합고려하여야 하고, 특히 제3자로부터 게시물을 특정한 삭제요구가 있었을 때 비로소 삭제의무를 부담한다고 보았는데, OSP의 일반적인 책임 범위에 대한 판단이라기보다는, 공공성과 진실성이라는 위법성 조각사유가 적용되는 명예훼손 영역에서, OSP가 그 위법성 여부를 명확히 판단하기 어렵다는 고려에서제시된 요건이 아닌가 생각된다.

### 나. 프랑스의 사례에 대한 검토

상표권침해 사안에서 관리의무 위반으로 인한 불법행위 책임으로 이론구성한 프랑스의 Louis Vuitton v. eBay 사건에서는 OSP에게 검색 등을 통한 침해게시물 확인 및 삭제의무까지 부과한 것으로 이해된다. 이 사안에서 법원은 피고 eBay에 대하여 반복하여 위조품을 올린 판매자의 계정을 정지시키지 않고 위조품이라고 의심할만한 설명이 달린 경매를 허용함으로써 주의의무를 위반하였다고 보았으며, 피고가 소송 진행 과정에서 원고로부터 요구받은 조치를 취하였다는 점만으로 면책되지는 않는다고 판단하였는바, 원고가 특정하여

---

201) OSP가 어떠한 선행행위를 하였는지에 따라 책임 인정 여부가 달라질 수있는데, 일본의 판결례도 이러한 측면에서 이해될 수 있을 것이다.

요구한 게시글뿐 아니라 그 외에 eBay 스스로 검색하여 통제할 수 있는 게시글에 대하여도 삭제의무가 발생한다고 본 것으로 해석할 수 있다.

이 사건에서 문제된 eBay는 일종의 호스팅 서비스 제공자라고 할 수 있다. 그런데 EU전자상거래지침에 의할 때 호스팅의 경우 위법한 행위·정보에 관한 현실적인 인식이 없고 위법한 행위·정보가 명백하게 된 사실·상황에 대한 인식이 없으며, 그러한 인식이 있는 때에는 즉시 해당 정보의 삭제·접근금지를 한 경우 각각 면책된다고 규정되어 있음에도, 이 사례에서는 eBay가 단순한 호스팅 서비스가 아니라 거래에 보다 적극적으로 관여한 중개자라고 보아 EU전자상거래지침의 적용을 배제하고 책임을 인정하였다. 이에 대하여는 루이비통, 크리스찬 디오르 등의 세계적 디자인 명품을 생산, 판매하는 기업을 다수 보유하고 있는 프랑스의 산업구조상 상표권자의 보호를 우선하는 이러한 법원의 판결은 어쩌면 당연한 것일 수 있다는 평가가 있고[202] EU전자상거래지침이나 이를 근거로 제정된 디지털 경제법에 따른 해석론이 아니라 정책적 판단에 근거한 것이며 결론적으로 EU전자상거래지침을 정면으로 위반한 것으로 부당하다는 비판이 있다.[203] 더욱이 이 사례는 뒤에서 살펴 볼 오픈마켓에 대해 간접책임

---

202) 이 견해는, 루이비통, 크리스찬 디오르 등의 세계적 디자인 명품을 생산, 판매하는 기업을 다수 보유하고 있는 프랑스의 산업구조상 상표권자의 보호를 우선하는 이러한 법원의 판결은 어쩌면 당연한 것일 수 있다면서, 상세한 검토를 생략하였다. 이창훈, "오픈마켓에서의 상표권 침해 문제에 대한 고찰 :한국과 미국의 판례를 중심으로", 지식과 권리 2008년 가을호 (2008), 48면. 그러나 여러 유명 브랜드를 보유한 유럽 각국 사법부에서도 판결의 결론을 서로 달리하고 있고, 또한 미국은 옥션 사이트를 운영하는 eBay나 YouTube를 운영하는 Google 등을 보유하고 있음에도, 미국의 판례 경향은 전세계적으로 영향을 미치고 있다는 점에서, 프랑스가 여러 명품 브랜드를 보유한 산업구조를 취한다는 점만으로 프랑스의 판례가 폄하될 이유는 없다고 생각되며, 충분히 검토할 가치가 있다고 할 것이다.

법리를 통해 책임을 부정한 일본과 미국의 사례와도 이론구성 측면에서 다른 입장을 취하고 있으므로,204) 일반론으로 확대하여 적용하기는 어렵다고 할 것이다.

프랑스에서는 지적재산권법(Code de la Propriété Intellectuelle) 제7장 제711조의 1부터 717조의 7에서 상표권에 관하여 규정하는데, 명시적으로 간접침해의 경우까지 침해 범위를 확대하고 있는 특허의 경우(제613조의 4 제2항)와는 달리 상표권 침해에 대하여는 간접침해에 관한 규정을 두고 있지 않다. 또한 프랑스의 경우에는 공동불법행위에 관한 조항을 따로 두고 있지 않고, 프랑스 민법(Code Civil)상 일반 불법행위에 관한 조항(제1382조 이하)으로 해결하고 있다.205) 이에 따라 위 사례에서도 기여책임이나 방조책임이 아니라 일반 불법행위 책임으로 이론구성하면서, 타인의 침해행위 방치의 측면이 아니라 eBay 스스로의 주의의무 위반의 측면에서 주로 판단한 것으로 파악된다.206) 다만, 이 사례에 대하여는 2차적 상표권 침해나 일반 불

---

203) Shanna Bailey, "FIGHTING AN ANONYMOUS ENEMY: THE UNCERTAINTY OF AUCTION SITES IN THE FACE OF TIFFANY V. EBAY AND LVMH V. EBAY", California Western International Law Journal(Fall 2009), pp. 155~158.

204) 거의 유사한 사건을 다룬 미국과 일본의 사례에서는 이를 간접책임에 관한 논의로 다루면서 OSP의 책임을 부인한 바 있다.

205) 프랑스 민법 제1384조 제1항은 "사람은 자기 자신의 행위에 의해 야기된 손해 뿐 아니라, 그가 책임을 지는 사람에 의해 야기된 손해에 대하여도 책임은 진다(On est responsable non seulement du dommage que l'on cause par son propre fait, mais encore de celui qui est causé par le fait des personnes dont on doit répondre, ou des choses que l'on a sous sa garde.)"고 규정하고 있으나, 이는 동조 제4항(어린이에 대한 부모의 책임), 제5항(피용자에 대한 사용자 책임) 및 제5항(도제에 대한 장인의 책임)에 관한 도입규정으로, 제3자가 일으킨 손해에 대한 책임에 관해 일반규정으로 해석되지는 않다고 한다. 김동훈, "프랑스 불법행위법 일고", 국민대학교 법학논총 제5집(1993), 151면.

206) 이 사안과 거의 유사한 프랑스의 Hermès v. eBay 사건(1심 : Tribunal de grande instance Troyes Chambre civil Jugement du 4 Juin, 2008, n° 06/02604; 2심 : Cour d'Appel Reims Chambre Civil Jugement du 20 Juillet 2010, n° 08/01519)에서도,

법행위 책임 법리에 관하여는 상세히 살펴보지 않으면서, EU전자상
거래지침이나 디지털 경제법상 면책요건에 해당하는지 여부에 관하
여만 집중적으로 검토한 점에서 잘못된 이론구조를 취하고 있다는
비판이 있다. 즉, 먼저 eBay의 책임 근거에 대하여 확정한 뒤에야 비
로소 면책요건에 관해 검토하였어야 함에도 불구하고, 곧바로 면책
요건에 관하여서만 초점을 맞춤으로써 주의의무의 근거가 불명확한
채로 남아 있다고 한다.207) 이러한 문제점은 비단 프랑스의 사례뿐
아니라 미국의 몇몇 사례와 유럽인권재판소의 사례에서도 나타나는
데, 아래 제6장에서 살펴보듯이 각국의 OSP의 책임에 관한 조항이
면책규정의 형태로 이루어져 있고, 실질적으로는 OSP의 책임 기준을
입법화한 것에 다르지 않기 때문이 아닌가 생각된다.

### 다. 유럽인권재판소 사례에 대한 검토

2015년 선고된 유럽인권재판소의 Delfi 사건은 인터넷 뉴스 포털을
운영하는 OSP에게 이용자의 코멘트에 관하여 상당히 엄격한 책임을
인정한 것으로 볼 수 있다. 이 사건에서 문제된 코멘트의 내용은 단
순히 명예훼손이나 모욕을 넘어 그 위법성이 현저하고, 코멘트의 개
수가 많지 않고 코멘트가 게재된 범위도 해당 기사 하단으로 한정되
어 쉽게 삭제할 수 있기는 하나, 그럼에도 불구하고 인터넷 뉴스 포
탈 운영자를 곧바로 해당 코멘트의 발행인으로 보아 책임을 인정한
것은 지나친 확대해석으로 생각된다.

이 사건에서 문제된 인터넷 뉴스 포털은 EU전자상거래지침이 유

---

eBay의 책임을 직접 불법행위에 근거한 것으로 이론구성한 바 있다.

207) Kurt M. Saunders·Gerlinde Berger-Walliser, "THE LIABILITY OF ONLINE MARKETS
FOR COUNTERFEIT GOODS: A COMPARATIVE ANALYSIS OF SECONDARY
TRADEMARK INFRINGEMENT IN THE UNITED STATES AND EUROPE",
Northwestern Journal of International Law and Business(Fall 2011), p. 77.

형화한 OSP 중 호스팅에 해당하나, 유럽인권재판소는 위 프랑스의 사례와 마찬가지로 Delfi의 역할이 단순한 호스팅 서비스가 아니라 언론매체로서 발행인에 해당한다고 보면서 EU전자상거래지침의 적용을 배제한 Estonia 법원의 판단을 유지하였다. 그러나 유럽인권재판소 반대의견이 밝히고 있는 바와 같이, OSP가 적극적인 역할을 수행하였다고 하여 곧바로 발행인에 해당한다고 보아 EU전자상거래지침의 적용을 전적으로 배제하는 것은 타당하지 않다. 더욱이 이 사건에서 Delfi는 이용자로 하여금 코멘트를 달 수 있는 가상공간을 제공한 것에 불과하므로 과연 적극적인 역할을 수행한 것으로 볼 수 있는지 의문이다. 반대의견에서 적시하고 있는 바와 같이, Delfi를 OSP 중 호스팅 유형에 해당하는 것으로 파악하여 실제적 인식 여부에 따라 책임 부담 여부를 판단하였어야 할 것으로 생각된다.

### 라. 미국 사례들에 대한 검토

위에서 살펴본 미국 판례들은 OSP에게 제3자의 불법행위에 대한 가담을 이유로 한 책임을 추궁하려는 것이 아니라, OSP의 행위 자체가 발행인 내지 배포자로서 별도의 불법행위를 구성하는 것인지 여부에 따라 결론을 달리하고 있다. 이는 OSP가 정보의 생성 등에 관여하지 않고 단순히 정보 이동을 매개하는데 그친 경우에는 제3의 다른 정보 콘텐츠 제공자로부터 제공된 정보의 발행인 내지 발언자로 취급되지 않는다고 규정하는 통신품위법의 규정 체계에 기인한 해석론으로 이해된다. 명예훼손에 관한 미국의 판례군은 OSP의 행위가 발행인이나 배포자에 해당한다고 볼 수 있을 정도로 적극성을 갖는지 여부에 초점을 맞추고 있으며, OSP가 직접 행위자로 의제되어 책임을 진다고 보는 일본의 가라오케 법리와도 유사한 측면이 있다고 생각된다. 다만, 미국의 판례는 OSP가 발행인 내지 배포자에 해당하는지 여부에 관하여 집중적으로 판단하면서도, 통신품위법의 해석을 통하여 OSP를 사실상 전적으로 면제하고 있다는 점에서, 가라오케 법리를 적용한 사례군과는 정반대의 결론을 내리고 있다.


## 제4절 미국의 간접책임 이론 및
## 이에 근거한 미국의 사례


### I. 논의의 기초

인터넷이 가장 먼저 발달한 미국에서는 OSP의 책임에 관하여 판례이론으로 저작권침해책임의 세 가지 유형인 직접책임(Direct Liability), 기여책임(Contributory Liability) 및 대위책임(Vicarious Liability)의 법리를 적용시켜 타당한 해결책을 모색해왔다. 미국에서는 이러한 판례이론의 토대 위에 1998년에는 일정한 요건 아래 OSP의 책임을 제한하는 내용을 담고 있는 DMCA를 제정하기에 이르렀다. 이후 이른바 P2P 프로그램이 개발되면서 Napster 사건[208] 및 Grokster 사건을 통해 OSP 책임에 관한 논의가 더욱 활발하게 전개되었고, 특히 Grokster 사건의 연방대법원 판결로 유인이론이 등장하게 되었으며, 한편 Perfect10 사건[209]에서 검색엔진 서비스를 제공하는 Google의 OSP 책임을 인정하

---

208) *A&M Records, Inc. v. Napster, Inc.* 1심 : 114F Supp. 2d 896(N.D. Cal. 2000.); 항소심 : 239 F. 3d1004 (9th Cir. 2001).

209) 1심 : *Perfect 10, Inc. v. Google, Inc.*, 416 F.Supp.2d 828 (C.D.Cal. 2006); 2심: *Perfect 10, Inc. v. Amazon.com, Inc.*, 487 F.3d 701 (9th Cir. 2007), *Perfect 10, Inc. v. Amazon.com, Inc.*, 508 F.3d 1146, 1170 (9th Cir. 2007, 선고된 후 일부 내용 수정·보완); 파기환송심: *Perfect 10, Inc. v. Google, Inc.*, 2010 WL 9479060 (C.D.Cal. 2010); 파기환송 후 항소심: *Perfect 10, Inc. v. Google, Inc.*, 653 F.3d 976 (9th Cir. Cal. 2011); 파기환송 후 상고심: *Perfect 10, Inc. v. Google, Inc.*, 132 s.Ct. 1713 (U.S. 2012).

는 데에는 보다 신중한 검토가 필요하다는 판결이 나왔다.

이러한 미국의 판례이론과 입법은 우리나라의 법원 판결과 저작권법 개정에 많은 영향을 미쳤다. 우리나라에서 OSP의 저작권침해 관련 책임이 문제된 최초의 사례라고 할 수 있는 서울지방법원 1999. 12. 3. 선고 98가합111554 판결('칵테일 사건')은 미국의 기여책임이나 대위책임론에 영향을 받은 것으로 보이고[210] 그 이후 소리바다 사건에서도 여전히 이러한 이론의 영향을 볼 수 있다.

## II. 미국에서의 간접책임 이론

### 1. 미국의 공동불법행위법 체계

미국법에서는 제2차적 책임은 다른 사람의 불법행위에 대하여 책임을 진다는 점에서 자기의 불법행위에 대하여 책임을 지는 제1차적 책임과는 구별되고, 그 대표적인 예로는 대위책임(vicarious liability)과 민사공모(civil conspiracy)[211], Restatement (Second) of Torts (1979) 제877조 (a)의 교사 내지 유인(inducement)[212], 동조 (b)의 방조(aiding and abetting)[213] 및

---

210) 박인회, "온라인 서비스 제공자의 책임에 관한 소고", 특별법연구 10권 전수안대법관 퇴임기념(2012), 395면.
211) 다른 사람과 공모하여 또는 그와의 공동의 계획에 따라 불법행위를 하는 경우로, 요건은 공모와 불법행위이다.
212) 그가 문제된 행위를 직접 했더라면 불법행위를 구성할 것임을 알았거나 알았어야 했음에도 그 행위를 지시하거나 유인한 경우로, 그 중 지시는 좁은 의미의 교사로 볼 수 있고, 교사자가 주 행위자와 함께 책임을 진다는 점에 대하여는 별 이론도 없다고 한다.
213) 다른 사람의 행위가 의무 위반(breach of duty)을 구성함을 알면서도 그에게 그렇게 행위하도록 실질적으로 조력(assistance)하거나 촉진(encouragement)한 경우로, 공모는 필요하지 않으나 실질적 조력이 필요하고 행위를 지시·유인할 필요는 없으나 주된 행위자가 불법행위를 할 것임을 실제로

동조 (c)의 책임214)이 있다.215) 특히 OSP의 책임과 관련하여 미국법상 지적재산권의 제2차적 내지 간접침해 법리는 일반 불법행위법상 교사·방조와 Restatement (Second) of Torts (1979) 제877조 (c)의 책임법리와 관련을 맺고 있는 기여책임, 대위책임으로 논의되고 있다.

## 2. 기여책임

미국의 판례에서 인정하고 있는 기여책임(Contributory Liability)은 "불법행위에 참가하거나 이를 더 확장시킨 자는 주된 불법행위자와 마찬가지로 책임이 있다"는 보통법상의 원칙에서 출발한 것으로,216) 지적재산권 분야에서 이를 인정한 최초의 판례는 Sega 사건217)인데, 법원은 OSP가 자신의 전자게시판에서 게임 소프트웨어의 복제물을 업로드, 다운로드 하도록 함으로써 이득을 얻었다면, 실제 업로드나 다운로드가 이루어지는 것을 알지 못했다고 하더라도 불법행위에 실질적으로 기여한 책임이 인정된다고 판시하였다. 미국 저작권법

---

알아야 한다고 한다.

214) 다른 사람이 불법행위를 하고 있거나 할 것임을 알았거나 알 수 있었음에도 불구하고 그로 하여금 자신의 주거 또는 시설을 사용하도록 한 경우로, 실질적 기여라는 객관적 요건은 방조와 같으나 자신의 주거 또는 시설을 사용하도록 한 경우로 그 태양이 제한되어 있고, 대신 현실적 인식이 아닌 의제적 인식만으로도 주관적 요건이 충족된다는 점에서 차이가 있다고 한다.

215) 이동진(주 111), 508면. 미국법상 간접책임에 관한 보다 상세한 설명은, 김동진(주 42), 15~55면; 박태일, "미국에서의 OSP 책임론의 정립과 발전 – 미국 노스캐롤라이나 대학 해외연수보고서 –", 재판자료 제119집(2010), 350~360면; 이동진(주 111), 508~518면; 황태정, "정보통신서비스제공자의 책임에 관한 비교법적 고찰", 인터넷 법률 통권 제28호(2005. 3.), 34~37면 등 참조.

216) 박준석(주 10), 32면.

217) *Sega Enterprises Ltd. and Sega of America, Inc. v. MAPHIA* 857 F. Supp. 679 (N.D. Cal. 1994)

에는 기여책임에 관한 근거규정이 없지만 미국의 판례는 미국 특허
법 제271조 (b), (c)항의 규정을 유추적용하여 저작권 침해에 관해서
도 기여책임을 인정할 수 있다고 한다.

이러한 기여책임의 요건은 (i) 서비스 이용자의 침해행위를 알았
거나 알 수 있었을 것(know or should have known; actual knowledge or
constructive knowledge, 인식 요건)과, (ii) 그 침해행위를 유인, 유발하거나
그에 실질적으로 기여하였을 것(induces, causes or materially contribution to
the infringement, 실질적 기여 요건)이다.

(i) 인식 요건과 관련하여, OSP가 실제로 인식(actual knowledge)하는
경우에 한정되지 않고, 설령 실제로 인식하지 못하였더라도 알 수
있을 정도의 추정적 인식(constructive knowledge)만 존재하면 족하다고
하나, Sony 사건218)에서 연방대법원이 이용자들이 저작권을 침해하
는 행위를 할 수도 있다는 추정적 인식(constructive knowledge)이 있던
것만으로는 곧바로 VTR공급자인 Sony에게 기여책임을 지우는 것은
선례에 반한다고 하여 Sony의 책임을 부인한 이래, 당해 상품의 용도
상당부분이 비침해적인 경우, 기여책임이 인정되려면 직접침해자의
침해행위에 대하여 서비스제공자가 실제 인식을 하였어야 한다는
해석이 따로 존재한다고 한다.219)

---

218) *Sony Corp. of America v. Universal City Studios, Inc.* 104 S.Ct. 774, 464 U.S. 417
(1984) : Betamax Case라고도 불리는 사안으로 1976년 미국의 유니버셜시티
스튜디오사가 가정용 VTR 제조업체인 소니사를 상대로 녹화기기 사용자
에 의한 저작권 침해에 대한 간접적 침해를 이유로 소송을 제기하였다.
이에 대해 1985년 미국 연방대법원은 미국 저작권법 제107조를 적용함에
있어, 개인적·가정용의 시간이동(time-shifting)만을 가능케 하는 VTR의 이용
은 비영리적, 비상업적인 이용이며 이는 공정사용으로 인정될 수 있다고
보았다. 즉, VTR이용자에 의한 직접침해가 인정되지 않으며 VTR이 무단복
제용으로 사용된다는 점을 알 수 있었다 하더라도, 적법한 목적으로 VTR
이 널리 이용된다면 간접적 저작권 침해는 인정되지 않는다고 판단하였
다. Sony 사건에 대한 보다 상세한 내용은, 박준석(주 10), 458면 이하 참조.

한편, (ii) 실질적 기여 요건과 관련하여, 단순히 시설(facilities)의 제공만으로 충분한 것은 아니고, 타인의 침해행위를 통제할 수 있는 권리 및 능력이 요구된다.[220] 미국의 판례는 실질적 기여 요건을 비교적 쉽게 인정하고 있으나, 개인PC, 인터넷브라우저, DSL 및 광대역 회선의 공급자의 경우 P2P를 통한 저작권침해행위에 대하여 기여책임자로 인정하고 있지 않는 등 직접침해행위에의 상당한 참여(substantial participation)를 요구함으로써 특정한 행위가 기여행위가 된다고 긍정하는 데는 일정한 한계를 두고 있다고 한다.[221]

## 3. 대위책임

대위책임(Vicarious Liability)은 어떤 자가 타인의 불법행위를 통제할 권리와 능력을 가지고 있고, 그 침해행위로부터 직접적인 경제적 이익을 얻고 있는 경우에 인정되는 책임이다. 대위책임은 우리나라 법률상 사용자책임과 유사한 이론으로, 침해자와 관여자 사이가 고용관계, 지시와 감독 및 복종관계, 지속적인 계약관계 등을 전제로 하고 있어 그 성립요건이 기여책임에 비하여 상대적으로 객관적이고 가치중립적이라고 할 수 있다.[222]

이러한 대위책임의 요건으로는 (i) 침해행위를 통제·감독할 권리와 능력이 있을 것(right and ability to control/supervise the infringing conduct), (ii) 당해 침해행위로부터 직접적인 경제적 이익을 얻을 것(financial benefit from the infringement)이다. 기여책임과는 달리 침해행위에 대한

---

219) 박준석(주 10), 33, 34면.
220) 김동진(주 42), 48, 49면.
221) 박준석(주 10), 34, 35면.
222) 성지용, "P2P와 저작권침해행위에 대한 간접책임론", 재판과 판례 14집 (2006), 31면.

인식은 필요하지 않다고 해석된다.

여기서 (i) 통제·감독권이란 일반적으로 계약이나 법률에 따라 인정되나, 실제 사업상 현실로부터 인정될 수도 있는데, 다만 그러한 통제·감독권을 이론상 보유하고 있더라도 실제적으로 그러한 권한을 행사하기 어렵다면 통제·감독권이 부인될 수 있다고 한다.223) 다음으로 (ii) 직접적 경제적 이익과 관련하여서는 유치이론(誘致理論, draw theory)이 문제된다. 유치이론이란 상품 판매 등으로 인한 직접적 이익 외에 고객유치로 인한 사실상의 이익도 포함된다고 보는 것인데, OSP가 인터넷 이용자들의 저작권 침해행위에 대하여 우호적인 사업시책을 채택함으로써 보다 많은 인터넷 회원들을 유치하는 효과를 보는 경우에 이를 가리켜 직접적인 경제적 이익이라 할 수 있는지 여부에 관하여 미국의 판례들 사이에 논란이 있다.224)

### 4. 유인이론

Grokster 사건에서 법원은 새로이 유인이론을 도입하여 온라인 서비스 이용자의 책임을 확대하였는데, "저작권침해를 조장할 목적으로 어떤 장치를 배포한 자는 그 장치의 합법적인 이용에 관계없이 그 장치를 사용하는 제3자에 의한 결과적인 저작권 침해행위에 대하여 책임이 있다"고 하여 '목적'이라고 하는 주관적 요소를 추가하였다.225) 유인이론은 직접침해자를 침해행위로 유도하는 적극적 표현이나 조치를 한 경우에는 그러한 직접 침해행위에 대한 책임을 부과

---

223) 박준석(주 10), 38, 39면은 이러한 기준이 정당하다고 하면서, *Adobe Systems, Inc. v. Canus Productions, Inc.* 173 F.Supp. 2d 1044(C.D. Cal 2001)을 지지하고 있다.
224) 박준석(주 10), 38면.
225) 박인회(주 210), 399면.

할 수 있다는 것이다.

유인이론에 대하여는 기여책임의 범주에 포함되는 아종 내지 변형에 불과하다고 보는 입장과, 기여책임이나 대위책임 외 제3의 독립된 책임유형으로 보는 입장이 있다.[226] 학설상으로는 후자의 입장이 다소 유력한 것으로 보이고[227] 반면 미국 판례는 Perfect 10 사건 등에서 기여책임의 한 요소로서 유인이론을 판단하여 전자의 입장을 취한다고 한다.[228] 유인이론을 도입한 Grokster 사건에서는 이 점에 관해 명확하게 밝히지 않았는데, Grokster 판결 이후의 소송[229]에서는 원고 측에서 기여책임이나 대위책임과 함께 유인이론에 따른 책임까지 병렬적으로 주장하고 있는 것으로 파악된다.

유인이론은 적법사용이 가능한 물품을 배포한 자에 대하여서도 일정한 경우에는 책임을 부과함으로써 Sony 사건 판결이 제시한 원

---

226) Lital Helman·Gideon Parchomovsky, "THE BEST AVAILABLE TECHNOLOGY STANDARD", Columbia Law Review(2011. 10.), p. 1198 [FN18]; Lital Helman, "PULL TOO HARD AND THE ROPE MAY BREAK: ON THE SECONDARY LIABILITY OF TECHNOLOGY PROVIDERS FOR COPYRIGHT INFRINGEMENT", Texas Intellectual Property Law Journal(Summer 2010), p. 129.

227) Fiona Finlay-Hunt, "WHO'S LEADING THE BLIND? AIMSTER, GROKSTER, AND VIACOM'S VISION OF KNOWLEDGE IN THE NEW DIGITAL MILLENNIUM", Columbia Business Law Review(2013), pp. 950~951; Sverker K. Högberg, "THE SEARCH FOR INTENT-BASED DOCTRINES OF SECONDARY LIABILITY IN COPYRIGHT LAW", Columbia Law Review(2006. 5.), p. 913; MELVILLE B. NIMMER & DAVID NIMMER, NIMMER ON COPYRIGHT § 12.04 (2012)(Jessica Di Palma, "THE DIGITAL MILLENNIUM COPYRIGHT ACT AND THE CLASH BETWEEN AUTHORS AND INNOVATORS: THE NEED FOR A LEGISLATIVE AMENDMENT TO THE SAFE HARBOR PROVISIONS", Loyola of Los Angeles Law Review(2014), p. 808 [FN72]에서 재인용) 등

228) Brett White, "VIACOM V. YOUTUBE: A PROVING GROUND FOR DMCA SAFE HARBORS AGAINST SECONDARY LIABILITY", Saint John's Journal of Legal Commentary(Summer 2010), p. 818 [FN49].

229) 예를 들어 아래에서 살펴볼 Viacom 사건 등이다.

칙을 제한하는 것이라고 파악할 수도 있다.[230] 유인이론에 의하여 저작권은 보호될 수 있지만 저작권 보호의 가치와 상반될 수 있는 기술혁신은 억제될 가능성이 있기 때문에, 연방대법원은 유인이론이 의도적이며 비난가능성이 있는 표현이나 행위에 기초하여 책임을 인정하며 적법한 상행위를 손상하거나 적법하게 사용될 수 있는 혁신을 억제하지 않는다고 설명하였다.[231] 연방대법원은 이러한 불법적인 목적에 대한 직접적인 증거의 대표적인 경우는, 광고와 같이, 타인에 의한 침해를 유인하거나, 타인으로 하여금 침해할 것을 유도하거나 설득하는 것이라고 지적하였다. 따라서 저작권과 특허에 있어서 광고에 의하여 침해적인 이용을 기대하였을 뿐만 아니라 의도한 자는 침해에 대하여 판례법상 책임을 부담한다는 것이다.[232]

## III. OSP의 책임에 관해 간접책임 이론을 전개한 미국의 사례

### 1. 논의의 기초

위에서 살펴본 바와 같이, 미국에서는 복제기술의 발전과 함께

---

230) 이에 대하여는 유인이론이 Sony 사건 판결의 원칙을 제한한 것이 아니라는 유력한 반론이 있다(박준석(주 10), 409~412면). 즉 이 견해에 따르면, 연방대법원은 Grokster 사건에서 유인에 해당하는 피고의 불법적 요소들을 찾는 데 힘을 집중하면서, Pure P2P 기술 그 자체의 적법성 여부에 대하여는 판단을 회피하였으며, 그 결과 Grokster 사건에서 도입된 유인이론은 우리나라 상황에 적용하기 위해서는 피상적 결론만을 인용하여서는 안 되고 보다 구체적인 사실분석이 필요하다고 한다. 또한 Grokster 사건에서 연방대법원도 극심한 저작권침해를 시정하기 위한 정책적 고려가 있음을 판결 서두에서 스스로 명기하고 있음을 주의하여야 한다고 지적한다.
231) 이대희, "P2P 파일교환에 대한 사법적 판단과 전망", 특별법연구 제8권(2006. 9.), 801면.
232) 이대희(주 231), 90, 91면.

복제기술 내지 복제기회의 제공이 기여침해 등 간접책임을 구성하는지 여부에 관하여 다수의 사례에서 문제가 되어 왔다. Sony 사건 판결에서 미국 연방대법원은 소니의 비디오테이프레코더가 비디오테이프의 불법복제에 기여한 것인지 여부를 다루면서 저작권 침해 이외에도 이용자의 사적 이용을 위한 시간변경(time-shifting)과 같이 상당부분 비침해적인 용도가 있는 이상 기여침해가 성립하지 않는다고 함으로써 단순한 기여침해에 대하여는 책임을 부정하였다. 그러나 Napster 판결과 뒤이은 Grokster 판결 이후 미국 법원은 이용자의 저작권침해에 대하여 인터넷경매사이트, 성인인증서비스, 검색엔진은 물론 신용카드회사에게까지 광범위하게 제2차적 책임을 인정하기도 하였으며, 이러한 미국 판례의 태도는 소리바다 사건 등 우리나라에까지 영향을 미쳤다. 이하에서는 미국의 사례 중 가장 중요한 것으로 받아들여지고 있고, 특히 P2P라는 기술적 특징을 기반으로 한 Napster 사건과 Grokster 사건 판결 및 검색엔진에 대한 Perfect 10 사건에 관하여 차례로 살펴보도록 한다.

## 2. Napster 사건

A&M Records 등 17개의 음반회사들은 P2P 서비스 제공자인 Napster를 상대로 음악저작권 침해에 대한 기여책임 및 대위책임을 이유로 임시금지명령(preliminary injunction)을 청구하였다. 1심 법원은 원고들의 청구를 인용하였으나, 항소법원은 Napster가 저작권 침해에 대한 간접적인 책임을 부담한다는 1심 판결을 인용하면서도, 원고들이 저작권이 있는 저작물 및 그 저작물을 포함하고 있는 파일을 Napster측에 먼저 통지한 경우에만 Napster가 저작권을 침해하는 파일에 대한 접속을 배제시켜야 하는 의무를 부담한다면서, 1심 법원의 금지명령 범위는 과도하다고 판단하였다.

1심 법원과 항소심 법원 모두 Napster 이용자들에 의한 직접침해를 인정하는 데는 이론이 없었고,[233] 이와 같이 이용자의 직접침해를 전제로 Napster의 기여책임과 대위책임을 모두 인정하였다. 우선 ① 기여책임과 관련하여서는 (i) 실제적 인식이 아닌 추정적 인식만으로 충분하다고 하면서, Napster가 회원들이 이용한 곡명과 가수 이름 등에 관한 파일 정보를 모두 중앙 서버에 저장하고 있는 등 자신의 서비스를 통해 불법적 MP3 교환행위를 인식하였다는 점에서 추정적 인식이 인정된다고 하였고, (ii) Napster가 직접 침해물인 MP3 파일을 제공한 것은 아니지만, P2P 프로그램, 검색엔진, 서버 등 MP3 파일의 위치를 찾아 다운로드 하는 데 필요한 충분한 장서와 시설을 공급한 이상 실질적 기여도 인정된다고 하였다. 다음으로 ② 대위책임과 관련하여 (i) Napster가 자체 서버에 파일 정보를 저장하였고 이용자로 하여금 아이디와 비밀번호를 입력하게 하였으므로 이용자들의 침해행위를 인식할 충분한 능력과 침해자로 하여금 시스템에 접근할 수 없도록 차단할 수 있는 권리가 있음에도 불법적인 파일교환을 방지하기 위한 조치를 태만히 하였으며, (ii) Napster는 불법적인 파일교환으로 회원수를 증대시키는 등 직접적인 경제적 이익을 얻고 있으므로[234] 대위책임의 요건을 충족한다고 하였다.

Napster 사건에 대하여는 대위책임에 있어 부수적인 요건에 불과

---

233) 이 사건에서 Napster 측은 우선 이용자의 사용행위는 공정이용에 해당하므로, 이용자들에 의한 직접침해가 없는 이상 자신의 책임도 인정될 수 없다는 취지로 항변하였다. 그러나 1심 법원은 저작물 이용의 목적과 성격, 전체적인 저작물과 이용된 저작물의 분량적 상당성, 저작물의 잠재적인 시장이나 가치에 대한 영향 등을 고려할 때 공정이용이 아니라고 하였다. 또한 Napster 이용자들이 집과 사무실에서 MP3 파일로 변환한 음악 저작물을 단순히 공간이동(space-shifting)하는 것에 불과한 것이라는 Napster 측의 주장도 배척하였다.

234) 당시 Napster는 전혀 수익을 올리지 못하고 있었지만, 이용자수 증가에 따라 향후 수익이 발생할 수 있음이 확인되었다.

한 의도(intent)에 대해 과도한 중요성을 부여함으로써 대위책임에 관한 관리 권한 및 능력 기준에 의한 적절한 기준점을 적용하지 못하게 하였고, 더욱이 유치이론을 채택하여 단지 장차 이용자의 수를 확충하여 장래의 수입을 올리려 하였다는 사실만으로 곧바로 침해행위로부터 직접적인 경제적 이익을 얻은 것에 해당한다고 봄으로써 대위책임의 범위를 지나치게 확대하여 결과적으로 Sony 사건 판결 이후 오랫동안 유지된 균형점을 무너뜨릴 위험이 있다는 비판이 있다.235) 또한 ① Sony 사건 판결에서 "추정적 인식만으로 2차적 책임을 인정한 선례는 찾아볼 수 없다"고 판시한 것을 두고, Napster 판결에서는 반대해석상 실제 인식이 있으면 곧바로 기여책임을 부과할 수 있다고 해석하여 Sony 사건에서의 연방대법원의 진의를 왜곡하였다는 점, ② Napster 측에서 DMCA상 면책요건의 하나로 침해제거정책(Termination Policy)을 채택하였다는 사실이 도리어 대위책임을 충족시키는 요건으로 불리하게 판단되었다는 점, ③ 파일이 Napster의 서버를 통하지 않고 전송된 이상 미국저작권법 § 512(i)(1)(A)에서 정한 면책조항의 적용범위에 포함되지 않는다고 판단한 점 및 ④ Napster가 식별된 침해물의 전송을 99.4%까지 막을 수 있는 기술을 개발하였음에도 침해행위가 0%에 달하지 않는 이상 부족하다고 보면서, P2P 네트워크가 가져오는 법적·경제적 유용성을 무시하고 새로운 기술을 포기하도록 한 점 등에서 부당하다는 유력한 비판이 있다.236)

---

235) Sverker K. Högberg, op. cit.(227), pp. 918, 932~935.
236) 박준석(주 10), 226~231면. 특히 이 견해는 Napster가 저작권자로부터의 소제기로부터 면제되는 대신 저작권자에게 오디오 가정녹음 법률(Audio Home Recording Act)과 같이 저작권자에게 일정한 보상금을 지급하는 방향으로 절충하겠다는 취지의 주장을 한 것으로 선해할 수 있음에도 불구하고, 이러한 주장을 간단히 배척함으로써 기술공급자와 저작권자 사이의 모범적 타협이 이루어질 수 없도록 하였다고 비판하기도 하였다.

### 3. Grokster 사건

#### 가. 사건의 경위 및 법원의 판결

이 사건에서 MGM 등의 영화제작사들과 음반제작사들은 중앙 서 버를 통하지 않는 Pure P2P 방식으로 서비스를 제공하는 Grokster 등 이 저작권침해에 대한 기여책임 및 대위책임을 부담한다고 주장하 였다.

1심 법원과 항소심 법원은 모두 이용자들에 대하여 직접침해가 성립한다는 점에 대하여는 이견이 없었으나, Grokster가 OSP의 관여 정도가 매우 낮은 Pure P2P 방식이라는 점에 착안하여 Grokster의 책 임을 부정하였다.

그러나 연방대법원은 위와 같은 항소심의 판단을 뒤집고 Grokster 에게 기여책임을 인정하는 취지로 판단하며[237] 사건을 파기·환송하 였다.[238] 연방대법원은 어떠한 상품이 침해행위에 이용될 수 있다는 점을 단순히 인식하는 정도를 넘어, 그러한 상품을 이용한 침해행위 를 조장하기 위한 언동이 입증되었을 경우에는 침해유인에 해당하 여, 단지 제3자의 행위를 인식하고 도구를 공급한 자에 불과하다고 볼 수 없고 제3자가 그 도구를 이용하여 범한 침해의 결과에 대해 책 임이 있다고 전제한 뒤, Grokster에게는 불법 목적(unlawful objective)이

---

237) Grokster 판결에서 유인이론을 적용하면서 대위책임이나 기여책임과 같은 전통적인 2차적 책임에 관하여는 검토하지 않았다고 보는 견해도 있다. Brett White, op. cit.(228), pp. 818, 819.

238) 연방대법원 판결에서는 Scouter 대법관이 작성한 전원일치 의견과 2개의 별개의견(Ginsburg 대법관 등 3인의 별개의견 및 Breyer 대법관 등 3인의 별개의견)이 있었다. 연방대법원 판결은 유인이론에 따라 Grokster의 기여 책임을 인정하는 결론에서는 일치하였으나, Ginsburg 대법관 등 3인의 별 개의견은 사실관계에 대해서 달리 판단하였고, Breyer 대법관 등 3인의 별 개의견은 Sony 사건 판결 법리의 적용 여부에 관하여 달리 판단하였다.

분명히 인정된다고 하였다.

## 나. Grokster 판결에 대한 검토

Grokster 사건 판결에 대하여는 선의의 행위자에 대한 Sony 사건의 원칙을 훼손하지 않으면서 악의의 행위자로 하여금 면책 조항의 혜택을 누리지 못하도록 유인이론을 도입한 것으로 평가하고, Grokster 판결에 의할 때 유인 여부는 실제로 유인행위를 하였는지 여부에 따라 판단되는 것이 아니라 직접적이고 상황적인 증거들에 의한 유인 의도에 따라 판단되는 것이라고 보는 견해가 있다. 이 견해는, Grokster 사건에서 피고의 불법적 목적이 중시되었을 뿐 실제로 피고가 이용자로 하여금 자신의 서비스를 이용하여 침해행위를 하도록 권유하였는지 여부에 관한 증거는 거의 없었다고 하며, Grokster 법원은 확정적인 행위보다는 의도와 영리적 동기에 근거하여 책임을 인정하였다고 보았다. 이러한 해석에 따라 이 견해는, Grokster 법원은 피고가 Napster 이용자를 타겟으로 삼았다는 점, 필터링 기술을 채택하지 않기로 한 점 및 피고가 침해를 야기할 강한 영리적 동기를 가졌다는 점에 근거해 불법적 의도를 인정하였는데, 이는 피고와 그 사용자 사이의 상호작용이나 당해 기술이 "본질적으로 비침해적 사용"에 해당하는지 여부와 전혀 무관하고, 오로지 피고가 일부러 침해를 위한 영업 모델을 채택한 것인지에만 중점을 둔 것이라고 보고 있다.239) 이 견해는 Grokster 판결에 대해 중립적으로 분석하고 있으나, 다만 Grokster 판결이 위와 같이 기술의 내용이나 이용자의 사용 현황이 아닌 OSP의 의도나 영업 모델을 기준으로 침해 여부를 판단함으로써, 기술적으로 상당부분 비침해적 사용에 이용되는 경우라도

---

239) Stacey L. Dogan, ""WE KNOW IT WHEN WE SEE IT": INTERMEDIARY TRADEMARK LIABILITY AND THE INTERNET", Stanford Technology Law Review(2011. 7.), pp. 6~9.

유인이론에 따라 침해로 인정될 수도 있고, 반대로 침해에 사용될
잠재성을 가진 기술이라도 핵심 영업 모델이 합법적인 이상 침해가
부정되는 것으로 해석될 수 있다는 점을 지적하고 있다.[240]

한편, Grokster 판결에 대하여는, 이 사건이 이론적인 중요성을 가
질 뿐 아니라 당해 사건에서 Grokster의 명백한 의도라는 사실관계에
터잡아 합리적인 방식으로 저작권자와 기술적 진보 사이의 이해관
계 사이에 균형을 잡으려고 시도한 점에 대하여는 긍정적으로 평가
하면서도, 이 결정이 도입한 유인이론이 널리 적용될 경우 기술혁신
과 온라인 제휴를 냉각시킬 위험이 있다고 비판하는 견해가 있다.[241]

또한 Grokster 등 P2P 기술로 인한 저작권침해의 폐해가 극도로 심
각함을 외면하지 않고 그 나름의 해결책을 제시하되, 사업자가 고의
적으로 침해를 유발한다고 의심되는 사안에 관한 책임추궁의 틀로
유인이론을 도입하였다는 점에 대해 긍정적으로 평가하는 견해가
있다. 종래 OSP의 책임을 거론함에 있어 과거 BBS 서비스제공자의
경우와는 달리 P2P 서비스제공자, 그 중에서도 Grokster와 같은 Pure
P2P 소프트웨어공급자의 책임에 관하여는 기여책임과 같은 2차적 책
임이론에 터잡은 침해책임추궁은 상당히 곤란해졌다는 해석이 지배
적이었지만, 위와 같이 새롭게 등장한 "유인이론"의 도움으로 기여책
임은 일정영역에서 다시 생명력을 얻었다고 볼 수 있다고 한다. 그
러나 이 견해 역시 Grokster 판결 나름의 이러한 의의에 불구하고, 이
판결이 내려진 직후 주로 복제기술공급자나 이를 옹호하는 측으로

---

240) Stacey L. Dogan, op. cit.(239), p. 15.
241) Alvin Chan, "THE CHRONICLES OF GROKSTER: WHO IS THE BIGGEST THREAT
    IN THE P2P BATTLE?", 15 UCLA Entertainment Law Review(Summer 2008), pp. 291,
    293~294; Susanna Monseau, "FOSTERING WEB 2.0 INNOVATION: THE ROLE OF
    THE JUDICIAL INTERPRETATION OF THE DMCA SAFE HARBOR, SECONDARY
    LIABILITY AND FAIR USE", John Marshall Review of Intellectual Property Law(Fall
    2012), p. 101.

부터는 그 부정적 영향에 대하여 심각한 우려가 있는 것도 사실이라고 하면서, 당해 복제기술이 상당부분 비침해적인 용도를 가진 경우일지라도 기술공급자로서는 법원이 여러 가지 제반사정을 참작하여 내리는 "침해유발의 고의" 여부에 따라 책임을 추궁당할 수 있게 됨으로써 책임유무에 관하여 종전보다 더 예측이 곤란한 법적불안정에 빠지게 되었다고 비판하고 있다.242) 미국 내에서도 Grokster 판결 결과 새로운 기술을 도입한 제품이 시장에서 개인 이용자에게 제공되는 경우 2차적 책임의 대상이 되는지 여부를 불분명하게 하였다는 비판이 있다.243)

한편, 세가지 측면에서 Grokster 판결을 비판하는 견해도 있다. 이 견해는 우선 연방대법원이 비침해적 사용의 실질적 가능성을 판단함에 있어 Grokster가 침해행위를 조장하는 명백한 표현이나 조치를 취한 것에만 주목한 점, Grokster가 프로그램의 불법적 사용 가능성을 알면서도 이를 무료로 배포한 것은 Sony가 불법복제 가능성을 알면서도 VCR을 판매한 것과 동일함에도, Sony 사건에서는 사용자들이 도구를 비침해적 용도로 사용한 수치(당시 10% 미만이라고 함)를 밝히면서 이는 상당한 의미를 지닌다고 보았던 반면, Grokster 사건에서는 비침해적 이용 수치에 관하여는 논의조차 하지 않은 점, 유인이론이라는 새로운 간접책임 유형을 도입하면서 미국 판례법상 인정되어 왔던 대위책임과 기여책임에 대하여 고려하지 않은 점 등을 비판하고 있다.244) 또한 가장 진보된 형태의 Pure P2P 업체에 대해서도

---

242) 박준석(주 10), 412~414면.

243) Brett White, op. cit.(228), p. 815.

244) Thomas A. Lipinski, "The legal landscape after MGM v. Grokster: Is it the beginning of the end or the end of the beginning: Part 1: Understanding the context", Bulletin of the American Society for Information Science and Technology 32(1)(2006. 10.), pp. 6~11(고흥석·박재영, "온라인저작권 소송 사례 비교분석 : 한국의 소리바다와 미국의 그록스터(Grokster) 판결의 경우", 한국언론학보 52권 1호

더군다나 전원일치 의견으로 저작권 간접침해를 인정하였다는 점, 기존의 기여책임, 대위책임과는 다른 새로운 유인 이론으로 책임을 인정하였다는 점에서 의의를 찾으면서도, 유인침해의 근거와 요건 등에 대하여 판단하지 않음으로써 Sony 선례가 제시한 명확한 기준을 흐리게 만들었으며, Pure P2P 자체의 책임에 관하여는 언급이 없어 여전히 그 판단이 모호하다는 비판도 있다.[245]

### 4. Perfect 10 사건

피고 Google은 검색엔진서비스를 제공하는데, 이미지 유료 공급업체인 원고의 허락 없이도 제3자의 웹사이트에 게시되어 있는 원고의 이미지를 자동적으로 목록화하여 Google의 서버에 썸네일 이미지(thumbnail image)로 저장해 두고 이용자의 요청에 따라 위와 같이 저장된 썸네일 이미지를 보여주는 이미지 검색 기능을 제공하고 있었다. 이용자가 위 썸네일 이미지를 클릭하면 이용자는 제3자의 침해사이트에 인라인 링크(inline link) 방식으로 접속하여 원본 크기 이미지로 감상할 수 있었다. 이에 원고는 Google이 원고의 이미지를 썸네일로 표시하는 것과 제3자의 웹사이트로 링크를 설정하는 것 모두가 원고의 저작권을 침해하는 행위라고 주장하였다.

우선 1심 법원은 Google의 썸네일 이미지 작성이 공정이용에 해당하지 않고 원고의 저작권을 침해하는 행위라고 보았으나, Google이 제3자의 웹사이트로 인라인 링크를 설정한 행위에 대하여는 Google의 직접책임을 부정함과 동시에 2차적 책임도 부인하였다. 이에 원고와 Google이 모두 항소하였는데, 항소심 법원은 인라인 링크에 대하여 직접책임을 부정한 부분은 원심 결정을 유지하였으나, 썸네일

---

(2008. 2.), 43면에서 재인용).
245) 성지용(주 222), 56~57면.

이미지 이용에 대하여는 이용의 목적과 성격, 저작물의 성질, 이용된 저작물의 양과 질 및 잠재적 시장에 미치는 영향 등을 종합하여 공정이용에 해당한다고 보았고, 특히 Google 검색 엔진의 혁신적인 성질(transformative nature)이 우발적인 대체적 사용(superseding use)이나 Google 검색 엔진의 사소한 영리적 측면 등에 비하여 우세하다고 하면서246) 인라인 링크로 인한 2차적 책임의 성립 여부와 DMCA 면책조항의 적용 여부에 관하여 더 심리할 필요가 있다고 하면서 원심 결정을 파기·환송하였다.

이 사건에서 원고는 Google이 원고의 이미지를 권한 없이 저장하고 있는 웹사이트를 운영하는 제3자나 위 사이트로부터 이미지를 다운로드받는 이용자의 직접침해행위에 대하여 기여책임 및 대위책임을 부담한다고 주장하였다. 이에 대하여 법원은 Sony 판결에 따라 상당부분 비침해적 용도를 가진 경우라도 더 나아가 이용자의 침해를 유인한 경우에는 Grokster 판결에 따라 2차적 책임을 부담할 수 있다고 판시한 다음 기여책임 성립 요건을 검토하였는데, 1심 법원은 (i) 인식 요건과 관련하여 Google이 자신의 시스템을 이용하여 저작권을 침해하는 침해물에 접근할 수 있다는 점을 현실적으로 인식했을 가능성은 인정하였으나, (ii) Google이 이용자들로 하여금 침해행위를 하고 있는 제3자의 웹사이트에 접속하도록 현실적으로 조장하지는 않았기 때문에 실질적 기여는 없었다고 판단한 반면, 항소심 법원은 OSP가 그의 서비스를 이용하여 특정한 침해가 발생할 수 있다는 점

---

246) 저작물의 디지털 사용에 관한 앞으로의 사건들에서 혁신적 성질을 갖는지 여부가 공정사용의 결정적인 기준은 아니더라도 상당한 고려요소로 작용해야 한다는 견해가 있다. 그럼으로써 공공의 이익과 편익이 영리성 여부에 비하여 공정사용 항변과 관련하여 중요한 판단요소로 작용될 수 있다고 한다. Kelly Morris, ""TRANSFORMING" FAIR USE: AUTHORS GUILD, INC. v. GOOGLE, INC.", North Carolina Journal of Law & Technology Online Edition(2014. 5.), pp. 195~196, 203~204.

을 현실적으로 인식하고, 더 이상의 침해를 방지하기 위한 용이한 수단을 사용할 수 있음에도 이러한 수단을 사용하지 않은 채 침해물에 접근할 수 있도록 하는 경우에는 기여책임을 부담하는 것이라고 하면서, 원고가 Google에게 저작권침해사실을 제대로 고지하였는지 여부 및 이러한 고지에 대해 Google이 어떻게 대응하였는지 여부 및 Google이 침해물에 접속을 제공하는 것을 회피할 수 있는 합리적이고 실현가능성 있는 수단을 갖고 있는지 여부에 관하여 추가 심리가 필요하다는 이유로 1심 법원의 결정을 파기·환송하였다.

한편, 1심과 항소심 모두 Google의 대위책임은 부정하였다. 특히 항소심 법원은 직접적 침해행위가 제3자의 사이트에서 일어나고 있기 때문에 Google에게는 그에 대한 관리통제권이 없다는 점을 들어 Napster 사건과는 차이가 있다고 보았다. 나아가 항소심 법원은 기본적으로, 기여책임은 제3자의 직접침해행위를 돕고 있는 피고 자신의 행위를 중지하지 않은 데 대하여 부과되는 것인 반면, 대위책임은 피고가 직접침해행위자로 하여금 침해행위를 하는 것을 중지시키지 못하는 경우에 발생하는 것이기 때문에 Google이 자신의 시스템을 관리함으로써 침해를 막을 수 있는지 여부는 기여책임 성립 여부에서 문제되는 것이지 대위책임에 관한 요소가 아니라고 하였다.

이 사건에서는 유인이론의 기준에 따라서 Google의 책임 여부가 검토되기도 하였는데, Grokster 사건에서는 서비스의 대부분이 침해에 이용된 반면 Google의 경우에는 그렇지 않다는 점, Google은 불법 침해물을 이용하도록 광고하거나 조장하지 않은 점, 불법 이미지 검색결과 주변에 스폰서 광고가 게재되기는 하나, 이것이 Google의 전적인 수익모델은 아니라는 점 등을 근거로 책임은 인정되지 않았다.

파기환송심에서는 원고의 손해가 회복불가능한 것이 아니라는 이유로 원고의 신청이 기각되었고, 파기환송 후 항소심에서도 이러한 결정을 유지하였으며, 원고의 상고신청(certiorari)이 기각됨으로써

확정되었다.[247]

## Ⅳ. 소결

미국의 간접책임 법리 중 특히 기여책임과 대위책임에 관한 논의는 주로 저작권침해 사안을 통해 국내에 소개되어 왔다. 국내 문헌 중 이에 관하여 다룬 것은 주로 P2P 기술에 관한 Napster 사건이나 Grokster 사건과 관련되어 있고, 민법상 공동불법행위의 측면에서 기여책임과 대위책임 자체에 대하여 상세히 분석한 것은 찾아보기 어렵다. 국내 학설상으로는 미국의 간접책임 법리가 주로 지적재산권 영역에서 논의되어 왔지만, 이는 어디까지나 공동불법행위책임의 일종으로, 지적재산권법 특유의 가담형식으로 파악하는 것은 지양되어야 한다는 견해가 있다.[248] 더욱이 한국의 초창기 판례들은 미국의 기여책임 이론 및 대위책임 이론에 강하게 영향을 받은 것처럼 보이는 판시를 하면서도, 정작 국내 어느 규정에 의해 OSP의 책임이 성립하는지에 관하여는 명확하게 판시하지 않았는데,[249] OSP의 책임을 정확히 파악하기 위해서는 우선 국내법상 근거규정을 명확히 한 뒤 구체적인 기준을 설정할 때 이를 유추적용하는 것이 타당하다고 할 것이다.

한편, OSP의 책임론과 관련하여 국내 판례는 주로 민법 제760조의

---

247) 사회적으로 이익이 되는 것으로 인지되는 새로운 기술과 직면하였을 때, 저작권자가 사회적 편익을 방해하지 못하도록 법원이 혁신성에 대해 과대평가하고 시장 영향력을 저평가함으로써 공정이용을 인정할 수 있으며, 이 사건이 그러한 사례에 해당한다는 지적이 있다. Jane C. Ginsburg, "FAIR USE FOR FREE, OR PERMITTED-BUT-PAID?", Berkeley Technology Law Journal (2014), p. 1385.

248) 이동진(주 111), 541면.

249) 박준석(주 78), 109면.

공동불법행위를 그 근거로 삼고 있으며, 그 중 교사·방조에 의한 공동불법행위를 근거로 할 경우 미국 판례법상의 2차적 책임론을 무리 없이 참고할 수 있다는 입장도 있다. 기여책임론 등은 이미 오랫동안 상당한 타당성을 검증받았고 세계적으로도 강한 영향을 미치고 있으며, 공동불법행위가 성립하기 위한 요건을 판단하기 위한 구체적인 해석기준으로 위와 같은 미국 판례 이론이 적용될 수 있다는 것이다.[250] 경청할만한 견해라고 생각되고, 그러한 측면에서는 위와 같은 판례 이론을 정확히 분석하고 적용할 필요가 있다.

그러나 미국 판례 이론은 공동불법행위에 관해 우리와는 다른 법률규정을 둔 미국 법률 환경에서 적용되는 것으로, 우리나라의 경우에 무제한적으로 도입될 수는 없다. 아래에서 다시 살펴볼 바와 같이, 소리바다에 관련한 국내 판결에서는 미국 판례 이론을 무리하게 도입하여 P2P 프로그램에 대한 책임을 과도하게 확장한 것은 아닌가 하는 의문이 있다. 미국 내에서 기여책임 등의 2차적 책임법리가 정착되었고, 세계적으로 미치는 영향력이 크기는 하나, Napster 사건이나 Grokster 사건의 구체적 판단에 대하여는 여전히 비판하는 견해도 상당하며, 특히 위 사건 판결들은 오로지 P2P라는 극히 특수한 기술형태에서만 적용되는 것이라는 점을 유의해야 한다. 미국에서도 명예훼손이나 상표권침해 등 다른 법영역에서의 OSP의 책임에 관하여는 위와 같은 기여책임 법리를 그대로 적용하고 있지 않으며, P2P 프로그램의 책임을 인정한 Napster 사건이나 Grokster 사건 이후 내려진 Perfect 10 사건에서는 검색엔진의 경우 책임을 부정하기도 하는 등 구체적인 사실관계에 따라 전혀 다른 결론이 내려질 수 있다.

---

250) 박준석(주 10), 60면.

# 제5절 방조행위를 근거로 OSP의 책임을 인정한 사례

## Ⅰ. 방조행위에 의한 OSP의 책임 판단

　이용자의 침해행위에 대하여 OSP가 어떤 성문규정에 근거하여 책임을 져야 하는지에 대하여 지금까지 많은 논의가 있었다. 위에서 살펴본 바와 같이 명예훼손이나 원격디지털저장장치에 관한 사안에서는 아직까지도 책임 근거규정이 확립되었다고 하기 어려우나, 저작권 침해 및 상표권 침해 사안에서는 민법 제760조 제3항을 근거로 책임을 인정하는 것으로 정리되었다고 할 수 있다. 칵테일 사건 판결이나 인터넷제국 판결251) 같은 초창기 사안에서는 간접책임론 중 미국의 기여책임이나 대위책임 이론에 영향을 받은 것처럼 보였지만, 이후의 소리바다 1 항소심 사건252)에서 처음으로 방조에 의한 공동불법행위책임(민법 제760조 제3항)으로 근거를 찾은 이후에253) 그 이후의 판결들에서 이러한 입장을 견고히 하였다.

　이처럼 저작권 침해와 관련하여 OSP의 방조책임론을 처음 제시한 것은 소리바다 사건이었는데, 이후 우리나라의 법원은 위 사건 판결이 제시한 방조책임론의 기준을 다른 저작권 침해 사례들에서도 충실히 재확인해 왔고, 저작권 사례뿐 아니라 인터넷상 상표권 침해사례 등 지적재산권의 다른 영역에서는 물론, 명예훼손행위나 사생활 침해 등 인터넷서비스 이용자들이 범할 수 있는 모든 불법행위들에 있어 그 구체적인 불법의 종류를 불문하고 OSP의 간접적인 책임을 추궁하는 기본 틀이 되고 있다고 한다.254) 저작권이나 상표권 침해

---

251) 서울지방법원 2001. 8. 24. 선고 2000가합83171 판결.
252) 서울고등법원 2005. 1. 12. 선고 2003나21140 판결.
253) 박준석(주 78), 111면.
254) 박준석(주 78), 115, 116면.

의 경우에는 방조에 의한 공동불법행위가 어느 정도 확립된 것으로 보이나, 명예훼손의 경우에는 위 싸이월드 사건에서 본 바와 같이 다소 논란의 여지가 있다. 그러나 OSP의 책임이 문제되는 사안은 제 3의 이용자의 직접침해행위에 OSP가 소극적으로 가담하는 형태이므로, 방조책임으로 구성하는 것이 가장 타당하다고 생각된다.

OSP가 이용자에게 저작권 침해행위를 할 것을 교사하거나, OSP가 이용자의 불법행위를 방조한 경우에는 "교사자나 방조자는 공동행위자로 본다"는 민법 제760조 제3항의 규정에 의하여 동법 제760조 제1항의 책임을 지게 된다. 그러나 OSP의 경우 교사책임을 묻기는 쉽지 않고, 실질적으로 교사 책임을 물은 판결도 존재하지 않는 것으로 보인다.[255] 이에 우리나라에서 OSP의 간접책임으로 문제가 되는 것은 주로 방조책임이고, 대부분의 판례는 간접책임으로 이론구성을 하고 있다.

## Ⅱ. 방조책임으로 이론구성한 우리나라의 사례

### 1. 상표권 침해와 관련된 사례

#### 가. 히노키 사건

피신청인들이 운영하는 오픈마켓에서 신청인의 '히노키 상표' 침해 물품이 판매되고 있자 신청인은 피신청인들에게 히노키 상표가 부착된 제품에 관한 판매정보를 모두 삭제해 줄 것을 요구하였고, 피신청인들은 신청인이 지목한 판매자에 대하여 히노키 상표 부착 제품 판매를 중지시켰다. 피신청인들은 모두 그 이후 히노키 상표가 부착된 제품이 새로 판매·등록되는 것에 대하여는 어떠한 방지조치

---

255) 박준석(주 78), 111면.

도 취하지 않았으며, 그 결과 계속 히노키 상표가 부착된 제품이 신청인의 허락 없이 피신청인들이 운영하는 오픈마켓을 통해 판매되고 있었다. 그러자 신청인은 피신청인들을 상대로 판매금지가처분을 신청하였다.

법원은 정보통신망법 제44조 제2항을 근거로 피신청인들에게는 상표권을 침해하는 판매정보가 유통되지 아니하도록 노력하여야 할 법적 의무가 있다고 하면서, 더 나아가 피신청인들이 상표권 침해행위가 발생할 위험성이 있는 오픈마켓을 스스로 제공하고 관리·지배하며 그 대가로 판매수수료 등을 수수하고 있으므로, 자신이 운영·관리하는 오픈마켓을 통한 상표권 침해행위를 방지하고 중단하여야 할 법령상, 조리상의 작위의무가 있다고 판시하였다. 즉, 법원은 피신청인들이 이 사건 오픈마켓을 통해 신청인의 상표권이 침해되고 있다는 사실을 알게 된 이상, 앞으로 이 사건 상표가 부착된 제품에 관한 판매정보가 게시되거나 검색되지 않도록 필요하고 가능한 기술적 조치(예컨대 히노키 상표의 요부를 금칙어로 설정하여 그것이 포함된 판매정보에 대해여는 게시 및 검색을 제한하는 조치 등)를 취하여야 할 것이어서, 판매자들의 상표권 침해행위에 대하여 방조책임을 부담한다고 판시하였다.

더 나아가 이 사건에서는 방조자에 불과한 피신청인들이 상표법 제65조가 침해금지 등 청구의 상대방을 '자기의 권리를 침해한 자 또는 침해할 우려가 있는 자'에 해당하여 상표권 침해금지 등 가처분 신청의 상대방이 될 수 있는지 여부도 문제되었다. 이에 대하여 법원은 피신청인들이 직접 침해행위를 하지 않았다고 하더라도, 판매자들의 상표권 침해행위를 방조하고 그 대가로 판매수수료 등을 수수하였으며, 이 사건 오픈마켓을 관리·지배하고 있어 상표권 침해상태를 쉽게 제거하고 예방할 수 있는 지위에 있으므로, 침해 주체에 준하여 위 규정에서 말하는 '자기의 권리를 침해한 자 또는 침해할

우려가 있는 자'에 해당한다고 봄이 상당하여 피신청인들을 상대로
한 침해 금지, 예방 등을 청구할 수 있다고 판시하였다.

### 나. K2 사건

원고는 **K2** 표장을 오랫동안 사용해서 이에 관해 식별력을 취득
하였는데,[256) 피고가 운영하는 오픈마켓 인터파크(www.interpark.co.kr)
에서 2006년경부터 다수의 판매자들이 이와 유사한 상표가 부착된
상품을 판매하였다. 이에 원고는 직접 판매자에게 소를 제기하는 한
편, 피고를 상대로도 침해행위 중지와 손해배상을 구하는 소를 제기
하였다. 피고는 스스로 판매중지조치를 취하지 않고 있다가 2007. 1.
경부터 2008. 6.경까지 원고로부터 수차례 판매 중지를 요청받고 그
상품에 관하여 판매중단조치를 취하였다.

법원은 원고의 표장이 2006.경부터는 주지성과 식별력을 취득하
였고, 직접판매자들의 행위가 부정경쟁행위에 해당한다고 판시하였
으나, 피고의 방조책임은 부정하였다.

법원은 오픈마켓 운영자가 침해 사실을 알았거나 알 수 있었고
침해행위의 발생 내지 위험성을 방지하거나 제거할 수 있는 구체적
인 수단을 가지고 있는 경우에만 침해행위를 방지할 구체적인 방지
의무가 발생한다고 하면서, 그러한 사정은 "권리침해행위라고 주장
되는 해당 상품의 등록과 판매의 행태, 기간, 횟수, 오픈마켓 운영자

---

256) 원고는 위 판매자들이 사용한 유사 상표 등에 대하여 특허법원에 상표등
    록무효의 소를 제기하였으나, 특허법원에서는 원고의 **K2** 상품표지가
    간단하고 단순한 표장이라거나 현저한 지리적 명칭을 사용한 것으로 식
    별력이 없으므로 위 상표 등은 원고의 상품표지와 유사하지 않아 등록무
    효사유가 없다는 취지로 판시하였고, 이에 원고가 상고하여 2008. 9.경 대
    법원은 **K2** 표지가 국내에 원고의 상품표지로서 널리 알려서 주지성과
    식별력을 취득하였다고 판단하면서 위 상표 등에 대하여 등록무효사유가
    있다고 판시하였다.

가 권리자에 의해 권리침해행위라고 주장되는 해당 상품의 등록과 판매 등을 알고 있었는지 여부, 피해자의 오픈마켓 운영자에 대한 판매중지요청 등 구체적인 권리침해방지의 노력과 그와 관련해 오픈마켓 운영자가 취한 조치의 내용, 피해자와 침해자 이외의 제3자가 볼 때에 해당 상품의 등록과 판매 등이 부정경쟁행위 등 권리침해행위에 해당함을 알 수 있는지 여부 등을 종합적으로 고려하여 판단하여야 한다"고 판시하였다.

위와 같은 전제에 따라 법원은 원고의 권리침해신고에서 특정한 개별 판매자들에 관해서는 침해행위에 대한 인식이 있으며, 이에 관하여는 피고가 곧바로 상품판매중지조치를 취하였기 때문에 책임이 인정되지 않고, 그 외 원고로부터 권리침해신고를 받지 않은 다른 판매자들에 대하여는 이를 부정경쟁행위임을 알았거나 알 수 있었다고 볼 만한 상당한 이유가 있다고 볼 수 없으므로 피고에게 이에 관한 주의의무는 없다고 판단하였다.

다. adidas 사건

신청인은 '아디다스' 또는 'adidas'의 등록상표권자인데 피신청인이 운영하는 오픈마켓에서 유통되는 adidas 상표 부착 제품 중 상당수가 위조품이고, 이러한 위조품이 계속적으로 증가하자 신청인은 2005. 경부터 주기적으로 위조품을 검색해 피신청인에게 그 목록을 통보하면서 향후 위조품이 판매되지 않도록 적절한 조치를 취해줄 것을 요청하였다. 그러나 피신청인은 판매자의 등록계정을 삭제하는 등 소극적인 조치로 일관하였을 뿐, 신청인들의 강력한 요구에도 불구하고 상품이 신청인의 사전 허락 없이는 adidas 상표 부착 상품이 판매 목적으로 게시 또는 검색되지 않도록 하는 등의 적극적인 조치는 전혀 취하지 아니하였다. 그러자 신청인은 피신청인의 행위가 이 사건 쇼핑몰에서의 위조품 유통을 방지할 법령상, 조리상 의무에 위반하여 개별 판매자의 위조품 판매를 방조하는 행위로서 상표권 침해행위를 구성하고, 이를 근본적으로 방지하기 위해서는 adidas 상표를 사용한 상품 전부에 대한 판매가 금지되어야 한다고 주장하며 adidas 상표를 붙인 상품의 등록을 원천적으로 차단하여 줄 것과 adidas 상표가 붙은 상품의 위조품 여부를 전면적으로 사전 확인 또는 사후 삭제할 것 등을 요구하는 내용의 이 사건 가처분을 신청하였다.

이에 대하여 법원은 위조된 것으로 확인되는 상품에 대하여는 신속하게 이를 판매목록에서 삭제할 의무가 있고, 상표권자로부터 위조가 의심되는 것으로 통보받아 상표권 침해가능성을 구체적으로 인식할 수 있게 된 상품목록에 관하여도 위조여부에 대한 심사를 실시하여 그 결과에 따른 적절한 조치를 취할 의무가 있으며, 상표권 침해를 저지하고 감소시키는 방향으로 시스템을 구축할 의무가 있다고 하였다. 또한 위조가 빈번한 상품군에 대하여 등록요건을 강화하거나, 상표권자 등 정당한 권리자가 요구할 경우 대량거래자 등의 인적사항을 제공할 수 있는 제도적, 기술적 장치를 마련하여 실시할 의무가 있으며, 특정한 상표의 위조품이 운영자의 등록통제, 삭제조치 등 통상적인 억제조치로는 유통을 통제하는 것이 불가능할 정도로 범람하여 건전한 거래질서를 해칠 지경에 이른 경우 등 오픈마켓 운영자의 영업의 자유보다는 상표권자의 권리침해를 방지할 필요성이 훨씬 크다고 인정되는 특별한 사정이 있는 경우에는 진정상품과 위조품을 가릴 것 없이 당해 상표를 금칙어로 설정하여 검색을 차단하는 방안까지도 고려해 볼 수는 있다고 하여, 오픈마켓의 주의의무와 상표침해행위 억제 수단에 관하여 단계적으로 설시하기도 하였다.

다만 이 사안에서는 위조품의 유통이 상품거래에 관한 기본질서에 대해 위협이 될 정도에 이르렀다는 등의 특별한 사정을 인정할 수 없다는 이유로 자신의 상표를 붙인 상품의 등록을 원천적으로 차단하여 줄 것과 위조품 여부를 전면적으로 사전 확인 또는 사후 삭제할 것 등을 요구하는 이 사건 가처분신청을 기각하였다.

이 사건에 대하여 신청인이 항고였으나 서울고등법원은 OSP에게 상표권 침해행위를 사전에 일반적·포괄적으로 방지할 작위의무가 존재한다고 할 수 없고, 상표권 침해행위를 사후에 개별적·구체적으로 방지하여야 할 작위의무는 존재하나 피신청인들이 그러한 의무를 위반한 바 없다고 하여 신청인의 항고를 기각하였고, 신청인이 재항고하였으나 대법원은 이를 다시 기각하였다. 특히 대법원은 오픈마켓의 운영자가 상표권 침해 게시물에 대한 불법행위책임을 지는 경우에 관하여, "① 오픈마켓 운영자가 제공하는 인터넷 게시공간에 게시된 상표권 침해 게시물의 불법성이 명백하고, ② 오픈마켓 운영자가 위와 같은 게시물로 인하여 상표권을 침해당한 피해자로부터 구체적·개별적인 게시물의 삭제 및 차단 요구를 받거나, 피해자로부터 직접적인 요구를 받지 않았다 하더라도 그 게시물이 게시된 사정을 구체적으로 인식하였거나 그 게시물의 존재를 인식할 수 있었음이 외관상 명백히 드러나고, ③ 나아가 기술적, 경제적으로 그 게시물에 대한 관리·통제가 가능한 경우에는, 오픈마켓 운영자에게 그 게시물을 삭제하고 향후 해당 판매자가 위 인터넷 게시공간에서 해당 상품을 판매할 수 없도록 하는 등의 적절한 조치를 취할 것이 요구되며(대법원 2009. 4. 16. 선고 2008다53812 전원합의체 판결 등 참조), 오픈마켓 운영자가 이를 게을리하여 게시자의 상표권 침해를 용이하게 하였을 때에는 위 게시물을 직접 게시한 자의 행위에 대하여 부작위에 의한 방조자로서 공동불법행위책임을 진다고 할 것"이라고 판시함으로써 항소심에서의 판단을 정리함과 동시에 오픈마켓 운영자가 책임을 지는 요건에 관해 명확히 하였다.

## 2. 저작권 침해와 관련된 사례

### 가. 소리바다 사건[257]

#### 1) 소리바다 1 사건[258]

음반회사인 신청인들은 P2P 형식의 음악파일 공유 사이트 '소리바다(www.soribada.com)'를 운영하는 피신청인들을 상대로 저작인접권 침해를 근거로 가처분을 신청하였다. 소리바다 시스템은 중앙서버가 존재하기는 하되 IP주소 등과 같은 컴퓨터 직접 연결에 필요한 정보만 관리함으로써, 그 특성상 공유의 대상이 되는 MP3 파일 자체나 MP3 파일 목록 및 파일정보는 보관하지 않았다. 피신청인들이 개발한 소리바다 프로그램은 그 자체가 광고료 등 영리를 목적으로 음반을 무단으로 복제·배포할 수 있도록 개발된 것이고, 소리바다 서비스도 그와 같은 목적으로 운영되고 있는데, 다만, 위 소리바다 프로그램의 설치화면에는 불법 MP3 파일을 복제하거나 배포하는 행위는 저작권법에 위배될 수 있으며, 저작권법 위반의 책임은 개별 이용자에게 있다는 내용의 경고문이 고지되어 있었다.

---

257) 소리바다와 관련하여서는 소리바다 1 및 소리바다 5에 관한 가처분결정 외에도 손해배상 사건이나 형사사건 등 여러 관련 사건이 존재한다. 소리바다 사건 전체에 대한 보다 상세한 설명에 대하여는, 박준석(주 10), 262~332면; 송오식, "인터넷 기술의 발전과 디지털 음악저작권 분쟁-소리바다사건을 통해 본 P2P 파일공유와 저작권 문제-", 민사법연구 제15집 제2호(2007. 12.), 166~177면 참조. 한편, 소리바다 3과 관련된 가처분 결정에 대하여는, 최성준, "P2P 파일교환의 적법성 여부(소리바다 3 가처분결정)", 지적재산권 11호(2005); 이규홍, "소리바다사건의 항소심판결들에 대한 소고", 정보법학 제9권 제2호(2005. 12.) 등 참조.

258) 1심 : 수원지방법원 성남지원 2002. 3. 11.자 2002카합77 결정; 가처분이의 : 수원지방법원 성남지원 2003. 2. 14. 선고 2002카합284 판결; 항소심 : 서울고등법원 2005. 1. 12. 선고 2003나21140 판결; 상고심 : 대법원 2007. 1. 25. 선고 2005다11626 판결.

이에 대하여 가처분 사건 법원은 별다른 이유 기재 없이 신청인들의 청구를 인용하였고, 가처분이의 사건에서는 이용자들에게 사적 복제가 성립하지 않는다고 전제하면서, 피신청인들이 소리바다 프로그램을 음반의 무단복제·배포를 목적으로 개발하고 운영하는 것은 아니라고 하여 직접침해는 부정하였으나, 이용자들의 침해행위는 피신청인들에 의하여 야기되고 유인되었다고 하며 피신청인들의 책임을 긍정하고 가처분이의신청을 기각하였다. 한편, 이용자들의 행위에 대해 통제가능성이 없어 책임이 부정되어야 한다는 피신청인들의 주장도 미국의 Napster 사건이나 일본의 파일로그 사건을 언급하며 배척하였다.

2심 역시 가처분이의 사건의 결론을 유지하였다. 2심 판결은 공동불법행위에 관하여 객관적 공동설의 입장에서 협의의 공동불법행위 성립을 부정하였고, 한편, 방조로 인한 공동불법행위와 관련하여서는 피신청인들이 이용자들에 의한 저작인접권 침해행위가 발생하리라는 사정을 미필적으로 인식하였거나 충분히 예견할 수 있었고, 피신청인들은 프로그램 설치 화면상에 경고문을 고지하는 이외에는 침해행위를 방지할 만한 아무런 조치를 취하지 아니하였으므로 그 책임이 인정된다고 판시하였다. 또한 피신청인들에게는 저작인접권 침해행위에 대한 인식가능성과 기술적 회피가능성이 인정되는 이상 방조행위에 대한 면책을 주장할 수 없다고 판단하였다.

이러한 원심에 대해 대법원은 그 판단을 그대로 인용하면서, 복제권 등 침해행위를 미필적으로만 인식하는 방조도 가능함은 물론 과실에 의한 방조도 가능하며, 과실에 의한 방조에서 과실의 내용은 복제권 침해행위에 도움을 주지 않아야 할 주의의무가 있음을 전제로 이 의무에 위반하는 것을 말하고, 방조자는 실제 복제권 침해행위가 실행되는 일시나 장소, 복제의 객체 등을 구체적으로 인식할 필요가 없으며 실제 복제행위를 실행하는 자가 누구인지 확정적으로 인식할 필요가 없다고 하여 피신청인들에게 방조책임이 인정된다는 결론을 유지하였다.

### 2) 소리바다 5 사건

소리바다5 사건은 P2P 사업자를 OSP에 해당한다고 판단하면서, OSP의 방조책임과 저작권법 제102조 내지 제104조의 기술적 조치에 대하여 상세히 다루고 있는 점에서 의미가 있다.

이 사건의 피신청인들은 소리바다에 관한 일련의 사건에서 OSP의 책임이 인정되자, 음반제작사 등 권리자와 사이에 음원공급계약을 체결하고 저작인접권 침해를 방지하기 위하여 종전 피신청인들이 배포한 소리바다 1, 2, 3에 비하여 강화된 기술적 조치와 시스템을 갖추었다. 그러나 음반제작사 측은 피신청인의 서비스가 여전히 저작권을 침해하고 있다고 주장하며, 저작권 침해금지를 내용으로 하는 가처분을 신청하였다.

이 사건에서 원심 법원은 신청인들의 청구를 모두 기각하였으나, 항소심 법원은 소리바다 1 사건에서와 마찬가지로 피신청인들에게 협의의 공동불법행위가 성립할 수는 없다고 하면서도, 역시 소리바다 1 사건에서와 마찬가지로 피신청인들에게 일정한 요건 하에 방조책임은 성립할 수 있다고 전제하며, 소극적 필터링 방식의 내재적 한계상 침해행위의 발생은 불가피하고, 위 운영자가 그 보완책으로 들고 있는 '그린파일 시스템(저작인접권자 등 권리자들이 위 서비스 운영자에게 자신들의 음원 정보를 제공하여 필터링을 요청한 후, 위 운영자의 승인절차를 거쳐 파일공유를 금지하는 시스템)'만으로는 권리침해를 제때 방지하거나 중단시킬 수 있을 것으로도 보기 어려우며, 운영자 역시 저작인접권의 침해행위에 대해 적어도 미필적으로나마 인식하였다고 봄이 상당하다는 이유로 결론적으로 민법 제760조 제3항에 따른 방조책임은 인정하였다. 또한 항소심 결정은 '소극적 필터링 방식'을 전제로 한 일련의 대책만으로는 저작인접권의 침해방지를 위한 기술적 조치를 다하였다거나 더 이상의 저작인접권에 대한 침해를 방지하거나 중단하는 것이 기술적으로 불가능하다고는 볼 수 없다고 하며 저작권법 제102조부터 제104조의 면책 항변을 배척하였다. 그러면서 동 결정은 적극적 필터링 방식이 이미 상용화되어 있고 적극적 필터링 방식을 취하더라도 논리필연적으로 P2P 서비스에서 저작권 등에서 자유로운 콘텐츠의 유통까지 금지하게 되는 것은 아니어서 과잉금지의 원칙에 반하지 않는다고 판단하기도 하였다.

## 2. 야후 사건

피고 야후코리아 유한회사는 회원으로 가입한 인터넷 이용자들에게 '이미지박스', '블로그' 등을 통해 원심 판시 내부이미지를 올릴 수 있는 전자게시판 서비스를 제공하고 있는데, 회원들이 업로드한 이미지에서 썸네일 이미지를 추출하여 별도로 서버에 저장한 다음, 인터넷 이용자가 검색어를 입력하면 썸네일 이미지를 목록화하여 보여 주고, 이용자가 다시 특정 썸네일 이미지를 선택하면 화면 중앙부에 원래의 사진이미지를 상세보기 이미지 크기로 축소하여 보여 주며, 위 이미지의 아래에는 그 제목, 내용, 파일의 정보, 출처가 표시되도록 하였고, '자동넘기기' 기능을 선택하면 각 썸네일 이미지의 상세보기 이미지가 일정한 시차를 두고 자동으로 순환되며, '원본보기' 또는 '원본이미지보기' 기능을 선택하면 원래의 이미지가 게시된 '블로그' 등으로 이동되도록 하였다. 이와 관련하여 피고의 이미지 제공방법은 ① 썸네일 방식과 ② 원본보기 방식으로 나눌 수 있었고, 원본보기 방식은 (i) 상세보기 방식에 의한 외부이미지 제공, (ii) 링크 방식에 의한 외부이미지 제공 및 (iii) 상세보기 방식에 따른 내부이미지 제공의 3가지로 다시 나눌 수 있다. 그러자 사진저작물의 저작권자인 원고는 피고의 위와 같은 행위가 저작물침해에 대한 방조행위에 해당한다고 주장하면서 손해배상청구의 소를 제기하였다.

이에 대하여 1심은, 피고가 복제권, 전송권 등의 직접침해자라고 할 수 없고, 피고에게는 방조책임이 성립할 여지는 있으나 원고가 명시적으로 피고의 방조행위 부분은 청구원인에서 제외하였다는 이유로 원고의 청구를 모두 기각하였다. 그러나 2심은, ① 썸네일 이미지로 제공한 부분에 대하여는 저작물의 공정한 인용에 해당한다고 보아 침해를 부인하였고, ② 원본보기 방식과 관련하여서는, (i) 링크 방식에 의한 외부이미지 제공에 대하여는 링크 방식이 원본 웹페이지로 직접 연결하여 그 페이지의 내용을 그대로 표시하여 주는 방식에 불과하고 복제나 전송 등의 행위가 발생하지 않았다고 하여 침해를 부정하였으나, (ii) 상세보기 방식에 의한 외부이미지 제공에 대하여는 검색로봇에 의한 복제 후 이를 이용자에게 제공하여 원본 이미지에 대한 수요 대체 효과를 일으켰다는 점 등을 근거로 침해를 인정하였고, (iii) 상세보기 방식에 의한 내부이미지 제공에 대하여도 회원들의 저작권 침해에 대한 방조를 부인하였다.

이에 대하여 대법원은 ① 썸네일 방식 및 ② 원본보기 방식 중 (i) 링크 방식의 외부이미지 제공 및 (iii) 상세보기 방식의 내부이미지 제공에 대하여는 원심의 판단을 유지하였으나, (ii) 상세보기 방식의 외부이미지 제공에 대하여는 피고가 자신의 서버 등 유형물에 외부이미지를 직접 축소, 변환한 상세보기 이미지를 저장하였다는 점에 대한 입증이 없다는 이유로 원심 판단을 파기하고 환송하였으며, 파기환송심에서는 항소기각 판결이 내려져 원고의 청구가 모두 기각되는 결론으로 확정되었다.

한편, 대법원은 ② 원본보기 방식 중 (ii) 상세보기 방식의 내부이미지 제공과 관련하여, 원심과는 달리 먼저 직접 침해행위로 인한 불법행위 책임 성립 여부와 관련하여 "피고가 원고의 복제권, 전송권 및 전시권 등을 직접 침해하여 불법행위책임을 부담한다고 하기 위해서는, 피고가 원래의 사진이미지 또는 적어도 이를 상세보기 이미지 크기로 축소, 변환한 이미지를 회원들에게 할당한 공간과 별도로 피고가 직접 관리하는 서버 등의 유형물에 저장하고 있었다는 등의 사정을 원고가 입증하여야 하는데, 기록을 살펴보아도 이를 인정할 직접적인 증거는 없다"고 하여 직접 침해행위가 없었다고 하여 이를 부정한 뒤, 비로소 방조에 의한 침해 여부에 관하여 판단하였다.259) 이에 따라 대법원은 방조책임과 관련하여서는, "인터넷 포털 사이트를 운영하는 OSP가 제공한 인터넷 게시공간에 타인의 저작권을 침해하는 게시물이 게시되었고 그 검색 기능을 통하여 인터넷 이용자들이 위 게시물을 쉽게 찾을 수 있다 하더라도, 위와 같은 사정만으로 곧바로 위 서비스제공자에게 저작권 침해 게시물에 대한 불법행위책임을 지울 수는 없다. 다만 저작권 침해 게시물이 게시된 목적, 내용, 게시기간과 방법, 그로 인한 피해의 정도, 게시자와 피해자의 관계, 삭제 요구의 유무 등 게시에 관련한 쌍방의 대응태도, 관련 인터넷 기술의 발전 수준, 기술적 수단의 도입에 따른 경제적 비용 등에 비추어, 위 서비스제공자가 제공하는 인터넷 게시공간에 게시된 저작권 침해 게시물의 불법성이 명백하고, 위 서비스제공자가 위와 같은 게시물로 인하여 저작권을 침해당한 피해자로부터 구체적·개별적인 게시물의 삭제 및 차단 요구를 받은 경우는 물론, 피해

---

259) 다만, 대법원은 "원심은 이에 관하여 명시적인 판단을 하지는 않았으나, 위와 같은 침해행위가 인정되지 않음을 전제로 피고가 회원들의 저작권 침해행위에 대한 방조책임을 부담하는지 여부에 관하여 판단을 하였으므로, 이러한 원심판단에 판단누락 등으로 인하여 판결에 영향을 미친 잘못이 있다는 원고의 주장은 받아들일 수 없다"고 하여, 원심에서 방조책임에 관하여 논한 이상 직접 침해행위에 관하여 사실상 부인하는 판단을 내린 것으로 볼 수 있다고 하였다.

자로부터 직접적인 요구를 받지 않은 경우라 하더라도 그 게시물이 게시된 사정을 구체적으로 인식하고 있었거나 그 게시물의 존재를 인식할 수 있었음이 외관상 명백히 드러나며, 또한 기술적, 경제적으로 그 게시물에 대한 관리·통제가 가능한 경우에는, 위 서비스제공자에게 그 게시물을 삭제하고 향후 같은 인터넷 게시공간에 유사한 내용의 게시물이 게시되지 않도록 차단하는 등의 적절한 조치를 취하여야 할 의무가 있으므로, 이를 위반하여 게시자의 저작권 침해를 용이하게 하는 경우에는 위 게시물을 직접 게시한 자의 행위에 대하여 부작위에 의한 방조자로서 공동불법행위책임이 성립한다"고 전제하면서, "원고 사진의 복제물인 위 내부이미지들의 내용, 일반 인터넷 이용자들의 전자게시판 서비스 등의 이용실태, 관련 인터넷 기술의 발전 수준 등 원심이 들고 있는 사정들에 의하면, 고성능 디지털 카메라와 인터넷 이용이 대중화되면서 인터넷 포털사이트에 개인이나 동호인별 게시공간을 개설한 다음 스스로 촬영한 사진 등을 게시함으로써 회원들 상호간에 이를 자유로이 공유·교환하는 문화가 급속히 확산되고 있어, 피고로서도 저작권에 관한 아무런 표시가 없는 위 내부이미지들이 타인의 저작권을 침해하는 것인지 여부를 쉽게 알 수 없었을 뿐만 아니라, 그와 같은 저작권 침해 게시물을 자동적으로 걸러내는 기술적 수단도 없었던 것으로 보이고, 그 밖에 피고가 회원들의 '이미지박스' 등 게시판에 위 내부이미지들이 게시된 사정을 구체적으로 인식하고 있었거나 그 존재를 인식할 수 있었음이 외관상 명백히 드러난다고 볼 만한 사정을 기록상 찾아 볼 수도 없어, 원고의 요청이 없더라도 위 내부이미지들을 삭제하거나 그 게시를 차단할 의무가 있었다고는 보기 어렵다 할 것이므로, 피고가 그와 같은 조치를 취하지 아니하였다 하여 그 회원들의 불법행위에 도움을 주었다고 할 수는 없다"고 판단하였다.

### 3. 인격권 침해와 관련된 사례

국내 사례 중에는 인격권 침해와 관련하여 OSP의 책임을 방조로 인한 공동불법행위의 관점에서 판단한 뒤 결론적으로 책임을 부정한 사례가 있다.

원고는 예명 '트위스트 김'을 사용한 연예인인데, 'twistkim'을 포함하거나 일부 변형한 도메인 네임을 가진 음란물 사이트가 생겨났고, 피고들 포털 사이트에서 '트위스트김'이라는 검색어를 입력할 경우 위와 같은 음란 사이트가 다수 검색되었다.[260] 그러자 원고는 각 포털 사이트 및 포르노사이트 운영자를 상대로 인격권 침해 등을 이유로 한 손해배상청구의 소를 제기하였다.

이에 대하여 법원[261]은 위와 같은 도메인 이름을 등록한 각 사이트 운영자에 대하여는 인격권 침해 책임을 인정하면서도, 검색사이트 운영자들에 대하여는 포털 사이트의 공공성, 성·무색투명성의 특질 등을 근거로 들며, "㉠ 이 사건에서 원고가 개별적으로 피해신고를 한 이후에도 피고 검색서비스 제공자들이 이 사건 검색결과 사이트들이 검색되는 것을 방치하였다는 사정은 드러나지 않는 점, ㉡ 검색정보를 제공하기 위한 사이트 등록심사의 취지가 등록정보와 사이트내용의 일치 여부 확인, 사이트 내용 자체의 불법성 여부 확인에 있다고는 볼 수 있어도 이 사건의 경우처럼 사이트의 내용 혹은 도메인 이름이 원고의 허락과 같은 정당한 권원에 기한 것인지 여부의 확인에 있다고는 볼 수 없는 점, ㉢ 피고 검색서비스 제공자들은

---

260) 당시 네이버는 키워드광고 중 정액제로 대가를 받는 방식인 '플러스프로' 검색서비스를 운영하고 있었고, 위 포르노사이트 중에서는 네이버 사이트에 수수료를 지급하고 플러스프로 방식의 검색광고를 통하여 광고한 경우도 있다고 한다.

261) 서울중앙지방법원 2007. 12. 26. 선고 2005가합112203 판결('트위스트김' 사건).

침해 사이트의 직접 운영자가 아니라 제3자로서 원고의 인격권 침해 여부를 판단하기 위해서는 침해 사이트의 운영자에게 원고의 허락 여부를 확인해야 하는 등 그 판단이 용이하지 않은 점, ㉣ 특히, 웹페이지에 관한 검색결과는 로봇 프로그램을 이용한 자동적·기계적 데이터베이스 수집을 통한 검색정보를 제공한 것으로서 별도의 등록·심사절차를 거치지 아니하는 점, ㉤ 정보에 대한 접근의 자유는 원칙적으로 무제한적으로 보장되어야 할 것이고, 검색서비스의 공공성 등을 고려하여 볼 때 정보에 대한 접근 자체를 통제하는 효과를 가진 검색의 차단조치는 기술적·경제적으로 가능한 경우에도 필요 최소한도에 그쳐야 할 것으로 보이는 점, ㉥ 피고 검색서비스 제공자들이 언론보도, 뉴스 등의 자료에 의존하여 갱신이 빈번하고 무한한 양의 인터넷 정보에 대하여 사실상 무한한 경우의 수의 조합이 가능한 검색어에 관하여 피해자의 피해신고 등의 요청이 없는 상태에서 개인의 인격권을 침해한다는 사정만으로 인터넷 검색을 차단하는 조치를 취하기는 기술적·경제적으로 어려워 보이는 점 등"을 고려할 때 검색서비스 제공자들이 원고의 피해신고 등의 요청 없이도 원고의 예명을 사용하는 인터넷 사이트를 일반적·사전적으로 차단하여야 할 사회상규 혹은 조리상 의무를 부담한다고는 보기 어렵고, 그 침해행위에 대하여 방조책임을 물을 수는 없다고 판단하였다.

## Ⅲ. 해외의 사례

### 1. 미국의 사례: Tiffany 사건[151]

원고는 Tiffany 상표권자로 피고의 오픈마켓 사이트(www.eBay.com)

---

262) 1심 : *Tiffany (NJ) Inc. v. eBay, Inc.*, 576 F. Supp. 2d 463, 469 (S.D.N.Y. 2008); Tiffany Inc. v. eBay Inc., 600 F.3d 93 (2nd Cir. N.Y. 2010. 4.), Tiffany Inc. v.

에서 판매되는 Tiffany 은제품의 73%가 위조품이라고 하면서 피고에게 경고장을 발송하였는데, 동시에 5개 이상의 Tiffany 제품을 판매하는 판매자를 리스트에서 삭제하고, 피고 사이트에서 "Tiffany" 보석류 및 "위조품(counterfeit)", "Tiffany로부터 영감을 받은(inspired by Tiffany)"이라고 설명된 제품의 판매와, Tiffany 제품 광고를 중단하고, 검색 엔진에서 Tiffany 스폰서 링크를 삭제할 것을 요구하였으나, 피고는 이에 응하지 않았다.

그러자 원고는 피고가 상표권 침해행위에 대한 기여침해행위(contributory infringement)[263]를 하고 있다고 주장하며 뉴욕연방지방법원에 제소하였다. 원고는 피고의 행위가 상표권 침해행위를 알거나 알 수 있었던 경우에 해당하고, 더 나아가 "알 수 있었던(has reason to know)" 요건을 대신해 Restatement에서 규정하고 있는 "침해행위가 상당히 예견되는 경우(infringing conduct can be reasonably anticipated)"에는 기여침해를 인정해야 한다고 주장하였다. 이에 대하여 피고는 이러한 일반적 사실을 알고 있는 것만으로는 "침해행위를 알 수 있었음" 요건을 만족하지 못하며, 특정의 침해행위에 대한 사실을 알거

---

eBay, Inc., 2010 WL 3733894 (S.D.N.Y. 2010. 9.)으로 수정됨 ; 3심 : Tiffany Inc. v. eBay Inc., 131 S.Ct. 647(U.S. 2010. 11.), 상고신청(certiorari) 기각으로 확정. Tiffany 사건의 사실관계 및 법원의 판단에 관하여는 Andrew Lehrer, "TIFFANY V. EBAY: ITS IMPACT AND IMPLICATIONS ON THE DOCTRINES OF SECONDARY TRADEMARK AND COPYRIGHT INFRINGEMENT", Boston University Journal of Science and Technology Law(Summer 2012); Ellie Mercado, "AS LONG AS "IT" IS NOT COUNTERFEIT: HOLDING EBAY LIABLE FOR SECONDARY TRADEMARK INFRINGEMENT IN THE WAKE OF LVMH AND TIFFANY INC.", Cardozo Arts and Entertainment Law Journal(2010), pp. 139~147; 이창훈(주 202), 54~63면 등 참조.
263) 기여책임이 문제되었으므로 위 제3절에서 살펴본 기여책임 및 대위책임에 관한 판례와 이론구조상 유사한 면이 있다. 그러나 이 사안은 상표권에 관한 것으로, 미국법상 저작권침해와 상표권침해에 적용되는 기본적인 법률 규정과 법리가 달라 실질적인 판시 내용에서도 차이가 있어, 방조책임에 관한 본 절에서 설명하였다.

나 알 수 있었어야 한다고 항변하였다.

이 사건의 1심인 뉴욕연방지방법원은 연방대법원이 Inwood 사건에서 Restatement (Third) of Unfair Competition (1995) § 27의 "침해행위가 합리적으로 예견되는 경우(the infringing conduct can be reasonably anticipated)" 요건 대신 "알 수 있었던(reason to know)" 요건을 적용하였고, 이후 많은 법원이 Restatement의 요건 적용을 명시적으로 배제하였으므로, 연방대법원이 Inwood 사건에서 취한 "알 수 있었던" 요건을 적용하는 것이 타당하다고 하면서, 설령 피고가 오픈마켓을 운영하면서 해당 오픈마켓에 대해 직접적인 통제권을 갖는다고 하더라도 여전히 Inwood 테스트의 요건을 적용할 수 있다고 하였다.[264]

이에 따라 법원은 Inwood 테스트에 의한 피고의 책임 여부를 판단하였는데, 피고의 책임이 인정되기 위해서는 원고는 피고가 침해행위를 알거나 알 수 있었음에도 불구하고 서비스 공급을 계속하였음을 입증하여야 하며, 이 때 피고에게 "일반적 인식(generalized knowledge)"만으로는 부족하고 "특정한 인식(specific knowledge)"이 요구된다고 하면서, 피고의 사이트에서는 Tiffany 상표가 부착된 진품도 판매되고 있었다는 사실을 들어 침해행위가 존재한다는 원고의 일반적인 주장(generalized assertions)만으로는 피고가 침해행위를 알았거나 알 수 있었다고 할 수 없고, 피고가 침해행위를 고의적으로 묵인하였다고 할 수도 없다고 하였으며, 피고가 위조품 방지를 위해 수백억 원 상당의 금원을 지출하였고, 인증된 권리자 프로그램(Verified Rights Owners program, "VeRO")을 운영하여 신고받은 침해상품은 곧바로 삭

---

264) 인식 요건에 관하여 Restatement (Third) of Unfair Competition (1995) § 27 및 Inwood 테스트의 관계와, Tiffany 사건에서의 Inwood 테스트 적용에 관한 보다 상세한 설명은, Rebecca Dunlevy, "INTERNET IMMUNITY: THE LIMITS OF CONTRIBUTORY TRADEMARK INFRINGEMENT AGAINST ONLINE SERVICE PROVIDERS", Fordham Intellectual Property, Media and Entertainment Law Journal (Summer 2012), pp. 951~955 참조.

제하고 침해 판매자의 계정을 중지하는 등 적절한 조치를 취하였다
는 사실을 들어 원고의 주장을 모두 배척하였다.

이에 원고는 항소를 제기하였으나, 2010. 4. 1. 선고된 항소심에서
도 피고가 특정한 상품이 위조품이라는 것을 알면서도 해당 판매자
로 하여금 계속하여 판매하도록 한 사실을 인정할 수 없고, 고의적
으로 침해 사실로부터 눈을 돌릴만한 유인도 없었다고 하여 1심과
같이 피고의 책임을 부정하는 결론을 유지하였고, 원고의 상고허가
신청이 기각되어 그대로 확정되었다.

## 2. 일본의 사례: Chupa Chups 사건[265]

원고는 "Chupa Chups" 막대사탕 제조·판매 회사이고, 피고는 "라쿠
텐이치바(樂天市場)"라는 인터넷 쇼핑몰(www.rakuten.co.jp, 이하 '라
쿠텐')을 운영하는 회사이다. 그런데 피고의 라쿠텐에서 원고의 허락
없이 원고의 등록상표를 부착한 유아용 턱받이보스턴백 등의 상품
이 다수의 판매자에 의해 판매되자, 원고는 피고에게 위조상품의 판
매 중지를 요청하는 이메일을 발송하였다. 그러자 피고는 각 취급상
품 및 광고는 각 판매자의 책임 하에 결정되는 것이므로 원고는 각
판매자와 직접 교섭하여야 할 것이고, 문제가 된 상품과 광고 등은
각 판매자에 의하여 삭제되었다고 회신하였다. [266]

2009. 4. 20. 당시 원고가 지적하였던 물품은 모두 삭제되어 있었

---

265) 1심 : 東京地方裁判所 2010(平成22)年8月31日判決 判例タイムズ 1396號311
頁; 2심 : 知的財産高等裁判所 2012(平成24)年2月14日判決 判例タイムズ
1404號217頁.

266) 이 사건의 경위에 관한 보다 상세한 설명은, 蘆立順美, "商標權の侵害主
體――インターネットショッピングモールの出店者による商標權侵害と同
モール運營者の責任", 法學セミナー增刊 速報判例解說Vol.11 新·判例解說
Watch(2012. 10.) 참조.

으나, 2009. 8. 10.경 위 물품이 다시 게재되어 있다는 것이 판명되자, 원고는 피고가 주체가 되어 판매자를 중개하거나 판매자와 공동으로, 적어도 판매자를 방조하여 원고의 상표권을 침해하였다고 하면서 피고를 상대로 상품 판매 중지와 손해배상을 구하는 소를 제기하였다.

1심은 Chupa Chups 상표의 주지저명성을 인정한 다음, (i) 피고가 상표법 제2조 제3항 2호(부정경쟁방지법 제2조 제1항 1호, 2호)의 "양도를 위한 전시" 또는 "양도"를 하였다고 할 수 있는지 여부, (ii) 피고에 의한 상표권 침해 여부, (iii) 피고의 부정경쟁행위 성부 및 (iv) 피고의 상표권침해행위 또는 부정경쟁행위에 의하여 피고가 배상하여야 할 원고의 손해액 등이 쟁점이 된다고 하면서, 결국 (ii)~(iv)의 전제가 되는 (i)이 인정되지 않는다는 이유로 원고의 청구를 모두 기각하였다. 즉, 피고가 주체가 되어 판매자를 중개하였거나 판매자와 공동으로, 적어도 판매자를 방조하여 양도하였다고 할 수 없다고 하였다.

항소심 역시 결론적으로는 1심의 판단을 유지하였는데, 방조행위 측면에서는 1심과는 다른 이유를 제시하였다. 항소심은 웹페이지에 표시되는 상품의 대부분은 제3자의 상표권을 침해하는 것이 아니고 기본적으로 상표권 침해를 야기할 위험이 적다는 점, 판매자가 사용허락을 받은 자이거나 병행수입업자로 적법한 권한자일 개연성이 높다는 점, 그렇지만 판매자가 제3자의 상표권을 침해한다는 것을 구체적으로 인식, 인용하는 경우에는 상표법 위반의 방조범이 될 수 있는 점, 피고는 시스템이용료 등 명목으로 판매자의 판매를 통해 영업상의 이익을 얻고 있다는 점, 상표권 침해행위의 존재를 인식할 수 있었던 때에는 판매자와의 계약에 의하여 콘텐츠의 삭제 등 조치를 취할 수 있다는 점 등을 조합하면 상표권자 등으로부터 상표법 위반의 지적을 받은 때에는 판매자에 대하여 그 의견을 판매자에 대하여 그 의견을 듣는 등 그 침해 여부를 신속하게 조사하여야 하고,

이를 이행하는 한 상표권 침해를 이유로 한 금지청구나 손해배상책임을 부담하지 않지만, 이를 태만히 한 때에는 판매자와 함께 책임을 진다고 기준을 제시하면서, 피고가 상표권 침해 사실을 안 때로부터 1일 내지 8일 이내라는 합리적 기간 내에 이를 시정하였다고 인정함이 상당하므로 책임이 인정되지 않는다고 판단하였다.

## Ⅳ. 검토

### 1. 공동불법행위 이론 구조에 따른 국내 사례의 평가

이상에서 살펴본 사례들은 OSP의 책임과 관련하여, 제3자에게 가담한 형태라는 점을 명확히 한 후 결론적으로 직접책임이나 협의의 공동불법행위를 부정하고 방조에 의한 공동불법행위로 이론구성하였다는 점에서 타당하다고 생각된다.

특히 소리바다를 둘러싼 일련의 사건에서는 OSP에 대하여 먼저 협의의 공동불법행위 책임은 배척한 뒤 방조책임이 성립 여부를 판단하고 뒤이어 책임제한 규정에 관하여 검토함으로써, 피신청인들에게는 방조책임이 성립할 뿐 아니라 책임제한 규정에 따른 면책요건을 갖추지 못하였다는 이유로 저작인접권의 침해금지 및 침해예방 신청을 받아들였는데,[267] OSP가 제3자의 직접적 불법행위에 대해 조

---

[267] 한편, 황경환, "저작권법 제102조 제2항의 온라인 서비스제공자의 면책조항 법적검토", 경상대학교 법학연구 제16집 제1호(2008. 8.), 220면은 소리바다 사건과 관련하여, "본 사건에서 피신청인의 공동불법행위는 인정하지 않고 단지 기존 판례에 의해 피신청인을 저작권침해의 방조자로 인정하여 저작권침해자로 결정하였다. 민법 제760조는 방조자를 공동불법행위자로 규정하고 있는데 본 사건에서 피신청인을 저작권침해의 방조자로 인정하면서 공동불법행위자로 인정하지 않은 것은 의문이다"라고 기술하고 있는데, 위에서 살펴본 바와 같이 위 사건에서 법원은 협의의 공동불법

력한 경우에 관하여 정확한 이론적 검토 순서에 따라 판단한 것으로 타당하다 할 것이다. 이러한 관점에서 소리바다 1 사건 항소심 판결에 대하여 민법 제760조 제3항의 방조에 의한 공동불법행위 책임을 그 근거로 분명히 언급한 점이 가장 큰 의의라고 평가하는 견해도 있다.[268]

또한 야후 사건에서도 대법원은 OSP의 책임과 관련하여 직접행위자나 협의의 공동불법행위자로서 책임을 지는지 여부에 관해 판단한 후, 그러한 침해행위가 인정되지 않는 경우 방조에 의한 공동불법행위를 논하여야 한다는 점을 재확인하였으며, 이러한 판단 순서가 향후 OSP의 책임론과 관련하여 판례의 기준이 될 것으로 기대해 볼 수 있다.

다만, 소리바다 1 사건 이후에 선고된 싸이월드 사건에서, 항소심 단계까지는 방조에 의한 공동불법행위에 근거한다는 점을 명백히 한 반면, 오히려 대법원은 간접침해 법리 구조를 명시하지 않고 OSP의 관리책임 위반을 이유로 한 직접책임을 인정한 듯한 태도를 취하였는데, 위 제2절에서 검토한 바와 같이 독자적인 불법행위책임으로 이론구성한 대법원의 판시에는 의문의 여지가 있고, 싸이월드 사건 항소심의 논리 구조가 타당하다고 생각된다.

한편, 소리바다 사건에 대하여는 음반복제금지청구권 등을 피보전권리로 하는 가처분 사건이라는 점에서 공동불법행위의 성립 여부를 논의할 필요가 없다고 하며 위와 같은 논리구조를 비판하는 견해가 있다. 즉, 저작권법상 저작권침해행위는 민법상 불법행위의 특수한 유형이고 저작권법에 특칙이 마련되어 있는 경우에는 민법상 불법행위에 관한 규정이 적용되지 않고, 저작권법 제123조 제1항에

---

행위 성립을 배척한 뒤 방조에 의한 공동불법행위 성립을 인정한 것이므로, 위와 같은 비판은 공동불법행위 유형을 오해한 것으로 타당하지 않다.
268) 박준석(주 10), 298면.

서는 저작권침해정지청구, 저작권침해예방청구 또는 손해배상의 담
보청구에 대해 규정하고 있으며, 동법 제123조 제2항에서는 침해물
품의 폐기 등 청구에 대해서 규율하고 있고, 동법 제123조 제3항에서
는 전술한 침해정지청구, 침해예방청구 또는 손해배상담보청구에 대
한 가처분 등을 할 수 있음을 밝히고 있는 반면, 민법 제760조는 공
동불법행위자의 손해배상책임에 규정하면서 동조 제3항에서 교사자
나 방조자도 공동불법행위자로 본다고 규정하고 있어 민법 제760조
는 손해배상책임을 전제로 한 규정이므로 침해정지청구 등에는 준
용하기 어렵다는 것이다. 또한 이 견해는 위 결정이 협의의 공동불
법행위 성립을 부정하고 방조에 의한 공동불법행위 책임만 인정하
였음에도, 자신의 불법행위에 대한 직접적인 책임을 지는 방조자에
관하여[269] 저작권법 제102조 이하에서 정하는 간접침해행위에 대한
면책조항을 적용한 점에서 논리적으로도 모순이라고 비판하고 있
다.[270] 이 견해가 지적하고 있다시피, 손해배상을 청구하는 것이 아
니라 오로지 침해금지만을 구하는 가처분 사건에서 손해배상을 전
제로 하는 불법행위 책임 성립 여부를 판단한 것은 부당한 측면이

---

269) 위 견해는 '협의의 공동불법행위'로 인한 책임은 간접책임에 해당하나,
    '방조에 의한 공동불법행위'로 인한 책임은 직접책임에 해당한다는 주장
    을 하고 있으나, 이는 공동불법행위에 관한 통설의 태도에 반하는 것으로
    부당하다. 위 견해의 설명과는 달리, 협의의 공동불법행위가 좀 더 가담
    의 정도가 높아 직접책임에 가깝고, 방조에 의한 공동불법행위는 어디까
    지나 타인의 행위에 소극적으로 가담한 것에 지나지 않으며, 이를 두고
    직접행위 책임이라고 할 수는 없다. 더욱이 협의의 공동불법행위는 물론
    방조에 의한 공동불법행위 모두 제3자의 불법행위를 전제로 이에 관여한
    경우 그 타인과 연대하여 책임을 지도록 하는 규정이므로, 설령 공동불법
    행위자 스스로 직접적인 행위를 하였다고 하더라도 이러한 책임의 성질
    을 직접책임이라고 볼 수는 없다. 따라서 위 결정이 저작권법 제102조 이
    하의 면책규정 적용 여부를 판단한 것은 타당하다고 할 것이다.
270) 이규호(주 110), 35면.

없지 않다. 그러나 OSP의 책임을 논하는 경우 책임 근거에 대한 판단 없이 곧바로 면책요건에 대한 판단에 들어갈 것이 아니라, 먼저 공동불법행위론에 따른 책임 여부를 확정한 뒤 면책요건 충족 여부를 판단하는 것이 논리적으로 타당하다는 점에서 일련의 소리바다 사건의 판단은 여전히 공동불법행위 이론 측면에서 선례로서 큰 의미를 가진다.

다만 소리바다 1 사건에 관하여는 궁극적인 저작권 침해행위자는 일반 이용자들이므로 파일 공유 서비스를 제공하는 것에 불과한 서비스 운영자들에게 저작권 침해에 대한 방조 책임을 인정하기 위한 좀 더 구체적인 기준이 마련되었으면 하는 아쉬움이 있다는 견해가 있다.[271] 이 사건 이후에도 구체적인 서비스의 내용 및 중앙서버의 관여 정도에 차이가 있는 다양한 파일 공유 프로그램이 제공되었고, 소리바다 자체도 위 사건이 진행되는 과정에서 중앙서버의 관여정도를 달리하는 새로운 유형의 서비스를 제공하였고, 그 밖에도 국내외에서 다양한 유형의 파일 공유 서비스가 제공되고 있으며, 그 외에도 인터넷 웹 디스크 서비스 등이 있고, 이러한 서비스를 통해서도 저작물의 불법적인 복제 및 유통이 많이 이루어지고 있는데, 어떠한 경우에 서비스 제공자가 침해행위에 대한 방조 책임을 부담할 것인지에 관하여 판단 기준이 불분명하기 때문이라고 한다. 소리바다 1 사건 이후 소리바다 5 사건은 물론 저작권 침해에 관한 야후 사건이나 그 외 상표권 침해에 관한 히노키 사건, K2 사건 및 adidas 사건, 인격권 침해에 관한 싸이월드 사건이나 트위스트김 사건 등 다수의 사건에서 방조책임 내지 OSP의 주의의무 근거에 대하여 판단이 이루어졌다. 이러한 사건들 모두에서 일관된 구체적인 기준이 제시

---

271) 유영일, "지식재산권 대법원판결의 흐름과 전망 : 이용훈 대법원장 재임 6년간을 중심으로", (이용훈대법원장재임기념) 정의로운 사법, 이용훈대법원장재임기념문집간행위원회(2011), 314면.

되었다고 할 수는 없으나, 최소한 선례의 축적을 통해 예측가능한 기준을 도출해 볼 수는 있을 것으로 기대된다.

## 2. OSP의 책임 인정 여부에 따른 국내 사례의 평가
### －히노키 사건 및 소리바다 사건과 기타 사건의 비교

이상에서 살펴본 국내사례는 OSP의 책임을 인정한 히노키 사건 및 소리바다 사건과, 그 책임을 부정한 K2 사건, adidas 사건, 야후 사건 및 트위스트김 사건으로 나누어 볼 수 있다.

### 가. OSP의 책임을 인정한 히노키 사건과 소리바다 사건
#### 1) 히노키 사건에 대한 검토

히노키 사건 판결에 대하여는, 1회 침해의 통보가 이루어졌다는 사정만으로 서비스제공자로 하여금 앞으로 해당 상표가 부착된 제품에 관한 판매정보가 게시되거나 검색되지 않도록 필요한 조치를 할 것을 요구하는 것은, 향후 비슷한 침해가 어떤 영역에서 발생할 것인지 예측하기 곤란한 인터넷 서비스의 특징에 비추어, 사실상 모니터링 의무를 인정하는 것과 별다른 차이가 없게 되어 부당하다는 비판이 있다.[272] 이 견해는 정보통신망법 제44조 제2항이 가지는 의미는 그 조항과 함께 도입된 같은 법 제44조의 2 등 면책조항들과의 균형적인 해석상 여전히 '통지 및 제거절차'라는 큰 틀을 벗어난 것이 아니므로, 단지 정보통신 서비스 제공자의 주의의무를 강조하는 조항에 가깝다고 한다. 이 견해가 지적하는 바와 같이, 히노키 사건에서는 정보통신망법 제44조 제2항만을 근거로 OSP에게 무거운 의무를 부과하

---

272) 박준석, "인터넷 오픈마켓 사업자의 상표권 침해책임", 인터넷과 법률 Ⅲ (2010), 475면, 478면.

였는데, 특히 오픈마켓 운영자로서는 상품의 진위를 스스로 판별하기 극히 어렵다는 점에서 볼 때 위 판결의 결론에 동의하기 어렵다.

더욱이 히노키 사건에서는 향후 히노키 상표의 요부를 금칙어로 설정하여 그것이 포함된 판매정보에 대해여는 게시 및 검색을 제한 하는 조치 등을 취하여야 한다고 보았는데, 그 경우 오픈마켓에서의 진정상품의 판매도 제한될 수밖에 없다. 이에 대하여 히노키 사건 법 원은 가처분의 금지명령 범위에 진정상품의 판매는 포함되지 않는다 고 설시하였으나, 오픈마켓에서 아예 해당 상표의 검색 자체가 금지 된다면 소비자로서는 진정상품에 대해 접근할 기회조차 없게 되므로, 위와 같은 설시는 기술적 현실을 무시한 것으로 부당하다. Tiffany 사 건에서, Tiffany 측의 진정한 의도는 eBay 등 오픈마켓에서 Tiffany 제품 의 위조상품 거래를 막는 것이 아니라, 진정상품의 거래까지 차단하 여 독점적 지위를 얻으려는데 있다고 보는 견해가 있는데,273) 이 견 해의 지적이 히노키 사건에도 그대로 적용될 수 있을 것이다.

### 2) 소리바다 사건에 대한 검토

소리바다 1 사건에서는 피신청인들이 소리바다 서비스를 통하여 이용자들에 의한 이 사건 음반제작자들을 포함한 다수의 음반제작 자들의 저작인접권 침해행위가 발생하리라는 사정을 미필적으로 인 식하였거나 충분히 예견할 수 있었다고 하면서, 피신청인들이 소리 바다 프로그램 설치 화면상에 경고문을 고지하는 이외에는 이용자 들의 저작인접권 침해행위를 방지할 만한 아무런 조치를 취하지 아 니하였으므로 방조책임이 인정된다고 보았는데, 소리바다 5 사건에 서는 이에서 한걸음 더 나아가 결론적으로 OSP에게 적극적 필터링

---

273) Daniel Malachowski, "SEARCH ENGINE TRADE-MARKETING: WHY TRADEMARK OWNERS CANNOT MONOPOLIZE USE OF THEIR MARKS IN PAID SEARCH", DePaul Journal of Art, Technology & Intellectual Property Law(Spring 2012), p. 388.

의무를 부과하고 P2P 기술을 근본적으로 금지하는 취지의 판단을 내림으로써 학계와 실무계로부터 많은 비판을 받게 되었다.[274]

학설 중에는 위 결정이 반드시 '적극적 필터링'을 채택하여야만 합법이라고 판시한 취지는 아니고 단지 소리바다5 서비스가 채택하고 있는 '소극적 필터링'이 가지고 있는 저작권 보호에 있어서의 기술적 한계, 즉 피신청인 회사가 공유금지로 설정하여 놓은 음원 파일들에 대하여만 필터링을 실시하는 방식의 내재적 한계와 그에 따라 불법 음원들이 현실적으로 유통될 수밖에 없다는 점을 설명하기 위한 것에 불과하고, 위 결정은 모든 P2P 기술에 적용되는 것이 아니라 오직 소리바다5 서비스와 그 필터링 기술에 대하여만 평가하는 것으로, 소리바다5 서비스의 면책 여부를 가림에 있어서는 침해방지를 위하여 필요한 합리적이고 충분한 기술적 조치를 다하였는지에 관한 법적 평가가 중요할 뿐이어서, 결국 불충분한 조치만을 취한 상태에서 필터링률의 다소 높고 낮음은 가처분의 인용 여부를 결정하는데 큰 의미가 없다는 의미로 이해되어야 한다는 견해가 있다.[275] 그러나 이 견해는 소리바다5 가처분결정이 "특정 음원에 대한 수많은 파일 중 어느 하나의 파일이라도 걸러지지 않는 경우, 그 걸러지

---

274) 소리바다5 가처분결정에 대한 비판에 대한 보다 자세한 내용은, 윤종수, "OSP의 책임제한과 특수한 유형의 OSP의 기술조치의무‒ 서울고등법원의 소리바다5 결정을 중심으로‒", 인권과 정의 통권 395호, 대한변호사협회 (2009. 7.); 정상조·박준석, "OSP의 기술적 조치에 관한 의무: 소리바다 사건을 중심으로", Law & technology 제4권 제1호, 서울대학교 기술과 법센터 (2008. 1.); 김지연, "OSP의 기술적 조치의 의무", Law & technology 제4권 제1호, 서울대학교 기술과 법센터(2008. 1.); 황경환(주 267) 등. 특히 정상조·박준석, 위 논문은 10면~32면에 걸쳐 소리바다 사건 판결에 관해 상세히 비판하고 있다.
275) 오승종·최진원, "P2P 사업자의 필터링과 OSP 책임제한: 소리바다5 가처분사건 항고심결정(2007. 10. 10.자 2006라1232 결정)을 중심으로", 홍익법학 제9권 제1호(2008. 2.), 245~249면.

지 않은 음원 파일이 다운로드를 요청한 모든 이용자들에게 공유되게 된다는 점에 비추어 볼 때, 완벽한 필터링이 이루어지지 않는 이상, 피신청인 회사가 주장하는 바와 같은, 필터링률의 제고가 저작인 접권 등의 침해방지를 위한 기술적 조치를 다하였는지에 관한 법적 평가에 있어 어떠한 의미가 있다고는 하기 어렵다"고 하여 100% 차단율이 달성되지 않는다면 면책될 수 없다는 취지로 판시하였음에도 불구하고, 이를 "100% 완벽할 기술적 조치를 요구하는 것은 아니라"고 보고 있어 수긍하기 어렵다.

또한 우리 저작권법은 "저작물의 공정한 이용"을 도모하는 것도 목적으로 하고 있지만, 어디까지나 저작권자 및 저작인접권자 등의 권리 보호가 가장 기본적이고 중심적인 목적임은 부정할 수 없다면서, 저작물의 유통 활성화와 이용자 보호의 관점에서 대상결정을 비판하는 견해에 반대하여, 이용자의 공정한 이용과 침해자의 무료 음원 불법 취득은 명백히 구분되어야 할 것이고, 무엇보다도 현재 인터넷에서 거의 무제한의 불법 다운로드와 이로 인한 음반시장, 영화시장의 황폐화와 창작의욕의 저하가 문화산업계의 가장 큰 문제점으로 부각되고 있는 현 상황에서는 "문화의 향상, 발전"이라는 저작권법의 궁극적인 목적을 위하여 이용자 보호보다도 권리자 보호가 더 시급한 과제임을 잊지 말아야 할 것이며, 이러한 면에서 대상결정은 우리 법원의 저작권(저작인접권) 보호 의지를 다시 한 번 확인해 준 판례로서 높이 평가받아야 할 것이라면서 위 결정을 옹호하는 견해[276]도 있다. 그러나 저작권법의 목적은 문화 및 관련 산업의 향상발전에 이바지하는 것으로(저작권법 제1조), 저작권자의 권리 보호는 저저작물의 공정한 이용 도모와 함께 이러한 궁극적 목적을 이루기 위한 수단 중 하나이므로, '저작권자 및 저작인접권자 등의 권

---

276) 이병규, "소리바다5 가처분사건 항고심 결정에 대한 재검토", 인터넷법률 통권 제44호(2008. 10.), 178면.

리 보호가 저작권법의 가장 기본적이고 중심적인 목적'이라는 주장
은 납득하기 어려우며, 설령 이 견해에 따라 저작권자 보호를 가장
중심적인 목적으로 본다고 하더라도, 현대적인 저작권 소비 패턴에
비추어 볼 때 저작물의 유통 자체를 제한하는 것이 저작권자를 보호
하는 최선의 방법이 아니라는 점에서도 역시 타당하지 않다고 생각
된다. 오히려 자유로운 저작물의 유통을 증진시키면서 대신 저작권
자로 하여금 그에 상응하는 정당한 이용료를 징수할 수 있도록 하는
것이 인터넷을 통한 광범위한 저작권 유통 현실에 부합하고 저작권
자의 보호 측면에서도 바람직하다. 게다가 위 견해는 국내에 이미
적극적 필터링 방식을 취한 P2P 업체가 있다고 하면서, 적극적 필터
링 방식이 P2P 기술과 관련하여 현실적으로 충분히 실현가능하다고
주장하였는데,[277) 위 견해가 언급한 "콘스팟"은 이미 수년 전부터 더
이상 서비스를 하고 있지 않은 것으로 파악되므로[278), 결국 적극적
필터링 방식을 취한 P2P 업체가 상업적으로 성공을 거두었다거나 현
실적으로 가능한 비즈니스 모델이라고 보기도 어렵다고 할 것이다.
내용규제 도구였던 필터링 시스템을 저작권 보호도구로 사용하기
적절한 것인지 의문이 제기될 수 있다. 게다가 저작권자가 어떤 저
작권 관련 식별표지를 하지 않은 디지털 저작물을 제3자가 기계적으
로 걸러낸다는 것은 불가능하므로,[279) 위 가처분 결정에서 전개된
P2P 기술에 대한 이해는 정당화되기 어려울 것으로 생각된다.

　　위와 같은 견해와는 반대로, 소리바다 5 사건의 법원은 저작권자
측의 저작권 보호 요구나 통지가 없더라도 피고 측이 기술적 조치를

---

277) 이병규(주 276), 172면.
278) 콘스팟 홈페이지에서 "새로 나온 콘텐츠"를 클릭할 경우, 2007. 7. 26. 및
　　2008. 1. 15. 등록된 어학교육용 콘텐츠 두건이 검색될 뿐이다(http://www.
　　nya-on.com/Con spot/contents/?s_stat=hot, 최종방문 2010. 6. 2. 이고, 2015. 5. 현
　　재 위 사이트는 영업을 중단하고 폐쇄된 상태이다).
279) 김지연(주 274), 45면.

수용할 것을 요구함으로써, 저작권자 쪽으로 한층 더 기울어진 조문 해석을 내어놓았고, 인터넷서비스제공자의 부차적 책임에 있어 이런 일련의 경향을 고려할 때, UGC와 관련된 인터넷서비스제공자를 규율하는 법원의 판단은 장차 인터넷서비스제공자에 대하여 강경하고 불리하게 될 가능성이 크며, 저작권법의 책임제한 조항은 기본적으로 이른바 소극적 필터링 원칙에 터 잡아 P2P 서비스제공자에게 적극적으로 이용자의 침해행위를 탐지할 것을 요구하지 않는다는 점, 그리고 특정한 기술을 수용하도록 강제하기에는 아직 필터링 기술 조치의 발전상이 완전하지 못하다는 점 때문에 소리바다 5 사건 법원의 태도는 적어도 지금 시점에서는 부당하다는 견해도 있다. 이 견해는 소리바다 5 사건 법원의 강변에 불구하고, UGC는 이른바 강제적인 적극적 필터링 시스템 하에서는 위 법원의 부연설명에 따르자면 복잡한 권리인증절차가 요구되므로 결국 고사위험에 빠질 것이라고 경고한다.[280] 다행스럽게도 소리바다 5 사건 판결 선고 이후, 적극적 필터링을 요구한 소리바다 5 사건 판결의 문제점이 여러 차례 지적되었고, 야후 사건 등을 통해 저작권 침해의 경우에도 반드시 적극적 필터링만이 적법한 것으로 인정되는 것은 아니라는 점이 인정됨으로써, 위 견해가 경고한 바와 같은 부당한 사태는 벌어지지 않은 것으로 생각된다. 그럼에도 불구하고 소리바다 5 사건에서 적극적 필터링까지 요구함으로써 OSP의 책임을 부당하게 확대하였다는 점은 부인하기 어려우며, 공동불법행위 이론 구조 측면에서의 타당성은 별론으로, 구체적인 이유설시 부분이나 OSP의 의무 범위 측면에서는 받아들이기 어렵다고 생각된다.

---

280) 박준석, "한국의 UGC 관련 사건들에서의 인터넷서비스제공자 책임에 대한 전망", Law & technology 제4권 제2호, 서울대학교 기술과법 센터(2008. 3.), 74, 75면.

### 나. OSP의 책임을 부정한 기타 사건

K2 사건에서는 같은 상표권 침해에 관한 히노키 사건과는 다르게 오로지 권리자가 상품번호 등까지 특정하여 삭제를 요청한 제품에 대하여 판매중지를 하여도 무방하다고 판단하고 있다. 이에 대하여는 이는 통신판매중개자가 통신판매중개에서 차지하는 계약과정에서의 비중이나 기술적 능력의 비중을 고려할 때, 통신판매중개자의 권리침해정보의 유통을 막기 위한 구체적인 노력의 내용을 지나치게 낮은 수준으로 설정한다는 비판을 면키 어렵다는 견해가 있다.[281] 그러나 K2 사건에서는 등록상표에 대한 상표권 침해가 문제된 것이 아니라, 주지성 있는 상품표지[282]에 대한 부정경쟁행위가 문제된 것으로, OSP로서는 상표의 주지성이나 혼동가능성 등 부정경쟁행위에 해당하는지 여부에 관한 요건까지 판단하였어야 한다는 점에서 히노키 사건에 비하여 침해의 명백성이 적었다고 할 수 있다. 이에 따라 OSP에 대해 높은 수준의 주의의무를 부여하기는 곤란하였던 것으로 추측되고, 구체적 타당성 측면에서 합리적인 판단이었다고 생각된다. 더욱이 adidas 사건에서도 정교하게 제조된 위조상품의 경우에는 오픈마켓 운영자로서는 실물을 보더라도 이를 확인하기 쉽지 않은 점, 매일 새로 등록되는 대량의 상품을 일일이 확인하여 특정 상표가 사용된 상품이 위조상품인지 여부를 검증하는 것은 현실적으로 불가능에 가까운 점 등을 근거로 결론적으로 상표권자로부터 통지를 받은 당해 물품에 한하여 삭제나 차단의무가 있다고 판단하였으며, OSP 중 통신판매중개자에게 그 이상 높은 수준의 주의의무를 부담시키는 것은 타당하지 않다고 생각된다.

---

281) 오병철(주 35), 203~204면.
282) K2 상표의 주지성 여부에 관하여 여러 하급심에서 인정된 바가 있었지만, 당시까지 K2 상표의 상표등록이 이루어지지 못하여 주지성 논란이 완전히 가라앉은 것은 아니었다.

한편, 위 견해는 K2 사건에서 법원이 전자상거래법 제20조[283])가 판매자의 불법행위에도 적용되는 것으로 보아 오픈마켓에게 판매자의 침해행위를 방지할 일반적인 주의의무를 부정하는 하나의 전제사실로 하였다고 보면서, 전자상거래법 제20조는 판매자의 채무불이행에 대하여 소비자에 대해 연대책임을 지우는 조항일 뿐, 통신판매업자가 소비자 외 상표권자 등 제3자에게 부담하는 책임에 대한 규정이 아니기 때문에, K2 사건에서 소비자 아닌 상표권자에게 발생한 손해에 대해 전자상거래법 제20조를 들어 통신판매중개자의 책임을 논의하는 것 자체가 오류라고 한다. K2 사건이 언론을 통해 널리 보도됨으로써 마치 통신판매중개자는, 자신이 책임을 부담하지 않는다는 사실만 고지하는 한, 통신판매자의 어떠한 불법행위에 대해서도 여하한 책임으로부터도 자유롭다는 그릇된 법적 인식을 전파시킨 점은 법규적용의 오류로 인한 큰 사회적 부작용이 아닐 수 없다고 한다.[284] 그러나 K2 사건에서 통신판매중개자의 책임제한규정인 전자상거래법 제20조를 언급한 것은 분명하나, 반드시 전자상거래법 제20조가 판매자의 불법행위와 관련하여서도 적용되는 것으로 본 것은 아닌 것으로 생각된다. 단지 통신판매중개자 중 오픈마켓의 성질을 설명하면서 전자상거래법 제20조도 오픈마켓의 성질을 참작하여 판매자의 채무불이행에 대한 연대책임 요건을 정하고 있는 만큼 위 K2 사안에서도 그러한 취지를 고려할 필요가 있다는 것으로 해석할 수 있다. 다만, 위 견해가 언급한 것과 같이 전자상거래법 제20조는 소비자에 대한 규정임이 분명하므로, 소비자 아닌 제3자와의 관계가 문제되는 K2 사건에서 굳이 이를 언급할 필요는 없었을 것이다. 또

---

283) 구 전자상거래법(2012. 2. 17. 법률 제11326호로 개정되기 전의 것)상 조항으로, 현재는 제20조(통신판매중개자의 고지 및 정보제공 등)와 제20조의2(통신판매중개자 및 통신판매중개의뢰자의 책임)로 분리·규정되었다.
284) 오병철(주 35), 200~201면.

한 전자상거래법이 오픈마켓의 성질을 참작하여 통신판매중개자의 책임제한을 규정하고 있더라도, 오픈마켓이 일반적으로 개별 거래에 직접 참여하지 않는다는 성질에 근거한 것에 불과할 뿐이어서, 오픈마켓에 그 개별 거래를 관리할 의무나 가능성이 있는지 여부에 관한 방조책임이 문제된 K2 사건의 쟁점과는 논리적 연관성이 약해 보이므로, 이를 언급하여 이론적 혼란을 초래한 것은 바람직하지 않다고 할 것이다.

또한 같은 상표권 침해에 관한 adidas 사건에서도, 사전적인 일반적·포괄적 침해방지의무는 없고, 사후적인 개별적·구체적 침해방지의무만 있다고 하면서, K2 사건과 유사한 기준에 따라 OSP의 책임을 부정하였다. 다만, K2 사건에서는 적극적 필터링 의무를 전혀 인정하지 않은데 비하여, adidas 사건에서는 다른 방법으로는 "위조품 유통을 통제하는 것이 불가능할 정도로 범람하여 건전한 거래질서를 해칠 지경에 이른 경우 등 오픈마켓 운영자의 영업의 자유보다는 상표권자의 권리 침해를 방지할 필요성이 훨씬 크다고 인정되는 특별한 사정이 있는 경우"에는 적어도 적극적 필터링 의무를 인정할 수 있다고 판단하는 등 침해 상황의 단계에 따라 그 책임 내용을 달리 보아야 한다고 판단한 점에서 진일보한 것이라고 생각되며, 이러한 특별한 사정이 있는 경우에는 보다 오픈마켓 운영자의 책임을 강화하는 것이 바람직하다고 하겠다.

한편, 저작권 침해에 관한 야후 사건이나 인격권 침해에 관한 트위스트김 사건의 경우에도, 침해물의 불법성이 명백한지 여부, OSP에게 침해물의 존재에 대한 인식가능성이 있었는지 여부 및 관리·통제권이 있는지 여부를 기준으로 하여 책임 여부를 판단하여, 상표권 침해에 관한 K2 사건 및 adidas 사건과 기본적으로 유사한 기조를 취하였다. 다만, OSP의 인식가능성과 관련하여서, 야후 사건에서는 피해자로부터 구체적·개별적인 게시물의 삭제 및 차단 요구를 받은 경우는 물론, 피해자로부터 직접적인 요구를 받지 않은 경우라 하더라도 그 게시물이 게시된 사정을 구체적으로 인식하고 있었거나 그 게시물의 존재를 인식할 수 있었음이 외관상 명백히 드러나는 경우에는 책임이 있다고 하여 그 인식가능성 요건을 다소 완화한 반면, 반대로 트위스트김 사건에서는 침해 사이트가 개인의 인격권을 침해한다는 것을 알았거나 알 수 있었다는 사정만으로 바로 침해 사이트에 대한 검색을 차단할 의무를 지게 된다고는 할 수 없고, 피해자의 피해신고나 차단요청 등 별도의 사정이 요구된다고 하여 그 요건을 강화하고 있다.

다. 검토-OSP에게 적용될 일관적 기준 마련의 필요성

OSP에게 일반적인 모니터링 의무를 인정한 히노키 사건이나 적극적 필터링 의무를 부담시킨 소리바다 5 사건은, 그 구체적 타당성을 별론으로 하더라도, 이론상 OSP의 의무범위를 과도하게 확장하였다는 점에서 수긍하기 어렵다. 히노키 사건의 경우, 뒤이어 선고된 K2 사건이나 대법원에서 확정된 adidas 사건 등을 통해 오픈마켓의 주의의무 범위가 어느 정도 정리되어 그 파급력이 크지 않았지만, 소리바다 5 사건의 경우에는 특히 Pure P2P 방식 서비스에 대한 것으로 P2P의 경우 그 성질상 적극적 필터링이 불가능함에도 불구하고 어떤 방식의 소극적 필터링만으로도 주의의무위반이 인정된다고 판단하여 결과적으로 P2P 기술을 근본적으로 금지하는 취지의 판단을 내림으로써 학계와 실무계로부터 많은 비판을 받게 되었으며[285] 수년 동안 저작권 영역에서 크게 이슈가 되었던 사건이라는 점에서 더욱 큰 논란이 되었다.

우선 상표권 침해 사례와 소리바다 5 사건을 비교하여 검토해 보

---

285) 박준석(주 280), 74면.

면, 오픈마켓 운영자와 P2P서비스제공자 모두 거래 또는 정보의 송수신이 일어나는 가상의 공간만을 제공할 뿐 실제의 거래 또는 송수신에는 관여하지 않는다는 점에서는 서로 매우 유사하다. 다만, 오픈마켓 운영자의 경우 오픈마켓에서 일어나는 거래로부터 직접 이득을 얻고, 각 상품을 검색하기 쉽도록 스스로 분류하거나 초기화면에 배치하는 등 일정 정도 관리권을 행사하고 있는데 비하여, P2P서비스제공자의 경우 정보 송수신으로부터 직접 이득을 얻은 바도 없고 정보의 검색에 관여하지도 않는 차이가 있다. 그럼에도 불구하고 우리 법원은 P2P서비스제공자의 경우 보다 높은 주의의무를 인정하고 있는바, 이러한 태도에는 의문이 제기되지 않을 수 없다.

한편, 미국의 경우에는 Napster와 Grokster 사건을 통해 P2P 소프트웨어가 원천적으로 불법임을 천명하고 있는데, 우리나라에서는 특정한 기술적 보호조치를 취하는 경우 서비스를 합법화할 여지가 있고, 국가적으로 디지털 미디어에 대해서 사적복제 부과금 제도를 도입하여 P2P 서비스 이용에 대한 저작권법상 면책이 주어지지 않는 한, 사적인 계약으로 권리단체와 P2P 소프트웨어 업체 간의 협약으로 고소 등을 하지 않겠다는 조건으로 수익을 창출하는 것은 그릇된 영업형태이며, 단지 권리단체나 음반사만이 금전적 이익을 누리는 대가로 불법적인 P2P 서비스가 생명을 유지하는 것을 의미하는 것으로 사회정의에 반하는 일이라는 견해가 있다.[286] 그러나 위에서 살펴본 바와 같이, 미국의 경우 Napster 사건 및 Grokster 사건에서 P2P 기술 자체를 원천적으로 불법이라고 선언하였다고 볼 수는 없다. 특히 Grokster 사건에서는 유인이론에 따라, Grokster의 구체적인 사업 행태를 근거로 책임을 인정한 것이어서, 만약 Grokster가 Pure P2P 기술을 이용자를 유인하지 않는 방법으로 가치중립적으로 사용하였다면 그

---

[286] 정진섭, "OSP의 저작권법상 책임한계에 관한 사례연구", 경희법학 제44권 제3호(2009), 168면, 169면 참조.

결론이 달라질 여지가 충분히 있으며, 이러한 측면에서 위와 같은 견해는 타당하지 않다. 더 나아가 P2P 소프트웨어 업체와 음반사 등 권리단체 사이에 저작권 이용에 관한 사적 계약을 체결하고 그에 따라 P2P 소프트웨어를 통한 저작물 유통이 가능하도록 하였다면, 이는 사적자치의 원칙상 당연히 허용되는 것으로 이를 두고 사회정의에 반한다거나 그릇된 영업형태라고 할 수는 없다. 실제로 현재 다수의 웹하드 업체가 여러 방송사와의 계약을 통해 이용자가 웹하드에 업로드 하는 방송 프로그램에 대해 정당하게 과금하고 방송사에게 그에 대한 수익을 분배하는 형태로 사업을 영위하고 있으며, 방송사 기타 저작권자의 입장에서도 여러 다양한 채널을 통해 소비자에게 방송프로그램을 공급하여 수익 확대를 꾀할 수 있다는 점에서 긍정적으로 평가할 수 있을 것이다.

adidas 사건에서 법원은 디지털 저작물과 실물 상품의 성질상 유통과정이나 배송절차가 필요한지 여부 등의 차이가 있다는 점, 불법복제 저작물은 그 자체로 침해여부가 확정될 수 있는데 비하여 상표침해 상품이나 부정경쟁행위 물품은 표장의 저명성 및 유사 여부 등에 대한 판단이 필요하고 또 병행수입상품과의 구별도 쉽지 않아 그 자체로 곧바로 침해여부가 확정될 수 없기 때문에 저작권 사건과 상표 사건에서 서로 다른 결론에 이를 수밖에 없다는 취지로 설명하고 있다. 그러나 오픈마켓 운영자에 대하여 적극적 필터링 책임을 배제할 수밖에 없는 궁극적인 이유는 상표권 침해인지 여부가 불확실하다는 점보다는 오히려 매일 새로 등록되는 대량의 상품을 일일이 확인하여 검증하는 것이 불가능하다는 점에 있다고 보아야 할 것으로 생각된다.287) 부정경쟁행위가 문제된 K2 사건에서는 부정경쟁행위

---

287) adidas 결정 역시 "오픈마켓은 본질적으로 판매자와 구매자 사이에 자유롭게 거래가 이루어지는 구조로 형성되어 있어 운영자가 사전에 판매자가 등록하려는 상품 명세를 확인하는 것은 인터넷을 통한 간편한 거래라는

여부 판단에 어려움이 있을 수 있지만, adidas 사건에서는 상표법 위반이 문제되었고, 신청인들이 금지를 신청한 것은 adidas라는 명칭을 사용하는 표장에 한정되었으며, 이러한 명칭을 놓고 보면 법률 문외한인 오픈마켓이라고 하더라도 쉽게 유사성을 판단할 수 있었을 것이고, 또 저작권침해 여부도 adidas 사건 법원이 설시한 것과 같이 항상 명확한 것은 아니며[288], 이 점에 관하여는 상표권 침해 사건이 저작권 침해 사건과 본질적으로 다르다고 보기는 어렵다고 할 것이다. adidas 사건에서 법원은 만약 적극적 필터링을 채택할 경우 오픈마켓 운영자로서는 병행수입 상품을 구별해 내는 것이 어렵다는 피신청인 측의 주장을 받아들였는데, 이는 소리바다5 사건에서 적극적 필터링을 채택할 경우 저작권이 만료한 저작물, 이용자가 저작물의 자유이용을 허용한 UGC 등을 이용할 수 없게 된다는 피신청인 측의 주장을 배척한 것과 대비된다. 특히 대형 오픈마켓 운영자의 경우, 판

---

오픈마켓의 존재 의의를 무력화시킬 수 있는 점, 매일 새로 등록되는 대량의 상품을 일일이 확인하여 특정 상표가 사용된 상품의 위조품 여부를 검증하는 것은 현실적으로 불가능에 가깝다고 할 수 있어 상표권 보호를 위한 오픈마켓 운영자의 일반적인 관리의무의 범위를 넘는다고 보이는 점(설사 이 사건 상표를 검색이 안 되는 금칙어로 설정하더라도, 인터넷 공간에서 드물지 않게 발견되는 회피수단, 예컨대 상표 명칭 표시의 띄어쓰기를 달리하는 변형 등록을 하는 등으로 정보를 전달하는 것까지 전부 차단하는 것은 현실적으로 불가능하며, '운동복', '운동화' 등 상품의 종류 등을 검색어로 하여 거래되는 것까지 봉쇄하기는 어렵다고 할 것이므로, 이 부분 신청을 이행하기 위해서는 필연적으로 이미 등록되었거나 앞으로 등록될 모든 상품에 대한 전면 심사 절차가 필요하다)…"고 설시하여 이러한 점을 인정하고 있다.

288) 야후 사건에서 대법원도 "저작권에 관한 아무런 표시가 없는 위 내부이미지들이 타인의 저작권을 침해하는 것인지 여부를 쉽게 알 수 없었을 뿐만 아니라, 그와 같은 저작권 침해 게시물을 자동적으로 걸러내는 기술적 수단도 없었던 것"이라고 하여 저작권침해 여부가 항상 확정적인 것은 아니라고 판시하였다.

매자에게 상품 가격을 조정하도록 하거나 경쟁 오픈마켓에 출품하지 못하게 하는 등 실제로는 판매자에 대하여 강력한 관리권한을 행사함으로써 심지어 독점규제법상의 불공정행위로까지 이어지고 있는 실정[289]을 감안하면, 오픈마켓이라는 이유만으로 통신판매중개자의 책임을 저작권 사례에서보다 약하게 인정하는 것은 타당하지 않다고 할 것이다.

다음으로 인격권 침해에 관한 트위스트김 사건과 소리바다 5 사건을 비교해 보면, 판단 기준의 불균형이 더욱 분명히 드러난다. 이에 대하여는 P2P 프로그램과 검색엔진이 기술적인 관점에서 보면 크게 다르지 않음에도, 판례가 근본적으로 차별적인 시각을 가지고 판단함으로써 결과적으로는 서로 극명하게 갈리는 판단이 내려졌다고 평가하는 견해가 있다.[290] 이 견해는 판례가 ① 기술적 측면, ② 사회기능적 측면 및 ③ 규범적용의 측면에서 P2P 프로그램과 검색엔진을 달리 평가하고 있다고 하면서, 우선 ① 기술적 측면과 관련하여, P2P 시스템에 대해서는 다운로드를 전제로 하여 업로드는 P2P서비스에 접속하는 것만으로 이루어지고, 다운로드는 다수의 이용자에게 순간적으로 동시에 이루어진다고 보는 반면, 검색엔진에 대해서는 로봇 에이전트가 능동적, 자동적으로 자료를 수집하여 정리하는 점을 강조하고 있어, P2P는 이용자들의 행태가 주된 요소이고, 검색엔진은 순수히 기술적 작동의 결과로 이해하는 태도를 볼 수 있으며, P2P시스템에 대해서는 저작권으로 보호되는 정보가 유통되는 것으로 보는 반면, 검색엔진에 대해서는 웹페이지만에 대한 정보를 수집하는

---

289) 동아일보 2009. 12. 9.자 기사, "공정위, G마켓 불공정 혐의 조사", (http://news.donga.com/3/all/20091209/24670523/1.); 동아일보 2010. 7. 16.자 기사, "G마켓, 파워셀러에 '전속' 또 강요", (http://news.donga.com/3/all/20100715/29920253/1).
290) 오병철, "파일공유시스템과 검색엔진에 대한 차별적 시각의 비교고찰－소리바다5 가처분 사건과 트위스트김 사건을 비교하여－", 정보법학 제12권 제2호(2008. 12.), 12~18면.

것으로 각각 구분하여 이해하고 있다고 한다. 그러나 P2P시스템이나 검색엔진 모두 다수의 이용자에게 동시에 정보를 제공하는 것이고 파일의 다운로드 역시 다수의 모든 이용자에게 순간적으로 동시에 이루어진다는 점은 아무런 차이가 없으며, P2P시스템은 업로드와 다운로드 모두 다대다(多對多) 쌍방향구조를 갖는 반면, 검색엔진은 업로드와 다운로드가 일대다(一對多) 일방향의 구조를 갖는다는 점에서 권리침해를 직접적으로 야기하는 사람에 대한 귀책이 현실적으로 가능한 것인가의 규범적인 문제와 연결되어 규범적 차별성을 야기하는 요소로 작용하는 점은 있다고 한다. 다음으로 ② 사회기능적 측면에서 법원은 P2P의 기능에 대해서 그것이 저작인접권 등을 침해하는 파일공유가 당연한 속성이라고 단정짓고 있는데 비하여, 검색엔진에 대해서는 이용자가 원하는 정보를 쉽고 빠르게 찾아갈 수 있는 도구를 제공하므로 공공성을 인정할 뿐만 아니라 이용자와 제공자의 접속만을 매개하는 무차별성·무색투명성의 특질을 갖는다고 평가하고 있다고 하면서, P2P프로그램을 부정적인 시각에서 바라보는 법원의 태도는 결과론적으로는 이해할 수 있는 것이지만, 그 논리적 전개에서는 매우 미흡하며, 트위스트김 사건과 같이 지나치게 관대한 판단을 내린 것은 부당하다고 한다. 마지막으로 ③ 규범적용의 측면에서, P2P프로그램이나 검색엔진이나 이용자들의 위법한 행위에 대해 제공자들이 방조책임을 부담하기 위한 전제조건으로서의 주의의무의 판단기준은 거의 대동소이함에도, 실제 운영자의 인식여부나 권리침해를 방지하기 위한 조치와 관련하여 서로 다른 규범적 척도를 적용함으로써 상반된 결론을 내리고 있는데, P2P는 저작권침해를 위한 도구이지만 검색엔진은 정보공유를 위해 불가결한 공공성있는 도구라는 차별적 인식의 결과라고 볼 수밖에 없으며, 이러한 인식은 이용자들의 동적 행태에 따른 진화에 대해 시원적 책임을 부과하기 위한 결과책임적인 논리에 불과하다고 비판하고 있다.

위 견해가 지적하다시피, 법원은 특히 P2P 프로그램을 통한 저작권 침해에 관하여 OSP에게 가장 가중된 책임을 부과하고 있다. P2P 프로그램의 현실적인 이용행태에 비추어 볼 때 P2P 서비스 운영자에게 결과적으로 무거운 책임을 인정할 필요가 있다는 점에서 판례의 태도에 수긍할 여지가 없는 것은 아니다. 또한 상표권 침해와 저작권 침해를 비교하여, 그 성질상 OSP 스스로 오픈마켓에서 위조품을 유통시키고자 할 가능성보다는 저작권 침해를 유도하는 웹사이트 등을 운영할 가능성이 보다 높다고 보는 견해가 있으며[291] 타당한 분석이라고 생각된다. 또한 침해되는 법익에 따라 OSP의 의도 내지 인식가능성이 달라질 수 있다는 점에서 보더라도 타당하다. 인격권 침해에 관한 트위스트김 사건과 관련하여서도, 단순히 P2P 서비스와 검색엔진에 대한 차별적인 시각에서 법원이 서로 다른 판단을 내렸다고 단정하기는 어렵고, 각 사건이 산업계 전반에 미치는 영향력이나 피해의 정도, 위법성의 명백성[292] 등을 고려하여 판단하였다고 볼 여지가 있다.

그럼에도 불구하고 OSP의 책임에 관하여 각 법익 영역이나 사업 내용 별로 크게 다른 기준을 적용하는 것은 바람직하지 못하다. 위에서 지적하였다시피, P2P 서비스나 오픈마켓, 검색엔진의 경우 모두 OSP의 개입이 적고 대부분의 행위가 이용자에게 맡겨져 있다는 점에서 공통점을 가지나, 각각에 대한 사례에서는 마치 서로 다른 책임 기준이 적용되어야 하는 것처럼 이해되고 있는데 이는 타당하지 않다. OSP의 서비스 내용이나 관련되는 법익과는 무관하게 일관된 기

---

291) Annette Kur, "SECONDARY LIABILITY FOR TRADEMARK INFRINGEMENT ON THE INTERNET: THE SITUATION IN GERMANY AND THROUGHOUT THE EU", Columbia Journal of Law & the Arts(Summer, 2014), p. 529.

292) 일련의 소리바다 사건에서는 디지털 형태의 불법복제물이 유통되어 그 위법성이 보다 명백했던 반면, 트위스트김 사건에서는 원고의 성명권이나 퍼블리시티권 침해인지가 문제되는 것으로 법률적인 평가가 개입되어야 하기 때문에 그 위법성이 상대적으로 명백하지 않았다고 할 수 있다.

준을 설정하고, 다만 구체적인 사실관계에 따라 그러한 기준 충족 여부를 상세하게 검토하여 책임 여부를 판단하여야 할 것이다. 특히 새로운 형태의 OSP가 속속 등장하고 있을 뿐 아니라 기존의 OSP 역시 종래의 사업범위에서 벗어나 새로운 서비스에 착수하는 경우도 있는데, 이러한 경우 제3자의 침해행위에 대한 OSP의 책임 여부에 관해 예측가능성을 부여하기 위하여서라도 판례의 불균형한 시각을 배제하고 각 판례 사안에서 도출할 수 있는 일관된 기준의 설정은 반드시 필요하다고 할 것이다.

### 3. 해외 사례에 대한 검토

#### 가. Tiffany 사건에 대한 검토

이 사건에서 Tiffany 측은 eBay가 진정상품과 함께 위조상품을 판매하고 있다는 점을 들어 제소하였으나, 법원은 단순히 위조상품이 웹사이트에서 판매되고 있다는 점에 관한 일반적인 인식만으로는 Inwood 테스트의 조건을 만족하기에 부족하다고 판시하였는데, 이러한 법원의 판단에 대하여는 일반적으로 긍정적으로 평가되면서 OSP의 상표권 침해에 관한 기여책임에 관한 기준이 되고 있는 것으로 보인다.[293] Tiffany 사건에서 제시한 기준은 상표권자와 오픈마켓의 관계를 적절히 조정한 것으로 타당하며 우리나라의 방조책임 기준으로도 충분히 받아들일 수 있다고 생각된다. 한편, 이 사건에 대하

---

293) Rebecca Dunlevy, op. ci.t(264), pp. 947~950; Ariane C. Strombom, "INTERNET OUTLAWS: USING CONTRIBUTORY TRADEMARK LIABILITY TO SHUT DOWN ROGUE SITES", Journal of Internet Law(2014. 2.), p. 9. 한편, Marshall Leaffer, "A TWENTY-YEAR RETROSPECTIVE ON UNITED STATES TRADEMARK LAW IN TEN CASES", Fordham Intellectual Property, Media and Entertainment Law Journal(Winter 2013), pp. 669, 670은 최근 10년간 미국 상표법상 중요 판결 중 하나로 위 Tifanny 사건을 소개하고 있다.

여는 전반적으로 긍정적으로 평가하면서도, 고의적 묵인과 관련하여, 어느 경우에 OSP가 이용자의 침해행위를 "의심할만한 이유(reason to suspect)"를 갖는지 여부에 관하여는 기준을 제시하지 못하고 있다는 점에서 지적하는 견해가 있으며, 이 견해는 상표권 침해와 관련하여서도 DMCA와 같은 면책 규정의 도입이 필요하다고 제시하고 있다.294) 반면, Tiffany 사건과 반대로 제2절 5.항에서 살펴본 프랑스의 Louis Vuitton v. eBay사건에서 프랑스 법원은 eBay가 적극적으로 판매를 장려하고 모방품의 판매를 통해 경제적 이득을 얻고 있다는 이유로 eBay는 적극적 역할을 수행한 중개자로서 책임이 있다고 인정하였는데, 그 결과 OSP에게 피침해자가 특정하여 삭제를 요구한 정보뿐 아니라 스스로 검색 등을 통한 침해게시물 확인 및 삭제할 일종의 포괄적인 모니터링 의무까지 부과한 것으로 OSP의 책임 범위를 과도하게 확장하여 부당하다고 할 것이다.

다만, 이 사건에 대하여는 상표권자가 eBay에게 침해를 통보할 충분한 시간을 확보하기 어려운 경우가 많다는 점295), 상표권자가 VeRO 프로그램을 악용할 경우 진정상품을 판매하는 판매자로서는 민사소송을 통하여서만 VeRO 프로그램의 해제를 요구할 수 있는데296), 이 사건 판결에 의하면 상표권자가 VeRO 프로그램을 악용할 가능성이 높아진다는 점 및 위조상품의 반품이 어려워져 소비자들도 불편을 겪는다는 점 등에서 부정적인 영향을 끼쳤다는 평가도 있다.297) 이

---

294) Marshall Leaffer, op. cit(293), p. 670.
295) 많은 위조상품이 주말 동안만 게재되거나 단시간 동안만 판매되기 때문에, 상표권자가 eBay에게 이를 통보할만한 현실적인 시간적 여유가 없다는 것이다.
296) DMCA상으로는 권리자가 부당하게 통지 후 차단조치를 취한 경우 상대방이 DMCA상 절차에 따라 그러한 차단조치를 쉽게 해제할 수 있는 규정이 마련되어 있으나, 미국 상표법상으로는 그러한 규정이 존재하지 않기 때문이라고 한다.
297) Andrew Lehrer, op. cit.(262), pp. 392~398.

에 따라 이 견해는 상표법에도 DMCA와 같은 통지 후 차단조치 규정
을 마련하여 진정상품 판매자를 보호하고, 인식 요건에 관하여 보다
명확하고 폭넓은 기준을 마련하며, 소비자에게 침해 품목을 신고할
수 있는 권한을 부여하자고 주장하고 있다.[298] 또한 이 사건에서 법
원은 eBay가 VeRO 프로그램을 운영하며 위조상품에 대한 즉각적인
차단조치를 취하였다는 점을 이유로 들고 있는데, eBay의 VeRO 프로
그램은 DMCA의 저작권 침해에 대한 기여책임 면책조항을 모델로 한
것으로, 미국 상표법(Lanham Act)상 DMCA 면책조항과 유사한 조항이
없는 이상 상표권 침해에 대한 기여책임 사건에 DMCA 면책조항을
적용하는 것은 타당하지 않고, 그런 면에서 VeRO 프로그램 작동을
이유로 eBay의 책임을 부정한 위 판결이 타당하지 않다고 비판하는
견해도 있다.[299] 그러나 Tiffany 사건과는 반대로 OSP에 대하여 폭넓
은 감시의무를 부과할 경우 상표권자의 지위가 공고해지는 반면 자
유로운 판매를 통한 가격경쟁 등 오픈마켓의 순기능이 훼손될 수 있
고, VeRO 프로그램의 악용이나 소비자의 불편은 OSP의 책임론이 아
닌 다른 방식으로 해결되어야 한다는 점에서 전자의 견해를 받아들
이기는 어렵다. 또한 아래 제6장에서 보는 바와 같이 DMCA 면책조항
등은 결국 OSP의 책임 근거를 책임제한이라는 형태로 규율한 것에
지나지 않으므로, 설령 미국 상표법상 DMCA 면책조항과 유사한 조
항을 두고 있지는 않더라도, OSP의 신속한 대처를 이유로 그 책임을
제한하는 것이 부당하다고 할 수는 없을 것이다.

### 나. Chupa Chups 사건에 대한 검토

이 사건에서 1심은 피고의 행위가 방조행위에 해당한다고 하면서
도, 그러한 방조행위가 상표법상 "사용"에 해당하지 않고 따라서 침

---

298) Andrew Lehrer, op. cit.(262), pp. 399~403.
299) Ellie Mercado, op. cit.(262), pp. 137~139

해행위로 성립하지 않는다는 논리를 전개하고 있다. 우리나라 사례에서 보면, 히노키 사건에서 설령 방조행위가 상표법상 "사용"에 해당하지 않는다고 하더라도 침해행위에는 포함된다고 하면서 금지를 구하는 가처분을 인용한 것과는 대조적이다. 일본 민법 제719조 및 상표법 제36조는 우리 민법 제760조 및 상표법 제65조와 거의 동일한 내용임에도 불구하고, 우리나라에서는 방조행위가 상표사용행위에 해당하는지 여부를 불문하고 방조행위가 상표침해행위에 해당할 수 있다고 보는 반면, 일본에서는 방조행위도 상표사용행위에 해당하여야만 상표침해행위에 해당한다고 보아 서로 다른 해석을 내리고 있다. 다만, Chupa Chups 사건 1심은 피고가 침해자를 조력함으로써 방조행위를 하였다는 점은 인정하면서도 그러한 방조행위만으로는 상표사용행위에는 이르지 못하였다고 하여 책임을 부정하였는데, 결론적으로는 오픈마켓의 책임을 부정하였다는 측면에서 논리적 구성은 다르나 사실상 위에서 본 우리나라의 K2 사건이나 adidas 사건과 실질적으로는 같은 입장을 취하고 있는 것으로 이해할 여지가 있다.

한편, Chupa Chups 사건의 항소심은 1심과 마찬가지로 OSP의 책임은 부정하였으나, 일반론으로서 인터넷쇼핑몰 운영자가 출점페이지에서 행하여진 상표권침해행위의 주체가 될 수 있다는 점을 인정하였다는 점에서 참조할만한 가치가 있는 사례라고 평가하는 견해가 있다.300) 이 견해는, 1심 판결과 항소심 판결 모두 OSP가 상표권침해해위의 주체인지 여부에 대한 기준으로서 (i) 관리가능성과 (ii) 수익성을 들고 있기는 하나, 1심 판결에서는 가라오케 법리에 비견될 정도로 높은 수준으로 이를 해석한 반면, 항소심 판결에서는 그보다 낮은 수준만을 요구함으로써 결론이 달라진 것으로 보고 있다. 그러

---

300) 駒田泰土, "インターネットショッピングモールの出店者による商標權侵害と同モール運營者の責任", 法學セミナー增刊 速報判例解說Vol.14 新・判例解說Watch(2014. 4.), 258면, 259면.

나 항소심에서는 위 두가지 요건에 덧붙여, (iii) 판매자에 의한 상표권 침해가 있음을 알거나 알 수 있었다고 인정할만한 상당한 이유가 있는 때에는 그 후 합리적 기간 내에 침해내용의 웹페이지로부터 삭제가 되지 않을 것이라는 세 번째 요건을 추가함으로써 결론적으로는 오픈마켓의 책임을 부정하였는데, 이는 하루에도 막대한 양의 거래가 이루어지고 그 중 침해물품의 판매가 이루어질 개연성이 크게 높다고 할 수는 없는 오픈마켓의 특징을 적절히 반영하여 균형성을 확보한 것으로 평가하고 있다.

Chupa Chups 사건의 1심은 상표사용행위 자체에 해당하지 않는다는 이유로 오픈마켓의 책임을 부정하였으나, OSP의 서비스 형태에 따라 상표사용행위 해당 여부는 달라질 것이고, 서비스 형태를 불문하고 그 책임을 부정할 수 있는 듯한 과도한 기준을 설정해 두는 것은 타당하지 않다고 할 것이다. 따라서 위 사건의 항소심과 같이 보다 완화된 기준에 따라 책임 여부를 판단할 수 있도록 하면서, 구체적인 사정에 따라 그 책임을 부정하는 것이 보다 합리적이다. 더욱이 위 사건에서 들고 있는 기준은 우리나라의 사례에도 충분히 적용할 수 있을 것으로 생각된다.

## 제6절 소결: 공동불법행위 이론에 따른 OSP의 구체적인 주의의무 기준 도출 필요성

OSP의 책임 근거는 OSP가 제3의 침해자의 행위에 가담한 정도나 방식 등에 따라 달리 판단될 것이고, 이 때 민법상 불법행위 이론이 적용될 것이다. 따라서 만약 OSP가 제3의 침해자를 배제하고 단독적인 침해자로 판단될 경우에는 민법 제750조만을 근거로 한 일반 불법행위 책임이 인정될 것이고, 제3의 침해자와 객관적 행위공동성이 인정될만한 관여가 있었다면 민법 제760조 제1항의 협의의 공동불법행위가, 그러한 정도에는 이르지 않으나 제3자의 불법행위에 도움을 준 경우에는 민법 제760조 제3항의 방조에 의한 공동불법행위가 인정될 것이다. 이상에서는 이러한 이론구조에 따라 국내외의 사례들에 대해 살펴보았는데, 대부분의 사례에서는 OSP가 제3자의 불법행위에 소극적으로 관여한 것에 불과하여 방조책임으로 이론구성하는 것이 타당하다고 생각되고, OSP를 직접 행위자로 의제하거나, OSP에게 일종의 관리의무 위반으로 이유로 한 직접책임을 인정한 사례는 그 구체적인 사실관계를 불법행위 이론에 따라 분석해 보았을 때 결론적으로 부당하다고 할 것이다. 외국의 사례들 중에도 간접책임이나 방조책임으로 이론구성한 경우를 찾아볼 수 있었고, 이는 우리나라의 사례를 해결하는데 있어서 영향을 끼치기도 하였다. 다만, 외국의 사례들 중에는 각국의 불법행위법 구조에 따라 우리나라와는 다른 이론구성을 취한 것으로 보이는 것도 있으며, 이러한 사례들을 우리나라의 경우에 직접 적용하기는 곤란할 것이다.

한편, OSP의 책임근거를 민법 제760조 제3항에 두더라도, 책임이 인정될 구체적 기준을 도출하기 위해서는 여전히 검토가 필요하다. OSP의 책임에 관하여 방조에 의한 공동불법행위 책임으로 이론구성한 사례뿐 아니라, 그 외 다른 이론구조를 취한 사례들 역시 구체적인 기준 도출에 있어서는 참고할 수 있을 것이다. 이하에서는 장을 바꾸어, 지금까지 살펴본 사례들의 분석을 통해 OSP의 책임에 관한 구체적인 기준을 도출해 보고자 한다.

# 제5장

# OSP의 책임에 관한
# 구체적 기준 설정

# 제1절 통일적으로 적용될 수 있는
# 구체적 기준 마련의 필요성

우리 민법 제750조는 고의 또는 과실로 인한 위법행위로 타인에게 손해를 가한 자는 그 손해를 배상할 책임이 있다고 정하고 있을 뿐, 구체적인 책임요건에 관하여 정하고 있지 않으므로, 공동불법행위자의 책임을 판단할 때에도 해당 사안에 적용될 수 있는 구체적인 기준을 탐구할 필요가 있다. 그런데 민법 제760조 제1항은 수인이 공동의 불법행위로 타인에게 손해를 가한 때에는 연대하여 그 손해를 배상할 책임이 있다고 규정하고 있고, 동조 제3항은 교사자나 방조자도 공동행위자로 보아 책임을 인정하고 있어, 협의의 공동불법행위가 성립한 경우와 교사·방조에 의한 공동불법행위가 성립한 경우에 있어 이를 구분할 실익은 거의 없는 것으로 평가된다. 이에 우리 판례상으로도 공동불법행위에 관하여 다룬 사안은 다수 존재하나, 협의의 공동불법행위와 교사·방조에 의한 공동불법행위를 엄격히 구별하여 판단한 사안은 거의 존재하지 않는 것으로 파악된다. 또한 비교법적으로도 공동불법행위와 관련하여 정범과 공범을 구별하는 것은 독일민법과 그 영향을 받은 일본 및 우리 민법 정도에 불과하다고 한다.301) 반면, 형법에서는 공동정범이나 교사범은 정범과 동일하게 처벌하지만, 종범의 경우에는 정범의 형보다 필요적으로 감경하도록 하고 있어(제32조 제2항), 방조범에 대한 논의가 보다 활발하게 이루어지고 있다.

지금까지의 판례와 학설은 저작권침해, 명예훼손 및 상표권침해 분야에서 각각 활발한 논의를 해 왔으나, 이러한 영역을 통일적으로

---

301) 박성호(주 15), 104면.

규율할만한 기준은 도입하지 못하고 있다. 제2장에서 살펴본 바와 같이, 국내 법률상 OSP에 관한 조항은 다수의 법률에 산재해 있고, 그에 따라 각 영역별로 개별 법률을 근거로 하여서만 논의가 이어져 온 것이 현실이다. 그러나 OSP의 책임 근거가 궁극적으로 민법 제760조 제3항에 있다는 점을 확인한 이상 개별 영역에서 통일적으로 적용될 수 있는 구체적인 책임 기준을 설정할 필요가 있다고 할 것이다.

참고로 미국에서는 저작권침해와 관련하여서는 저작권법과 DMCA에 의해 규율되어 온 반면, 명예훼손과 관련하여서는 통신품위법에 의해 규율되는 등 이원적으로 취급하여 왔으나, 이처럼 서로 다른 성문법 규정에 의한 경우라고 하더라도 그 연원은 불법행위에 관한 보통법상 원칙에 의해 발전된 것으로, 두 법리는 그 세세한 표현에 있어서는 다소간 차이가 있더라도 기본적으로는 공통적인 하나의 법리로 포섭될 여지가 충분하다고 할 것이므로[302] 각 영역별로 나타나는 사실관계상의 차이만으로 통일적 기준을 마련할 필요성이 희석되지는 않을 것으로 생각된다. 더욱이 OSP로서는 피침해자가 명예훼손 피해자와 저작권자라는 다소 우연한 사정에 따라 책임을 달리 정하기보다는 그 전달자가 공통적으로 OSP라는 사실에 향후 더 초점을 두는 것이 법적 안정성은 물론 OSP의 지위가 상대적으로 더 중요한 우리나라의 실정에 더 부합한다.[303]

이러한 입장에서 이하에서는 절을 바꾸어 민법 제760조 제3항을 근거로 하여 OSP의 책임을 판단할 경우 적용될 수 있는 구체적인 기준을 어떻게 설정할 것인지 여부에 관해 우리나라의 법률과 판례에 대한 분석을 통해 상세히 검토해 보도록 하겠다.

---

302) 박준석(주 76), 22, 23면.
303) 박준석(주 10), 178면.

# 제2절 OSP의 주의의무 내용과 기준

## Ⅰ. OSP의 책임근거로서 주의의무의 확정 필요성

위에서 살펴본 바와 같이 OSP는 직접행위자로서 책임을 지는 경우와, 직접행위자는 아니나 여러 간접책임 이론에 의해 제3의 이용자의 행위에 대해 책임을 지는 경우가 있다. 전자의 경우 OSP가 스스로 책임을 진다는 것에는 의문의 여지가 없으나, 후자의 경우 OSP는 직접행위자가 아니고 제3자의 불법행위 등 권리침해 행위 자체를 인식하기도 어려울 수 있다는 점에서 OSP에게 무조건적인 책임을 지우는 것은 적절하지 않다. 국내법은 OSP의 책임을 부정하거나 온라인 서비스 제공자가 그 이용자가 행한 권리 침해행위에 대하여 어떠한 법리에 의하여 책임을 지게 되는지에 대하여는 규정하고 있지 않다. 따라서 일반 민법이나 형법에 의하여 그 책임의 법적 근거를 찾을 수밖에 없을 것이다. 다만 정보통신망법이나 저작권법 등은 이미 OSP의 책임이 성립한 것을 전제로 일정한 요건 하에서 그 책임을 면제하는 근거를 두고 있으며, 이러한 면제조항들은 권리자와 그 이용자들 및 OSP 간의 이해관계 균형[304]을 위한 것이라고 할 수 있다.

## Ⅱ. 주의의무의 발생 근거

OSP의 책임 근거를 직접적으로 규율하는 규정은 없으며 불법행위에 관한 민법에 근거해 OSP의 책임이 인정될 수 있다. 따라서 고의 또는 과실, 위법성, 인과관계 등 불법행위 성립 요건이 인정되어야만 그 책임이 인정될 것인데, OSP가 직접 적극적으로 행위에 가담한 것

---

304) 우지숙(주 75), 71면.

이 아닌 이상 부작위에 의한 작위의무 위반, 즉 그러한 주위의무 위반을 발생시키는 기준을 획정할 필요가 있다. 앞서 살펴본 정보통신망법 등의 규정만으로는 극히 추상적인 의무밖에는 추출하기 어려우므로, 국내외에서 축적된 판례들에 나타난 구체적인 사실관계와 법리를 분석함으로써 한 영역에 치우치지 않고 일반적으로 적용될 수 있는 주의의무의 기준점을 도출할 수 있을 것으로 생각된다. 지금까지 있어왔던 종래 논의에서는 저작권침해 사안, 명예훼손 사안 및 상표권침해 사안 등 각 영역별로 사안을 따로 검토해 왔고, 각 사안을 어떤 통일적인 기준에 의해 분석하려는 시도가 행해진 경우는 거의 없다고 해도 과언이 아니다. 그러나 OSP의 서비스 내용에 따라 적용되는 개별 법령에는 다소 차이가 있다고 하더라도, OSP의 책임 근거가 민법 제760조 제3항에 있는 만큼, 그 책임 역시 일관된 기준에 따라 판단될 필요가 있고, 여러 분야에 걸친 판결례를 통일적으로 살펴보아야 할 것이다. 이하에서는 이상에서 살펴본 국내외 사례 검토를 통해 그러한 주의의무의 구체적 기준을 도출해보고자 한다.

# 제3절 온라인서비스제공자가 부담하는 주의의무의 구체적 요건

## Ⅰ. 주의의무의 요건 : 침해행위에 대한 인식가능성 및 회피가능성

국내외 판례에서 나타난 기준에 의하면, 구체적인 주의의무 인정 요건은 일반적으로 OSP의 침해사실에 대한 주관적 인식가능성 요건과 침해행위에 대한 객관적 회피가능성 요건이라는 2가지 큰 틀에서 논의되고 있는 것으로 정리할 수 있다. 어떠한 경우에 인식가능성과 회피가능성이 인정될 것인가 여부는 구체적인 사안에 따라 달라질 것인데, 이하에서는 여러 분야에 공통적으로 적용될 수 있는 통일적인 기준을 도출해 보고, 특히 OSP의 책임 근거로서 제기된 미국 저작권법상의 유인이론 및 일본의 직접행위자로 의제하는 이론을 참고하여 인식가능성과 회피가능성의 범위를 확정해 보도록 하겠다.

## II. 침해행위에 대한 인식가능성

### 1. 침해행위의 존부에 대한 인지(認知)의 관점에서의 인식가능성

가. 과실에 따른 인식가능성의 인정 여부

OSP에게 침해물이나 유해물의 존재에 대한 고의가 있는 경우 여기서의 책임 요건이 충족됨은 당연하다. 그러나 유해물의 존재에 대해 고의는 없었으나 알지 못한 데에 과실만 인정되는 경우에도 책임을 인정할 수 있는지, 어느 경우에 과실이 있다고 볼 수 있는지 문제된다.

위에서 살펴본 여러 사례 중 우선 OSP를 직접행위자로 의제하는 이론에 따른 여러 사례나, OSP에게 민법 제750조를 근거로 한 직접적인 관리의무 위반을 인정한 사례들에서는 모두 OSP에게 고의가 인정됨을 전제로 책임을 인정하는 것으로 평가할 수 있다. OSP를 직접행위자로 의제하는 이론에 따른 사례에서는, 비록 OSP가 이용자의 특정한 개별 침해행위에 대하여는 인식하지 못하였다고 하더라도, OSP의 서비스 제공 자체가 불법행위에 해당하게 되므로 고의성이 인정될 것이고, 직접적인 관리의무 위반을 이유로 한 사례들에서는 피해자로부터의 삭제요구 등이 있었기 때문이다. 한편, 미국의 기여책임은 침해행위를 알았거나 알았다고 볼 이유가 있는 경우 성립하므로, 과실에 따른 책임도 인정하고 있다고 할 수 있다. 다만, 이러한 기여책임의 성립요건은 공급자가 제공하는 서비스나 상품의 용도 중 상당부분이 비침해적인 경우에는 실제적 인식까지 필요하다는 Sony 사건 판결 법리에 의해 수정되고 있으므로, 아래 다. (1)항에서 보는 바와 같이 유인이론에 의하여 인식 범위가 확장되지 않는 이상, 우리법상 인정되는 폭넓은 과실의 개념까지 모두 포섭하고 있다고 보기는 어렵다.

반면, 민법상 방조 조항에 근거하여 OSP의 책임 여부에 관하여 판단한 사안에서 우리 법원은 침해행위에 대한 인식이 있거나 침해행위의 존재를 인식할만한 상당한 이유가 있는 때에는 책임을 부담할 수 있다고 판시하였다. 이에 반하여 OSP가 그 내용을 직접 작성하거나 게재하는 것은 아니기 때문에 그 책임을 엄격한 요건 하에서 인정하여야 하고, 따라서 OSP가 이용자의 게시물이 침해행위에 해당한다는 것을 몰랐다고 하더라도 이를 알 수 있었다는 이유로 책임을 지우는 것이 타당한지는 의문이라고 하면서 OSP가 게시물이 타인의 명예를 훼손하는 등 인격권을 침해한다는 것을 알고 이를 삭제할 수 있었는데도 이를 삭제하는 등의 조치를 취하지 않은 경우에 한하여 손해배상책임을 인정해야 한다는 견해가 있다.305) 또한 OSP가 침해 사실을 알 수 있었을 경우에까지 주의의무의 발생을 확장할 경우 인터넷 환경에 있어서 법적 예측가능성이 현저히 저하되어 OSP의 부담을 증가시키게 되는데, 이러한 부담은 궁극적으로 인터넷 이용자들에게 전가됨으로써 표현의 자유를 위축시켜 정책적으로 타당하지 않다는 이유로 고의의 경우에 한정해야 한다는 견해가 있다.306) 후자의 견해는 피해자가 OSP에게 침해 게시물의 존재를 통지함으로써 인식 요건을 쉽게 충족시킬 수 있으므로, 피해자에게도 불리하지 않다고 설명하고 있다.

---

305) 김재형, "인터넷에 의한 인격권 침해", 언론과 인격권(2012), 164면, 166면; 同, "인격권에 관한 판례의 동향", 민사법학 제27호, 한국민사법학회(2005. 3.), 385면.
306) 권영준(주 51), 55면.

생각건대, OSP의 책임근거를 민법 제760조 제3항에 두는 이상 OSP의 책임 판단에서 과실을 배제하고 오로지 고의에만 한정하는 것은 현행법의 해석상 받아들이기 어려운 측면이 있다. 또한 과실에 의한 책임을 배제할 경우, OSP가 극히 최소한의 주의의무도 기울이지 않아 침해물의 존재를 인식하지 못한 경우에도 책임이 면제될 수 있다는 결론에 이르게 되어 부당하다. 그러나 OSP에게 과실에 의한 책임까지 폭넓게 인정한다면, OSP로서는 과실에 의한 책임에서 벗어나기 위하여 과도하게 이용자의 사용행태를 감시하거나, 반대로 아예 이용자에게 무제한적인 자유를 부여하고 최소한의 관리·통제도 포기하는 경우가 발생할 수 있으므로, 과실에 의한 책임을 넓게 인정하는 것도 바람직하지 않다. 따라서 OSP에게는 원칙적으로 고의에 의한 책임만 인정된다고 보면서, 다만 피해자가 적법한 절차에 따라 침해물에 관한 통지를 발신하였음에도 그러한 통지를 수신하지 않아 침해물의 존재를 알지 못한 경우 등과 같이, 오로지 고의를 회피하기 위해 주의의무를 현저히 해태한 경우에 한하여 과실에 의한 책임도 인정된다고 보는 것이 타당할 것으로 생각된다.

더욱이 아래에서 보는 바와 같이, OSP의 책임과 관련하여 추정적 인식에 의하여 고의를 확대할 여지가 있으므로, 과실의 범위를 좁게 해석하더라도 피해자 보호에 미흡하지는 않을 것이다. 또한, 이처럼 과실 범위를 좁게 해석함으로써 OSP에게 보다 높은 예측가능성을 부여할 수 있을 것이며, 이를 바탕으로 궁극적으로는 인터넷을 통한 자유로운 정보의 유통과 표현의 자유 및 알권리 보호라는 또 다른 상위의 가치도 성취될 수 있다.

### 나. 침해물의 존재에 대한 특정한 인식의 필요 여부

과실에 의한 인식가능성과 관련하여 피해자의 신고나 요청이 있는 경우 피해자가 적시한 당해 게시물에 한하여 책임을 지게 되는 것인지, 아니면 해당 게시물과 유사하거나 동종의 성질을 갖는 게시물에까지 인식가능성이 있었다고 보아 책임을 인정해야 하는지 여부가 문제될 수 있다. 이는 침해물의 존재에 대한 특정한 인식까지 필요한지 또는 일반적 인식으로 충분한지 여부의 문제라고 할 수 있다.

위에서 살펴 본 Tiffany 사건에서 원고는 피고가 개별적인 침해행위에 대해서는 알고 있지 못하더라도 이러한 침해행위가 지속적으로 발생한다는 일반적 사실은 알고 있었으므로 Inwood 테스트의 "침해행위를 알 수 있었음" 요건을 충족한다고 주장하였으나, 법원은 이러한 일반적 인식만으로는 책임을 인정하기에 부족하다고 보았다. 이에 대하여 피고에게 일반적 인식에 따라 침해를 방지할 의무가 곧바로 발생하는 것은 아니나, 피고는 일반적 인식에 근거하여 어떤 사용자가 주로 침해행위를 하는지, 어떤 정보가 침해물에 해당하는지를 파악할 수 있고 이로써 침해행위에 대한 특정한 인식을 갖출 수 있으므로 위와 같은 법원의 판단에 대하여 비판하는 견해가 있다.[307] 그러나 하루에도 수많은 거래가 이루어지는 오픈마켓에서 일반적 인식에만 근거하여 이를 쉽게 특정적 인식으로 전환할 수 있다고 단정하기는 어려우며, OSP의 인식가능성을 확장하여 해석하는 것은 타당하지 않다.

우리나라 사례 중에서는 K2 사건에서 "인식" 여부에 관하여 판시하였는데, "오픈마켓 운영자가 그 침해행위의 발생 내지 위험성을 알았거나 알 수 있었다고 볼 상당한 이유가 있는지 여부는 권리침해행위라고 주장되는 해당 상품의 등록과 판매의 행태, 기간, 횟수, 오픈마켓 운영자가 권리자에 의해 권리침해행위라고 주장되는 해당 상품의 등록과 판매 등을 알고 있었는지 여부, 피해자의 오픈마켓 운영자에 대한 판매중지요청 등 구체적인 권리침해방지의 노력과

---

307) Ellie Mercado, op.cit.(262), pp. 139~141.

그와 관련해 오픈마켓 운영자가 취한 조치의 내용, 피해자와 침해자 이외의 제3자가 볼 때에 해당 상품의 등록과 판매 등이 부정경쟁행위 등 권리침해행위에 해당함을 알 수 있는지 여부 등을 종합적으로 고려하여 판단하여야 한다"고 설시한 후, 원고의 권리침해신고로 특정되어 한정한 상품 외에 피고의 오픈마켓에서 판매되고 있는 다른 상품의 경우에는 그러한 인식을 인정할 수 없다고 판시하였다.

다만, OSP에 대한 책임을 인정하는데 있어, 특정한 인식이 원칙적인 기준이 되어야 할 것이지만, 반드시 특정한 인식 여부가 인식가능성의 절대적 기준이 되어서는 안 된다고 본다. 설령 OSP에게 일반적 인식만 있다고 하더라도, 자신이 운영하는 웹사이트 등의 규모나 서비스 내용에 비추어 볼 때 상당한 관여를 통한 충분한 관리통제권을 가지고 있거나, 또는 침해행위 태양이 매우 명백하고 침해행위가 대량으로 반복적으로 발생하고 있어 그러한 일반적 인식을 쉽게 특정한 인식으로 전환시킬 수 있는 경우라면, 특정한 인식이 없다는 이유만으로 OSP를 면책시킬 이유는 없기 때문이다. 우리나라의 판례도 일반적으로 특정한 인식에 한정하여 책임을 인정할 수 있다고 보는 것은 아니라고 파악되며, 이에 대하여는 우리나라의 경우 넓은 의미에서 실제적 인식(actual knowledge)을 인정하는 것이라고 평가하는 견해가 있다.[308]

불법행위에 대한 민법 제760조를 통해 OSP에 대하여 방조책임을 지우는 이상 반드시 고의에 해당하는 "특정한 인식"이 있는 경우에만 책임을 인정할 아무런 근거는 없다. OSP가 특정한 침해 게시물에 관하여 피해자로부터 통지 또는 요청을 받은 바 있고, 동일·유사한 침해 게시물이 대량으로 반복적으로 게재되어 피해가 크게 확대되고 있는 상황이라면, OSP에 대하여 보다 높은 주의의무를 부과하는

---

308) 박정훈(주 18), 559면.

것이 타당하며, 이러한 경우에는 특정한 인식이 아닌 일반적 인식만으로도 책임이 인정될 수 있다고 보아야 할 것이다. 아래에서 살펴볼 유인이론 유추적용에 따른 인식가능성의 확대 역시 이러한 취지에 따른 것이라고 할 수 있다. 한편, 침해 게시물이 빠른 속도로 대규모로 확산하여 게재되는 경우 OSP로서는 이를 일일이 파악하여 삭제·차단하는 것이 곤란할 수 있는데, 이러한 경우에는 기술적 회피가능성을 부인함으로써 OSP의 책임을 면제할 수 있으므로, 인식가능성을 인정하더라도 그다지 부당한 결론에는 이르지 않을 것으로 생각된다.

한편, 싸이월드 사건의 별개의견은 특정한 인식이 있는 경우에 한정하여 책임이 인정된다고 하면서도, "명예훼손행위가 다수의 개별 인터넷 게시공간에서 광범위하고 급속하게 이루어지고 있어 피해자가 이를 일일이 확인하는 것이 현저히 곤란한 때도 있을 수 있으므로, 이러한 경우에는 개개의 명예훼손행위를 구체적으로 특정하지 않더라도, 예를 들어 '일정한 기간 동안 피해자에 대하여 어떠한 사항과 관련하여 어느 어느 개별 게시공간 내에서 게시되는 게시물' 등으로 특정하고 인터넷 종합 정보제공 사업자의 입장에서 이러한 정도만으로도 명예훼손 게시물을 탐지하는 것이 기술적·경제적으로 가능하다면, 이러한 정도로 특정하여 삭제요구하는 것은 유효한 삭제요구로 볼 수 있다 할 것"이라고 하여, 그 특정의 정도를 다소 완화하고 있다.

### 다. 피해자로부터의 삭제 등 조치요구가 필요한지 여부

일반적으로는 피해자의 삭제나 차단 요구를 받고 OSP가 그에 따른 조치를 취하게 될 것인데, 만약 피해자로부터 그러한 최초의 요구가 없는 경우에도 OSP에게 침해물의 존재를 인식하였다는 것을 전제로 침해물을 제거할 의무가 있는지 문제될 수 있다. 즉, 피해자로부터 아무런 조치요구가 없고, 피해자가 침해물의 존재를 알면서도 이를 방치하는 상황으로 이해되는 경우에도 OSP에게는 여전히 침해물 제거 의무가 있는지 여부이다.

이에 대하여는 OSP가 불법성이 명백한 게시물의 존재를 인식한 경우에도 피해자로부터의 삭제요구가 없었다는 이유만으로 삭제 및 차단의무가 발생하지 않는다고 한다면, 인터넷 게시공간이라는 위험원을 관리하면서 경제적 이익을 얻고 있는 OSP를 과도하게 보도하는 반면 피해자 보호를 경시하는 결과가 되고, 전파의 용이·신속성 및 익명성 등 인터넷의 특성으로 인해 피해자가 삭제요구를 할 무렵에는 이미 피해자의 권리가 회복될 수 없을 정도로 심각하게 훼손된 경우가 많을 것이기 때문에, 피해자의 삭제요구는 침해물의 존재를 인식하게 된 계기로 참작하면 충분하고 OSP의 불법성 인식과 별도의 요건으로 삼을 필요는 없다고 보는 견해가 있다.[309] 또한 피해자의 삭제 및 차단 요구가 없는 경우에도 인터넷을 이용하기 어려운 경우도 있고 인터넷을 이용할 수 있는 사람에게도 인터넷게시물에 대한 삭제 및 차단 요구를 하는 것이 쉽지 않다고 하면서 삭제 및 차단 의무를 인정하는 견해가 있다.[310] 이 견해는 싸이월드 사건 다수의견 역시 이러한 입장을 취하고 있다고 설명한다.

그러나 우선 현실적으로 OSP가 피해자의 삭제나 차단 요구 없이 침해물의 존재 및 위법성을 인식할 수 있는 경우를 상정하기는 쉽지 않다. 인터넷이 전파의 용이·신속성 및 익명성의 특징을 가진다는 점 및 단 몇 시간 동안에도 셀 수 없을 만큼 많은 게시물이 양산되고 있다는 점 등을 고려할 때 피해자의 신고 없이 OSP가 스스로 침해물의 존재를 알기는 매우 어렵다. 더욱이 인종차별을 내용으로 하는 게시글이나 음란물 등과 같이 공서양속에 반하는 게시물의 경우에

---

309) 박원근(주 153), 247면.
310) 김재형(주 305), 언론중재(2010. 여름), 86면.

는 위법성을 당연히 인식할 수 있겠으나, 명예훼손이나 상표권, 저작권 침해의 경우에는 피해자로부터의 설명이나 신고 없이 제3자가 위법성을 인식하기란 쉽지 않다. 예를 들어 명예훼손의 경우 피해자의 삭제 요구가 있다고 하더라도 실제로는 위법성이 조각되는 적법한 게시물에 해당하는 경우마저 있는데, 구체적인 사실관계를 알지 못하는 OSP로서는 해당 게시물의 불법성을 도저히 인식할 수 없다. 위 견해는 OSP가 인터넷 게시공간이라는 위험원을 관리하고 있다는 점을 근거로 들고 있으나, 인터넷 게시공간은 그 자체로 가치중립적인 도구에 불과할 뿐 위험원에 해당한다고 보기 어렵다는 점에서도 부당하다.

한편, 싸이월드 사건의 다수의견은 "사업자가 위와 같은 게시물로 인하여 명예를 훼손당한 피해자로부터 구체적·개별적인 게시물의 삭제 및 차단 요구를 받은 경우는 물론, 피해자로부터 직접적인 요구를 받지 않은 경우라 하더라도 그 게시물이 게시된 사정을 구체적으로 인식하고 있었거나 그 게시물의 존재를 인식할 수 있었음이 외관상 명백히 드러나며, 또한 기술적, 경제적으로 그 게시물에 대한 관리·통제가 가능한 경우에는, 위 사업자에게 그 게시물을 삭제하고 향후 같은 인터넷 게시공간에 유사한 내용의 게시물이 게시되지 않도록 차단할 주의의무가 있고"라고 판시하고 있기는 하나, 이는 일단 피해자로부터 최초로 신고가 있다는 것을 전제로 하여, 피해자가 신고한 당해 게시물 이외 유사한 게시물에 대하여까지 OSP에게 책임을 추궁할 수 있는지 여부에 관한 판단으로 보아야 할 것이지, 피해자의 최초 신고 자체가 없는 상황에까지 적극적으로 책임이 인정될 수 있다고 판단한 것은 아니라고 할 것이다. 따라서 싸이월드 사건 다수의견이 위 견해를 뒷받침하는 것은 아니며, OSP의 책임이 인정되기 위해서는 피해자로부터의 최초 1회의 삭제 등 조치요구가 필요하다고 보는 것이 타당하다.

한편, 어떤 게시글에 대해 피해자 등으로부터 아무런 조치요구가 없다고 하더라도, 해당 게시글이 위법성이 극히 명백함에도 피해자가 그 침해물의 존재를 알지 못하여 이를 방치하는 것에 불과하거나, 또는 그 침해물이 음란물 등 대세적인 위법성이 있을 뿐 어떤 특정 개인의 권리를 침해하고 있는 것은 아닌 경우라면, 달리 판단되어야 할 것이다. 이 경우에는 설령 피해자나 이용자의 신고가 없더라도, 그러한 침해물의 존재를 인식하게 된 OSP로서는 이를 신속하게 제거할 의무를 부담한다고 하겠다.

**라. 침해물의 존재를 파악하기 위한 적극적인 감시의무의 부인**

OSP가 피해자로부터 구체적인 침해 게시물의 존재에 관하여 통지를 받는 등 침해물의 존재를 현실적으로 인식한 경우나, 설령 특정한 침해물의 존재는 인식하지 못하였다고 하더라도 피해자의 포괄적인 신고가 있거나 침해행위가 대규모로 일어나는 등의 사정으로 침해물의 존재를 일반적 추정적으로 인식할 수 있는 경우에는 그 책임을 인정할 필요가 있다. 그러나 OSP가 처음부터 위법행위에 방조할 목적으로 서비스를 개시하는 등 특별한 사정이 없는 한 OSP에게 침해물의 존재를 파악하기 위한 적극적인 감시의무를 인정할 수는 없다.

이에 관하여 우리나라의 싸이월드 사건에서는 다수의견과 별개의견 및 보충의견에서도 같은 견해를 표명하고 있다. 즉, 이 사건에서 대법원 다수의견은 (i) 피해자로부터 특정된 게시물은 물론 (ii) 피해자로부터 특정되지는 않았더라도 OSP가 인식하고 있거나 인식할 수 있었던 게시물에 대하여는 삭제의무가 있는 것으로 판단하였으나, (iii) 스스로 침해 게시물을 검색하여 삭제할 의무까지는 없다고 보는 것으로 이해된다. 별개의견에서는 피해자가 개개의 명예훼손 행위를 구체적으로 특정하지 않더라도, 예를 들어 '일정한 기간 동안 피해자에 대하여 어떠한 사항과 관련하여 어느 어느 개별 게시공간

내에서 게시되는 게시물' 등으로 특정한 경우에는 유효한 삭제요구에 해당한다고 보았으나, 다수의견과 마찬가지로 (iii) 스스로 침해게시물을 검색하여 삭제할 의무까지는 부과하지 않은 것으로 해석된다. adidas 사건에서도 "위조품 유통을 통제하는 것이 불가능할 정도로 범람하여 건전한 거래질서를 해칠 지경에 이른 경우 등 오픈마켓 운영자의 영업의 자유보다는 상표권자의 권리 침해를 방지할 필요성이 훨씬 크다고 인정되는 특별한 사정이 있는 경우"에는 예외적으로 적극적 필터링 등을 도입할 필요성이 있다고 보았는데, 극히 예외적인 사정이 존재하지 않는 한 사전적 감시까지는 강제할 수 없다고 본 점에서 싸이월드 사건과 같은 입장으로 이해할 수 있다.

한편, 특히 저작권침해와 관련하여, 권리자 이외의 자들은 모두 일반적으로 저작권을 침해하여서는 아니되는 부작위의무를 가지고 있고, 이러한 부작위의무를 위반하여 저작권을 침해한 자(및 이를 방조한 자)를 상대로는 특별한 통지 없이도 침해정지청구권의 행사가 가능하다는 저작권법의 일반 원칙에 비추어 볼 때, OSP가 적극적 필터링 방식에 의하여 서비스를 운영하지 않는 한 이는 위법한 행위에 해당하고, 설령 피해자로부터 통지 등을 받지 않았다고 하더라도 당연히 원칙적으로 방조책임을 부담하게 된다고 보는 견해가 있다.[311] 그러나 방조책임을 부담하기 위해서는 고의 또는 과실이 요구된다는 것이 우리 민법의 대원칙이므로, 피해자로부터 통지나 침해 중단 요구 등을 받지 않은 OSP의 경우 고의 또는 과실이 부정되어 책임이 부인되어야 한다. 적극적 필터링 방식은 일종의 사전적 감시에 해당할 것인데, 아래 다.항에서 보는 바와 같이, 처음부터 불법적인 목적으로 사용될 것이 명백히 예상되는 P2P 서비스 등 극히 일부의 경우에는 OSP에게 보다 높은 수준의 주의의무가 부과될 수는

---

311) 이병규(주 276), 165면, 165면.

있으나, 그러한 경우라고 하더라도 적극적 필터링이나 사전적 감시
의무까지 부과할 수는 없다.

## 2. 침해되는 법익의 성격 관점에서의 인식가능성

### 가. 침해 법익의 성격에 따른 인식가능성의 증감

OSP의 책임은 여러 가지 분야에서 문제될 수 있는데, 해당 분야에
서의 침해법익의 성격과 침해물의 내용에 따라 인식가능성이 달라
질 수 있다. 예를 들어 디지털 파일 형태의 저작권 침해물이 게재된
경우, 일정한 기술적 조치를 통하여 그것이 저작권 침해물에 해당한
다는 점을 비교적 쉽게 파악할 수 있다. 반면 상표권 침해나 부정경
쟁행위에 해당하는지 여부를 판단하기 위해서는 상표 및 지정상품
의 동일·유사성, 상표의 저명성부터 해당 상품이 병행수입 등의 경
로로 적법하게 유통되는 것은 아닌지 등 상당한 수준의 법률적 판단
이 필요하다. 또한 명예훼손의 경우에도 그것이 법률적 의미에서 명
예훼손에 해당하는지, 즉 구체적 사실의 적시가 있는지 의견표명에
불과한 것인지, 위법성 조각사유가 인정될 수 있는지 등을 검토할
필요가 있다. 한편, 저작권 침해물의 경우에도, 디지털 형태로 원본
을 그대로 복제한 침해물이 아니라 원본을 다소 변형하거나 원본의
일부만을 이용한 경우라면, 여전히 OSP의 위법성 판단이 요구될 수
밖에 없다.

이에 대하여는 상표권침해와 저작권침해를 비교하여, (i) 전자의
경우에는 소비자가 인터넷에서 직접 위조품을 다운로드 받을 수 없
고 반드시 물리적인 제품이 소비자에게 배송되어야 한다는 점, (ii)
위조품이 대가 없이 무료로 소비자들 사이에서 "공유"의 형식으로
교환되는 것은 아니라는 점, (iii) 저작권침해 복제물은 수백만부 이
상 제작될 수 있지만 위조품은 아날로그적 수단을 통해 개별적으로

제조될 수밖에 없다는 점 등을 제시하며, OSP 스스로 오픈마켓에서 위조품을 유통시키고자 할 가능성보다는 저작권침해를 유도하는 웹사이트 등을 운영할 가능성이 보다 높다고 보는 견해가 있다.[312] 이 역시 침해되는 법익에 따라 OSP의 의도 내지 인식가능성이 달라질 수 있다는 입장의 하나라고 할 수 있으며, 타당한 분석이라고 생각된다.

따라서 OSP의 침해행위에 대한 인식가능성은 침해된 권리의 성격과 침해물의 내용에 따라 달리 평가되어야 할 것이다. 현재까지 축적되어 온 각 영역의 판례는 일견 유사해 보이는 사안에서 서로 다른 결론을 내리기도 하였는데, 그러한 차이는 법익의 성격에 따른 인식가능성 측면에서 이해될 여지가 있을 것이다.

### 나. 침해행위의 명백성과 구체적 인식의 관계

침해행위의 불법성이 명백할수록 인식가능성은 높아지는 것이 당연하다. 그런데 침해행위의 불법성이 명백하지 않더라도 OSP가 그러한 침해행위의 존재를 구체적으로 인식하였다면 주의의무 위반이 성립하기 쉽고, 반대로 침해행위의 불법성이 명백하다면 OSP의 인식 수준이 낮더라도 책임이 인정될 수 있다.[313] 침해행위에 대한 인식 가능성을 판단할 때 침해되는 법익의 성격을 고려하여야 한다는 위 (1)항의 설명 역시 이러한 기준과 궤를 같이하는 것이며, 침해행위의 명백성과 구체적 인식의 필요성은 서로 반비례하는 관계에 있다고 할 것이다.

### 다. 콘텐츠의 인기 정도에 따른 인식가능성의 증가

중국의 사법 실무상으로는 소비자의 관심을 끌기 마련인 인기 영화, TV 드라마의 경우, 일반적인 영화, TV 드라마에 비해 OSP에게 더

---

312) Annette Kur, op. cit.(291), p. 529.
313) 김재형(주 305), 언론중재(2010. 여름), 86면.

높은 수준의 주의의무를 부과하게 된다고 한다.[314] 중국의 법원은 인기 영화, TV 드라마의 권리자는 일반적으로 이러한 작품이 인기리에 방영되고 있을 때 온라인에서 무료로 배포되는 것을 원치 않으며 일반인들도 이러한 사실을 충분히 예견할 수 있기 때문에 OSP 역시 "합리적인 사람"으로서 당연히 예견할 수 있어야 한다고 보고 있다고 한다.

그러나 높은 인기를 끄는 콘텐츠의 경우 권리자가 이를 인터넷상에서 무료로 유통시키지 않으려는 경향이 있을 수 있더라도, 논리적으로 반드시 그러한 결론에 이른다고 할 수는 없다. 인기 콘텐츠라고 하더라도, 자유로운 유통을 통해 보다 널리 확산시킨 뒤 이를 통해 새로운 소비자층을 발굴하는 마케팅 기법에 사용되는 경우가 있을 수 있고, 또 해외 진출을 노리는 연예인이라면 진출하고자 하는 국가 내에서는 보다 저렴한 가격 내지 심지어 무료로 종래의 실연물을 배포하려 할 수도 있기 때문에, 높은 인기의 콘텐츠라고 하여 OSP의 인식가능성이 항상 증가한다고 할 수는 없다. 또한 어떤 콘텐츠가 인기있는 것인지 OSP가 쉽게 판단하기 어려울뿐더러, 저작권침해 이외의 분야, 예를 들어 상표권 침해나 명예훼손의 경우, 인기있는 콘텐츠 중에는 진정상품이나 병행상품, 인기있는 뉴스 등 권리침해물이 아닌 적법한 콘텐츠의 비중이 더 높을 수 있기 때문이다.

그렇지만 OSP로서는 자신의 서비스에 유입되는 이용자가 어떤 키워드를 입력하고, 어떤 상품을 자주 검색하는지 등을 파악하고자 노력할 것이기 때문에, 인기 콘텐츠의 경우에는 OSP가 침해행위를 인식할 가능성이 보다 높을 수 있다는 점을 부인하기는 어렵다. 따라서 인기있는 콘텐츠인지 여부는 구체적 사례에서 OSP의 인식가능성을 입증할 때 증거로서 제시될 수는 있겠으나, OSP의 책임을 인정하

---

314) 후카이중·손한기·김용, "저작권 침해책임에 대한 OSP 면책요건의 적용", 계간 저작권(2012. 봄호), 20면, 21면.

는데 필요한 인식가능성의 수준 자체를 낮추는 도구로 사용되어서는 곤란하다고 할 것이다.

### 3. OSP의 서비스 내용에 따른 인식 범위의 증감

#### 가. 유인이론에 따른 인식 범위의 증가

OSP가 침해행위에 대해 인식하였는지 여부와 관련하여, 미국 간접책임 법리에서 발전한 유인이론을 참고할 여지가 있다. 유인이론은 저작권침해를 조장할 목적으로 어떤 장치를 배포한 자는 그 장치의 합법적인 이용에 관계없이 그 장치를 사용하는 제3자에 의한 결과적인 저작권 침해행위에 대하여 책임이 있다는 이론인데, 유인이론의 취지를 유추적용하여 OSP의 인식가능성과 범위를 확대해석할 수 있다.

즉, 처음부터 불법행위를 목적으로 서비스를 제공한 OSP의 경우, 이용자가 그 서비스를 이용하여 불법행위를 저지를 것이라는 점은 일반적인 경우에 비해 명백하고 현저히 쉽게 인식할 수 있으므로, 설령 개별적 구체적 침해물의 존재에 대하여는 인식하지 못하는 상태라고 하더라도 일반적 인식을 널리 인정함으로써 주의의무 위반의 요건인 인식가능성이 충족된다고 할 수 있다. 이러한 경우 미필적 고의를 인정할 여지도 있을 것인데, 우리나라 판례는 P2P 프로그램이나 웹하드에 대한 사례에서 형식적으로는 과실에 의한 방조를 근거로 들고 있으나, 그 실질적인 내용을 분석해 보면, 사실상 유인이론 유사한 논리에 따라 미필적 고의에 의한 방조 내지 교사를 근거로 삼고 있는 것이 아닌가 한다. P2P 프로그램이나 웹하드는 포털사이트 등과 비교할 때 그 성질상 해당 서비스를 이용한 불법행위가 자행되기 쉽고, P2P 프로그램이나 웹하드의 경우 불법 게시물이 차지하는 비율이 높으며, 일부 P2P 프로그램 배포자나 웹하드 운영자의 경우에는 무료로 저작물을 입수할 수 있다는 점을 홍보하는 사례도 있으므로, 다른 온라인서비스제공의 경우 보다 쉽게 일반적 인식을 인정할 수 있을 것이다.

반대로 포털 사이트 등의 경우에는 게시판 서비스나 오픈마켓 서비스 외에도 여러 다양한 서비스를 함께 제공하고 있으므로, 이러한 경우에는 오직 한 가지 목적으로 서비스를 제공하는 OSP에 비하여 인식가능성이 낮다고 할 수 있다.

이와 관련하여, 방조자의 서비스 내용을 ① 침해전용물, ② 정형적 침해기여물 및 ③ 우발적 침해기여물로 나누어 책임 정도가 달라진다고 설명하는 견해가 있다.315) 이 견해는 ① 게임 소프트웨어 개변사용을 위한 메모리카드나 특정한 판화나 조각 등의 모조품을 작성하기 위한 판이나 모형 등이 침해전용물에 해당하고, ② 가라오케 리스 사업이나 P2P 소프트웨어, 요리도리미도리 사건의 원격 디지털 비디오 저장 시스템 등이 정형적 침해기여물에 해당하며, ③ 비디오 레코더 등 복제기능을 가진 일반적 가정용 전자제품 등이 우발적 침해기여물에 해당한다고 한다. 이 견해는 방조자의 서비스 내용을 위와 같은 3가지 유형으로 분류하고 그에 따라 책임 여부 판단을 달리한다는 점에서 시사점이 있다. 그러나 이 견해가 제시한 구체적인 예시가 반드시 그러한 분류기준에 부합하는지 여부는 의문이 아닐 수 없다. 예를 들어 이 견해가 침해전용물로 들고 있는 메모리카드의 경우, 특정한 게임기에만 사용할 수 있는 형태로서 해당 게임 소프트웨어의 개변사용을 위해서만 제작된 것이라면 침해전용물에 해당할 수 있으나, 범용적으로 사용될 수 있는 메모리카드라면 침해전용물에 해당하지 않을 것이기 때문이다. 또한 비디오 레코더와 원격 디지털 비디오 저장장치의 경우에는, 저작물의 복제행위가 아날로그

---

315) 정태호, "저작권의 간접침해의 유형별 판단기준에 관한 고찰: 일본의 판례를 중심으로", 지식재산연구 제6권 제2호(2011. 6.), 98~101면 참조.

방식으로 이루어지는지 또는 디지털 방식으로 이루어지는지 여부에
서만 차이가 있을 뿐, 법리적인 측면에서 결정적인 차이가 있다고
볼 수 없음에도, 비디오 레코더는 우발적 침해기여물, 원격 디지털
비디오 저장장치는 전형적 침해기여물로 분류한 것은 타당하지 않
다. OSP의 서비스 내용에 따라 인식 범위를 판단하되, 보다 정밀한
판단이 요구된다고 할 것이다.

### 나. 관여 정도에 따른 인식가능성의 증감

위에서 살펴본 바와 같이, 원격 비디오 저장장치에 관한 사안에
서는 주로 OSP를 직접 행위자로 의제하는 이론에 의해 그 책임이 인
정되어 왔는데, 이러한 사례들도 인식가능성의 관점에서 이해해 볼
수 있다. 원격 비디오 저장장치를 통한 이용자의 복제행위가 사적이
용을 위한 복제로서 허용되는지 여부를 별론으로[316], 이러한 행위가
명백히 저작권 침해에 해당한다고 가정한다면, OSP는 원격 비디오
저장장치 서비스를 제공할 때 서비스 전반에 깊숙이 관여하기 때문
에 보다 쉽게 인식가능성을 인정할 수 있다는 논리가 성립할 수 있
다. 관여의 정도가 높을수록 침해행위에 대한 회피가능성 역시 증가
하게 될 것이라는 점에서 여전히 책임이 인정될 가능성이 높다.

이에 따라 OSP를 능동적 관여유형과 수동적 관여유형으로 나누어
보는 견해가 있다.[317] 다만, 이 견해는 전자의 경우에는 직접행위자
로 보고 있고, 후자만을 간접책임을 지는 것으로 파악하고 있는데,

---

316) 원격 비디오 저장장치를 이용하여 방송프로그램을 녹화하는 이용자 스스
로의 행위는 사적이용을 위한 복제(저작권법 제30조)에 해당하여 허용될
가능성이 있기 때문에 그러한 서비스 자체가 위법하다고 판단하기 위하
여 OSP를 직접 행위자로 의제한 측면도 있다고 생각된다. 현행법상으로
는 저작권법 제35조의 3으로 신설된 저작물의 공정한 이용에도 해당할
여지가 있을 것이다.
317) 정태호(주 315), 94면~98면.

관여 정도에 따라 주의의무의 범위가 달라진다고 보는 측면에서는 인식가능성의 기준점으로 삼을 수 있다고 본다. 오픈마켓의 원칙적인 형태는 오픈마켓 측이 판매자에게 가상공간만을 제공하고 판매행위에는 일체 관여하지 않는 방식일 것이나, 실제로는 불공정행위가 문제될 정도로 판매자의 개별 판매행위에 관여하는 경우도 많으므로, 인식가능성을 판단함에 있어서는 이러한 점도 반드시 고려되어야 할 것이다.

### 4. OSP가 서비스를 통해 얻는 경제적 이익과 인식가능성

미국의 대위책임은 어떤 자가 타인의 불법행위를 통제할 권리와 능력을 가지고 있고, 그 침해행위로부터 직접적인 경제적 이익을 얻고 있는 경우에 인정되는 책임으로, 즉 침해행위에 대한 인식가능성이 없더라도 당해 침해행위로부터 직접적 경제적 이익을 얻는 경우 인정된다. 민법 제760조 제3항에 의거하여 OSP의 책임을 인정하는 이상, 인식가능성이 부정된다면 설령 직접적 경제적 이익을 얻고 있더라도 그 책임이 인정되기는 어려울 것이다. 그러나 OSP의 인식가능성 등 주의의무 기준을 판별할 때 OSP가 침해행위로 인하여 직접적 경제적 이익을 얻고 있는지 여부가 일응의 기준이 될 여지는 있다.

판례는 오픈마켓에서 위조품이 유통된 경우 오픈마켓 운영자의 책임을 논하면서, 오픈마켓이 위조품 유통의 대가로 등록수수료, 판매수수료를 징수하는 등 경제적 이익을 얻고 있다는 점을 지적하고 있는데(서울중앙지방법원 2009. 2. 10.자 2008카합3997 결정 등), 오픈마켓 등의 경우 거래에 관여하면서 일정한 수수료를 받아 직접적 경제적 이익을 얻고 있고, 특히 오픈마켓 내에서 일어나는 거래가 활발할수록 정확히 비례하여 더 많은 경제적 이익을 얻게 되므로, 어디까지나 회원수 증대 등을 통한 간접적 이익을 얻는 것에 불과한 포털 사이트 등의 경우와는 달리 판단될 필요가 있다. 또한 웹하드 업체의 경우 이용자가 다운로드 하는 용량에 따라 이용료를 과금하는 경우가 많고, 이용자의 다운로드를 촉진하기 위해 저작물을 대량으로 게시하는 헤비 업로더(heavy uploader)에게 혜택을 주기도 하므로, 이용료 과금 등이 없는 P2P의 경우에 비하여서도 보다 높은 주의의무를 부과하는 것이 타당하다고 할 것이다. 참고로 우리 저작권법 제102조 제1항 3호는 호스팅 서비스의 경우, OSP가 침해행위를 통제할 권한과 능력이 있을 때에는 그 침해행위로부터 직접적인 금전적 이익을 얻지 않은 경우 책임을 면제할 수 있다고 정하고 있는바, 위의 논의와 유사한 측면에서 이해할 수 있을 것이다.

## III. 침해행위에 대한 회피가능성

### 1. 침해행위에 대한 법률적 회피가능성

OSP가 이용자의 불법행위 사실을 알았거나 알 수 있었음이 객관적으로 명백하다 하더라도 이를 회피할 수 없었다면 그에 대한 책임을 물을 수 없다. 이와 관련하여 우선 OSP가 당해 침해물에 대하여 법률적으로 관리·통제권을 가지는지 여부를 살펴보아야 한다. OSP는 통상적으로 이용자와의 계약내용을 구성하는 이용약관에 기해 법률적 관리·통제권을 갖게 된다. 예를 들어 네이버 이용약관은 회원의 게시물이 정보통신망법이나 저작권법 등 관련법에 위반되는 내용을 포함하는 경우 게시물의 게시중단 및 삭제 조치를 취할 수 있다고 정하고 있다.318) 이러한 경우에는 OSP에게 법률적 관리·통제권이 당

---

318) 대법원 1998. 2. 13. 선고 97다37210 판결은 PC통신업체가 정한 이러한 취지의 이용약관이 고객에게 부당하게 불리한 조항이 아니어서 유효하다고 판시한 바 있다.

연히 인정될 것이다.

그런데 OSP와 이용자 사이에 위와 같은 이용약관이 없거나, 또는 OSP가 이용약관에서 위와 같은 권한을 명시적으로 포기한 경우 법률적 관리·통제권이 부인될 것인지 문제된다. 사적자치의 원칙상 위와 같은 권한을 포기하는 것은 허용될 것이고, 계약 내용에 따라 OSP가 이용자의 게시물을 삭제하거나 차단할 수는 없을 것이나, 그럼에도 불구하고 법률적 관리·통제권이 없다는 이유로 OSP를 면책하는 것은 타당하지 않다. 이러한 경우에는 OSP가 자신의 위험부담으로 관리·통제권을 포기한 것으로 보고, 관리·통제권 여하를 불문하고 제3의 피해자에 대한 책임은 여전히 부담하는 것으로 보아야 할 것이다.

한편, 개인 사이에 이루어지는 전자메일, 파일 등의 송수신을 통한 침해나 제3의 사이트에 대한 링크를 통한 침해의 경우에는 OSP에게 법률상 관리·통제권이 인정되기 어려울 것이다.

## 2. 침해행위에 대한 기술적 회피가능성

### 가. 순수한 기술적 측면에서의 회피가능성

1) 순수한 기술적 측면에서의 회피가능성 기준

OSP에게는 법률상 관리·통제권과 아울러 기술적 제거가능성도 인정되어야 한다.

순수한 기술적 측면에서는 현재의 기술 수준으로 최선을 다한 경우 회피가능성이 부인될 수 있다.[319] 다만, 여기서 현재의 기술 수준

---

319) OSP가 현재의 기술 수준으로 최선을 다하였음에도 불구하고 권리자가 OSP에게 책임을 추궁한다면 이는 권리남용에 해당한다는 견해가 있으나 (황경환(주 267), 218면), 이 경우 OSP에게 회피가능성이 없다는 이유로 책임을 부인하면 족한 것이지 굳이 권리남용의 항변까지 인정할 것은 아니라고 할 것이다.

이란 반드시 당대에 동원할 수 있는 최신의 기술까지 모두 적용하는 경우에 한한다고 보아서는 안 될 것이다. 그러한 기술이 상용화될 때까지는 어느 정도 시간이 필요하고, 최신의 기술은 타인의 지적재산권으로 보호되어 실제로는 사용에 제약이 있는 경우도 상당하기 때문이다. 따라서 현재의 기술 수준이란 당해 OSP와 동일·유사한 서비스를 제공하는 다른 OSP가 보편적으로 적용하고 있는 기술 중 가장 최신의 것을 기준으로, 당해 OSP의 성격과 규모, 수익구조 등을 고려하여 판단하여야 할 것으로 생각된다.

한편, 국내 하급심 판결[320] 중에는 오로지 기술적 회피가능성만을 근거로 하여 주의의무를 인정한 경우가 있었다. 이 사안은 파일교환 프로그램의 일종인 '푸르나'에 관한 것인데, 법원은 피신청인이 신청인의 저작인접권을 침해하는 MP3 파일교환 과정에 깊이 관여하고 있어 이용자들이 저작인접권 침해행위를 방조하고 있다고 하면서, 저작권법상 면책규정이 적용되어야 한다[321]는 피신청인의 주장에 대하여는 "저작권법에서 기술적 조치에 드는 비용 및 난이도를 고려하지 아니하고 불가능한 경우에만 면책하도록 규정하고 있어, 피신청인으로서는 다양한 형태의 DRM 기술 중 최적인 기술조치를 확인하여 그 조치를 이행할 의무가 있다고 보아야 할 것"이라고 하면서 그러한 주장을 배척하였다. 그러나 민법상 방조책임은 과실책임을 전제로 하므로, 회피가능성 판단에 있어서도 절대적 기술적 가능성

---

320) 서울중앙지방법원 2006. 3. 13.자 2005카합4187 판결.
321) 이 사건에서는 OSP의 방조책임에 대한 전제로서 회피가능성이 문제된 것이 아니라, OSP에게 방조책임이 성립함을 전제로 저작권법상 면책규정의 적용 여부가 문제되었던 사안이다. 그러나 아래에서 검토하는 바와 같이, 저작권법상 면책규정은 책임 성립을 근거로 하여 책임의 범위나 정도만을 감면하는 엄격한 의미의 면책규정이라기보다는, 책임의 성립 자체를 부인하는 성격을 갖는 것이다. 따라서 면책규정의 해석과 관련한 위 판례를 회피가능성과 관련하여 참고해 볼 수 있을 것이다.

외에 현재의 기술수준을 반영한 경제적으로 합리적인 기술적 회피
가능성을 기준으로 삼아야 할 것이다. 위와 같은 엄격한 기준은 마
치 OSP에게 무과실 책임을 부여하는 것처럼 오해하여서는 안 되고,
위 판결에서도 피신청인이 저작인접권 침해에 관해 경고문을 게시하
고 음원에 관해 금칙어를 등록한 것만으로는 저작인접권 침해를 예
방하는 데 실질적인 효과를 보고 있지 못하다는 점 및 음악인식기술
을 비롯한 다양한 형태의 DRM 기술의 발달로 실효적인 저작권 보호
가 가능하다는 점 등도 병렬적으로 적시하고 있어, 어느 정도 현실적
으로 적용 가능한 기술조치를 기준으로 삼고 있다고 해석해야 할 것
이다.

2) 저작권법상 기술적 조치의 개념
　우리 저작권법 등은 OSP의 면책 요건을 정하면서, "저작물 등을
식별하고 보호하기 위한 기술조치로서 ⋯ 표준적인 기술조치"(제102
조 제1항 1호 라목), "그 업계에서 일반적으로 인정되는 기술"(동조
제1항 2호 마목) 및 특수한 유형의 OSP에 대한 "불법적인 전송을 차
단하는 기술적인 조치 등 필요한 조치"(제104조 제1항) 등의 용어를
사용하고 있고, 한편, 제104조의 2 이하에서는 "기술적 보호조치"라는
용어도 사용하고 있다. 유사한 용어가 여러 군데에서 반복하여 사용
되고 있는데, OSP의 책임과 관련하여 각각의 경우 정확한 개념 범위
를 확인할 필요가 있다.
　우선 제104조의 2 이하에서 말하는 기술적 보호조치란 저작권, 그
밖에 이 법에 따라 보호되는 권리의 행사와 관련하여 이 법에 따라 보
호되는 저작물등에 대한 접근을 효과적으로 방지하거나 억제하기 위
하여, 또는 권리에 대한 침해행위를 효과적으로 방지하거나 억제하기
위하여 그 권리자나 권리자의 동의를 받은 자가 적용하는 기술적 조
치로(제22조 28호), OSP의 면책 요건이나 책임 요건과는 무관한 개념이

다.322) 특히 디지털 파일과 관련하여서는 Digital Rights Management(DRM) 라고 불리는 것으로, 권리자가 자신의 저작물이 함부로 유통되는 것을 막기 위해 취하는 사전적 보호조치라고 할 수 있다. 이러한 기술적 보호조치를 우회하거나 무력화하는 행위는 금지되며, 형사처벌의 대상이 될 수도 있다.

한편, 일반적 유형의 OSP에게 부과되는 표준적인 기술적 조치와 특수한 유형의 OSP에 대한 기술적인 조치의 관계도 문제된다. 먼저 일반적 유형의 OSP에게 부과되는 표준적인 기술적 조치란 ① 저작재산권자와 OSP의 의견일치에 따라 개방적이고 자발적으로 정하여진 것이고, ② 합리적이고 비차별적인 이용이 가능하며, ③ OSP에게 상당한 비용을 부과하거나 온라인서비스 제공 관련 OSP의 시스템 또는 정보통신망에 실질적인 부담을 주지 아니하는 것을 말한다(저작권법 시행령 제39조의 3). 즉, 아래 (2)항에서 보는 바와 같이 표준적인 기술적 조치란 순수한 기술적 측면에서 가능한 모든 기술적 조치를 의미하는 것은 아니고 경제적 측면 등 효율성을 고려한 기술적 회피 가능성을 의미하는 것으로 이해해야 할 것이다. 반면, 특수한 유형의 OSP에게 부과되는 기술적인 조치는 ① 저작물등의 제호등과 특징을 비교하여 저작물등을 인식할 수 있는 기술적인 조치, ② 위 조치에 따라 인지한 저작물등의 불법적인 송신을 차단하기 위한 검색제

---

322) 김경숙, "웹하드서비스제공자의 면책요건-표준적인 기술조치를 중심으로-", 산업재산권 제41호(2013), 319~321면은 양자 모두 효과적인 기술적 조치를 의미하는 것으로, 단지 불법적인 전송을 차단하려는 것이냐 아니면 권리침해를 방지 또는 억제하는 것이 목적이냐에 따른 차이만 있을 뿐 실질적인 개념이 서로 같다고 설명하고 있다. 그러나 기술적 보호조치와 기술적 조치는 순수한 기술적인 측면에서는 같은 방법을 사용하는 것일 수 있으나, 법률적인 평가 측면에서는 서로 달리 인식되어야 하며, 행하는 주체가 서로 다르다는 점에서 보더라도 실질적인 개념이 서로 같다고 보기는 어렵다고 생각된다.

한 조치 및 송신제한 조치 및 ③ 해당 저작물등의 불법적인 전송자를 확인할 수 있는 경우에는 그 저작물등의 전송자에게 저작권침해금지 등을 요청하는 경고문구의 발송 등을 의미하는 것으로, 표준적인 기술적 조치에 비해 경제적 효율성에 대한 고려가 적은 것으로 볼 수 있다. 특수한 유형의 OSP의 경우, 그 서비스를 통해 저작권침해가 일어날 가능성이 일반적인 경우에 비하여 훨씬 높으므로, 보다 높은 수준의 기술적 회피가능성을 부과하겠다는 것이 저작권법의 취지라고 할 수 있다.

결국 OSP의 책임을 논하는 경우 완전한 의미에서 순수하게 기술적 측면에 한정한 회피가능성을 검토하여서는 안 될 것이다. 당대 관련 업계에서 표준적으로 수용되고 있는 기술적 조치를 기준으로, OSP의 구체적인 서비스 내용에 따라 보다 높은 수준의 기술적 조치가 필요한 것인지 여부를 살펴보아야 할 것이고, 가치판단을 전적으로 배제한 완벽한 기술적 회피가능성을 기준으로 OSP의 주의의무 위반을 인정하는 것은 자기책임 원리에도 반한다고 할 것이다.

### 나. 경제적 측면에서의 기술적 회피가능성

경제적 측면에서 볼 때 OSP에게 과도한 부담을 지워서는 안 된다. 그럴 경우는 경제적 측면에서 기술적 회피가능성이 있다고 보기 어렵다. 그런데 P2P에 관한 소리바다 5 가처분 결정에서는 사실상 '적극적 필터링'을 도입하지 않는 한 회피가능성이 충족되어 책임을 인정할 수 있다고 판단하였는데, 그러한 경우 해당 OSP의 서비스 자체를 완전히 폐쇄하는 결과에 이를 수도 있으며, 그러한 결과에 이를 정도로 회피가능성 충족 여부를 엄격하게 보아야 하는지 의문이 아닐 수 없다. 적극적 필터링의 경우, 기술적으로 불가능하다고 할 수는 없으며, 콘텐츠 제공자와 사용계약을 체결한 콘텐츠만을 게재할 수 있도록 하면 되는 것이므로, 어떻게 보면 상당히 쉬운 방식의 기술적 조치라고 할 수 있다.[323] 그러나 OSP가 제공하는 서비스의 긍정적인 측면과 권리자 보호의 필요성을 비교형량해 볼 때, 대부분의 경우 적극적 필터링은 경제적 효율성의 측면에서 적합한 조치로 받아들여지기는 어렵다.

참고로 adidas 사건에서 법원은 "위조품 유통을 통제하는 것이 불가능할 정도로 범람하여 건전한 거래질서를 해칠 지경에 이른 경우 등 오픈마켓 운영자의 영업의 자유보다는 상표권자의 권리 침해를 방지할 필요성이 훨씬 크다고 인정되는 특별한 사정이 있는 경우"에는 예외적으로 적극적 필터링 등을 도입할 필요성이 있다고 보았는데, 이러한 기준은 경제적 측면에서의 기술적 회피가능성을 판단할 때에도 활용될 수 있을 것이다.

## IV. 인식가능성과 회피가능성의 관계

OSP의 서비스 목적 자체가 오로지 불법행위를 조장하거나 유인하는 것이어서 불법행위에 대한 인식가능성이 현저히 높은 경우라면, 반대로 기술적 회피가능성 요건은 다소 완화하여 주의의무 위반을 인정할 필요가 있다. 또한 만약 어떤 서비스 내에서 불법행위가 자행되는 비율이 높은 경우에는 설령 OSP가 처음부터 불법행위를 조장하거나 유인하는 목적으로 서비스를 개시한 것이 아니라고 하더라도, 서비스 과정에서 한층 강화된 기술적 조치를 취할 필요가 있다고 할 수 있다. 반대로 OSP의 서비스 내용상 단순한 알고리즘의 설정 등으로도 효과적으로 불법행위의 가능성을 배제할 수 있는 경우라면, 해당 서비스가 매우 활발하게 이용되어 OSP로서는 개별 게시물을 일일이 파악하는 것이 불가능하다고 하더라도 보다 쉽게 인식

---

323) 황경환(주 267), 219면.

가능성을 인정할 수도 있을 것이다.

OSP의 책임은 인식가능성과 회피가능성의 두가지 요건이 충족되는 경우 인정될 것인데, 두가지 요건은 서로 분리된 것이 아니라 주의의무의 기준을 판단하기 위해 밀접하게 연관된 요건으로 이해해야 한다. 우리 저작권법이 특수한 유형의 OSP에 대하여 보다 높은 수준의 기술적 회피가능성을 요구하고 있는 것도 이러한 취지로 받아들일 수 있을 것이다.

# 제4절 대법원의 새로운 OSP 책임 기준

## Ⅰ. OSP 책임 기준에 관한 새로운 대법원 판결의 선고

지난 2019년 선고된 인터넷 포털 사이트 '다음' 사건[324] 대법원 판결은 OSP 책임 기준에 관하여 새로운 기준을 설정한 것으로 해석할 여지가 있다. 이하에서 이에 관하여 소개한다.[325]

## Ⅱ. 사건의 개요 및 소송경과

### 1. 사실관계

피고는 '다음〈www.daum.net〉' 인터넷 포털사이트를 운영하는 OSP로, 위 사이트에는 피고 회원에게 특정 범위 사람들의 친목 도모·정

---

324) 1심: 서울남부지방법원 2015. 8. 17. 선고 2013가합107912 판결; 항소심: 서울고등법원 2016. 11. 3. 선고 2015나2049406 판결; 상고심: 대법원 2019. 2. 28. 선고 2016다271608 판결.
325) 이하의 내용은, 신지혜(주 58), 767~794면을 정리한 것이다.

보 공유 등을 위한 전자게시판인 카페 개설·이용 서비스 기능이 포함되어 있다. 한편, 피고 사이트에는 피고 사이트에 업로드된 모든 동영상을 이용할 수 있는 공간인 '티비팟' 서비스 기능도 포함되어 있다. 그런데 피고의 회원은 원고가 저작권을 가지는 동영상을 피고 사이트의 카페에 무단으로 업로드하여 원고의 저작권 중 복제권, 전송권 등을 침해하였다. 즉, 피고의 회원이 원고의 저작권을 침해하였음은 이론의 여지가 없었다.

그러자 원고는 피고에게, 저작권 침해에 대해 조치해 달라는 내용증명을 보냈다. 원고는 이 사건 동영상이 업로드된 카페의 대표주소 17개를 기재하고, 피고 사이트 검색창 등에 원고 동영상과 관련된 키워드를 넣어 검색한 화면과 문제된 동영상 중 1개의 시작·중간·종료 화면을 캡처한 사진을 첨부하였다. 이에 피고는 원고에게, 원고가 첨부한 사진을 근거로 특정 가능한 동영상은 삭제하고 그 동영상을 업로드한 회원에 대하여 경고 조치하였으나, 원고가 제시한 카페의 대표주소만으로는 원고의 저작권을 침해하는 게시물의 특정이 불가능하므로 저작권법 시행규칙 별지 제40호 서식을 참조하여 동영상의 URL 등 동영상을 특정할 수 있는 정보를 제공하여 달라는 내용의 답변을 보냈다.

원고는 피고 사이트의 카페 등에서 직접 검색하여 해당 동영상을 확인하는 등으로 침해물을 찾을 수 있다고 하며, 원고가 통보한 문제의 회원뿐만 아니라, 전문가인 피고가 발본색원하여 불법 복제와 전송이 앞으로 더 일어나지 않도록 조치하여 달라고 요구하였으나, 피고는 원고에게 재차 게시물을 특정할 수 있는 URL 주소 등의 정보를 제공하여 달라는 답변을 보냈다. 그러자 원고는 피고 회원들이 원고의 이 사건 동영상에 대한 저작권을 침해하고 있고, 피고는 OSP로서 피고 회원의 저작권 침해행위를 방지하여야 할 작위의무가 있음에도 이를 이행하지 않았으므로 피고 회원의 저작권 침해행위에 대하여 부작위에 의한 방조에 따른 공동불법행위 책임을 부담한다고 주장하며 피고에게 손해의 배상을 구하는 소를 제기하였다.

## 2. 제1심의 판단

제1심 법원은 피고 회원들의 저작권 침해행위는 인정하였으나, 인터넷 포털사이트를 운영하는 OSP가 제공한 인터넷 게시공간에 타인의 저작권을 침해하는 게시물이 게시되었고 그 검색 기능을 통하여 인터넷 이용자들이 위 게시물을 쉽게 찾을 수 있다 하더라도, 위와 같은 사정만으로 곧바로 위 서비스 제공자에게 저작권 침해 게시물에 대한 불법행위책임을 지울 수는 없다고 하면서 원고의 청구를 모두 기각하였다.[326]

## 3. 항소심의 판단

항소심은 피고 회원들의 저작권 침해행위를 인정하면서, 피고의 부작위에 의한 방조책임[327]도 인정하여 원고의 항소를 받아들였다.

---

326) 이와 관련하여 제1심은 상세한 근거도 제시하였으나, 아래 상고심의 판단과 대부분 겹치므로 여기에서는 소개를 생략한다.

327) 원고는, 피고가 티비팟에 업로드되는 동영상에 관하여 '공개'를 기본설정으로 하고 카페에 업로드되는 동영상에 관하여는 '티비팟에 공개'를 기본설정으로 하여 피고 회원의 저작권 침해를 쉽게 하였으므로 작위에 의한 방조에 따른 공동불법행위책임도 부담한다고 주장하였으나, 항소심은 피고 사이트에 저작권 침해 게시물이 주로 업로드된다고 볼 수 없는 상황에서 피고가 '비공개'를 원칙으로 피고 사이트를 운영하여야 할 의무가 있다고 볼 수 없을 뿐만 아니라, 피고에게는 피고 사이트의 운영방식을 선택할 권리가 있으므로 이와 같은 사정만으로는 피고가 작위에 의한 방조에 따른 공동불법행위책임을 진다고 볼 수 없다고 하여, 작위에 의한 방조책임은 부정하였다.

항소심은 소리바다 사건 판결과 인터넷 링크를 통한 저작권 침해 관련 야후 사건 판결[328]을 인용하면서, 방조에 따른 공동불법행위책임을 인정하기 위해서는 ① 게시물의 명백한 불법성, ② 피해자로부터의 구체적·개별적인 게시물 삭제 및 차단 요구(또는 서비스제공자의 구체적 인식 내지 외관상 명백한 인식가능성), ③ 기술적·경제적 관리통제 가능성이라는 세 가지 요건이 충족되어야 한다고 설시하였다.

이러한 일반 법리를 기초로 항소심은 본건의 경우 ① 원고의 동영상 삭제 및 차단 요청으로 피고는 이 사건 동영상을 피고 사이트에 업로드하고 있다는 것을 분명하게 알게 되었고, 이 사건 동영상 시작 화면과 마지막 화면에 원고의 저작권 표시가 있으며, 원고는 침해자 회원 ID를 특정하면서 원고가 통보한 것 외에도 피고 사이트에 업로드된 이 사건 동영상 전부에 대하여 조치하여 달라는 의사를 명시적으로 표시하였고, 원고가 피고에게 이 사건 동영상 원본 파일을 제공하지 아니한 것은 피고가 원고에게 이 사건 동영상이 게시된 URL 정보만 요구하였을 뿐, 이 사건 동영상의 원본 파일을 요구한 적이 없기 때문으로, 만약 피고가 그 원본 파일 요구하였다면 원고로부터 이를 바로 받을 수 있었을 것이라는 점에서 게시물의 불법성이 명백히 인정된다고 보았다.

또한 항소심은 ② 저작권법 시행규칙상 '복제·전송 중단 요청서'에서 URL을 침해게시물의 위치정보를 특정하는 수단 중 하나의 예시로 규정하고 있을 뿐이고, URL을 제공하지 아니하였음에도 피고가 게시물 중 일부를 삭제한 것으로 보아 URL 주소가 삭제 차단을 위해 법률적 또는 기술적으로 필수불가결한 조건이라고 보기 어려우며, 원고는 피고에게 검색어를 통한 검색 등 이 사건 동영상을 찾는 방법을 상세히 알려주었고, 검색 결과 중 이른바 '섬네일(thumbnail, 사

---

328) 대법원 2010. 3. 11. 선고 2009다4343 판결.

진·그림 등의 축소도)'만으로도 이 사건 동영상인지 쉽게 식별할 수 있는 것이 대부분이며 섬네일로 식별할 수 없는 것은 해당 동영상을 일부 재생하여 보면 쉽게 식별할 수 있고, 원고 지정 검색어로 검색 시 검색되는 동영상 중 관련 없는 동영상은 극히 소수[329]에 불과할 뿐 아니라 앞서 본 특징들로 쉽게 식별할 수 있고, 게시물 URL 특정 시 그 URL을 일일이 인터넷 주소창에 타자하여야 하므로 원고가 설명한 검색 방법보다 훨씬 많은 시간과 비용이 요구되며, 이 사건 동영상에 관한 다른 관련사건[330]에서도 원고가 침해게시물의 URL을 제공한 적이 없었으나 OSP의 손해배상책임이 인정된 점 등에서 구체적 개별적인 게시물 삭제 및 차단 요구가 있다고 보았다.

마지막으로 항소심은 ③ 피고로서는 검색어 기반 필터링 기술(금칙어 설정을 통하여 검색을 제한하는 기술) 등을 통하여 이 사건 동영상이 업로드되거나 검색, 재생되는 것을 막거나, 최소한 일정 주기로 위 검색어로 검색되는 동영상을 삭제하는 기술적 조치를 할 수 있었을 것이고, 피고는 국내에서 가장 큰 온라인서비스제공회사 중 하나로서 모니터링센터를 운영하면서 365일 24시간 실시간 모니터링을 실시하고 특징 기반 필터링 기술(음악, 영화의 원본파일이 가지고 있는 고유한 특성을 이용하여 저작물을 인식·차단하는 기술)을 피고 사이트에 적용하였으며, 원고가 피고에게 이 사건 동영상 원본파일 요구하였다면 피고는 이를 받아 특징 기반 필터링 기술 등을 통해서 동영상이 업로드되거나 검색, 재생되는 것을 막는 기술적 조치를 할 수 있었을 것이고, 피고보다 훨씬 규모가 작은 회사인 엠미

---

329) 피고 사이트 검색창에 입력하는 경우 97건 중 7건, 티비팟 검색창에 입력하는 경우 37건 중 1건이라고 한다.

330) 주식회사 엠미디어에 관한 사건(서울중앙지방법원 2014. 11. 28. 선고 2013가합564502 판결)과 주식회사 판도라티에 관한 사건(서울남부지방법원 2009. 6. 30. 선고 2008가합20165 판결.

디어와 판도라티비도 이 사건 동영상이 더는 자신들의 사이트에서 업로드되지 아니하도록 조치하고 있는 점 등에 비추어, 피고가 기술적 경제적으로 이 사건 동영상 게시물에 대한 관리통제를 할 수 있었다고 보는 것이 타당하다고 판단하였다.

한편 항소심은 피고에게 저작권 침해에 대한 방조책임을 인정하면서, 저작권법상 OSP의 책임 제한(제102조)에 관하여도 판단하였다. 항소심은 피고의 서비스는 저작권법 제102조 제1항 제3호에 해당한다고 전제하며, 피고가 원고로부터 이 사건 동영상에 관한 원고의 저작권이 침해되었다는 통자를 관련 자료와 함께 네 차례 받았으므로 저작권 침해를 알게 되었거나 침해가 명백하다는 사실 또는 정황 등을 알게 되었다고 보는 것이 타당하고, 그런데도 피고가 이 사건 동영상의 복제·전송을 제대로 중단시키지 아니하였으며, URL은 침해 게시물의 위치정보를 특정하는 수단 중 하나의 예시로 규정되어 있을 뿐 복제·전송의 중단 요구가 반드시 침해게시물이 URL로 특정된 경우만을 의미한다고 볼 수 없으므로 저작권법 제102조 제1항 제3호에 따라 피고의 책임이 면제된다고 볼 수 없다고 판단하였다.

### 4. 상고심의 판단

위 항소심 판결에 대해 피고가 상고하였고, 대법원은 피고의 상고를 받아들여 원심을 파기·환송하였다.

대법원은 ① 원고는 피고에게 보낸 조치 요청서에서 검색어와 카페의 대표주소만을 기재하였을 뿐, 인터넷 주소(URL)나 게시물의 제목 등을 구체적·개별적으로 특정하지는 않았으며, 원고에게 그와 같은 방식으로 게시물을 특정하는 것이 특별히 곤란하였다고 볼 만한 사정도 찾을 수 없는 점, ② 원고가 요청서에 기재한 검색어를 피고 사이트에 입력하면 수많은 동영상이 나타나는데, 그중 어떤 것이 원고의 저작권을 침해하는 게시물인지는 검색 결과 자체만으로는 특정하기 어렵고, 아무런 관련 없는 동영상도 일부 포함되어 있는 점, ③ 원고의 요청서에는 피고 사이트 내 카페의 대표주소도 기재되어 있으나, 그 카페 내에 게시되어 있는 수많은 게시물 중 어떤 것이 원고의 저작권을 침해하는 게시물인지를 특정할 수 있는 구체적인 자료는 없는 점, ④ 연속적인 영상으로 이루어진 동영상의 특성상 일부 화면이 유사한 것만으로 곧바로 저작권 침해라고 단정할 수 없으므로, 검색 결과 나타난 동영상이 저작권을 침해한 것인지를 가리기 위해서는 동영상의 전부 또는 상당 부분을 일일이 재생하여 확인할 수밖에 없고, 일반적인 인터넷 포털사이트의 규모, 권리침해 신고 건수, 업로드되는 동영상의 수, 동영상의 재생시간 등에 비추어 볼 때 원고의 요청서에 첨부된 자료만으로 피고가 원고의 저작권을 침해하는 게시물을 찾아내 삭제하는 등의 조치를 하는 것은 기술적으로 어려울 뿐만 아니라 과도한 비용이 들 것으로 보이는 점, ⑤ 피고는 특정 가능한 일부 게시물을 삭제하였고, 인터넷 주소(URL) 등 게시물을 특정할 수 있는 정보를 요구하였으며, 권리자가 게시물을 특정하면 게시물을 삭제하고 경고조치 등을 하는 등의 방법으로 권리침해에 대처해 왔는바, 피고는 기술적·경제적으로 가능한 범위 내에서는 저작권 침해 게시물에 대하여 적절한 조치를 하였다고 볼 수 있는 점, ⑥ 피고는 원고에게 인터넷 주소(URL)를 기재하여 그것이 원고의 저작권을 침해한 게시물이 맞는지 확인해 달라는 답변을 보내기까지 하였으나, 이에 대하여 원고는 아무런 답변을 하지 않은 점, ⑦ 원고는 이 사건 동영상의 원본 파일을 피고에게 제공하지 않은 점 등을 근거로 들며, 원고가 피고에게 이 사건 동영상의 저작권을 침해하는 게시물에 대하여 구체적·개별적으로 삭제와 차단 요구를 한 것으로 보기 어렵고, 달리 피고가 게시물이 게시된 사정을 구체적으로 인식하고 있었다고 볼 만한 사정을 찾을 수 없으며, 피고는 원고가 제공한 검색어 등으로 검색되는 게시물이 원고의 저작권을 침해한 것인지 여부를 명확히 알기 어려웠고, 그와 같은 저작권 침해 게시물에 대하여 기술적·경제적으로 관리·통제할 수 있었다고 보기도 어렵다고 하면서, 피고는 이 사건 동영상에 관한 원고의 저작권을 침해하는 게시물을 삭제하고 피고 사이트에 유사한 내용의 게시물이 게시되지 않도록 차단하는 등의 조치를 할 의무를 부담한다고 보기 어렵다고 판단하였다.

## III. 다음 사건 판결의 의의: OSP 책임의 구체적인 성립요건 제시

### 1. 다음 사건 판결의 의의 및 시사점

#### 가. 방조책임의 구체적인 기준 설정

OSP 책임에 관하여는 부작위에 의한 방조로 이론구성하는 것이 일반적이고, 그 책임 성립요건으로는 게시물의 불법성 및 게시물 존재에 관한 인식가능성, 침해행위 제거를 위한 기술적 경제적 회피가능성이 요구된다. 이에 관하여 여러 차례 대법원에서 판단이 이루어졌지만, 과연 어느 경우에 인식가능성이나 회피가능성이 인정될 수 있을지, 실무상 구체적인 사안에서는 여전히 논란이 존재하였다. 피해자가 특정한 당해 게시물에 관하여는 인식가능성이나 회피가능성이 인정되어 이를 방치할 경우 OSP에게 책임이 인정되고, 반면 피해자의 최초 신고나 차단요구 없이 일반적으로 모든 게시물에 대한 감시의무까지는 인정되지 않는다는 점에 대하여는 이론의 여지가 없었다. 그러나 '피해자가 특정 게시물에 대하여 신고 내지 차단요구를 한 경우, 피해자가 URL 등으로 직접 특정하지는 않았으나 피해자가 제공한 키워드 등의 검색을 통해 사실상 발견할 수 있는 게시물에 대해, OSP가 스스로 검색하여 조치를 취할 의무가 있는지 여부'를 둘러싸고 피해자와 OSP 사이에 이견이 존재하였다. 위에서 살펴본 바와 같이 종래 판례는 다소 추상적인 기준을 제시하면서, 이 부분에 관하여도 판단의 여지를 남겼고, 실제로 싸이월드 사건에서는 이 부분에 대해 책임을 인정한 반면, adidas 사건이나 야후 사건에서는 책임을 부정하는 등 구체적인 결론도 갈리는 상황이었다.

실제 사례에서 피해자가 방송사나 음원관리업체인 경우, 유명 상표권자인 경우 등이 많으며, 이 경우 그 피해 규모가 상당하고 피해 발생 빈도도 매우 높다. 피해자 스스로 내부 부서나 외부 업체를 통해 권리침해 대응 체계를 갖추어 OSP에게 URL 등으로 특정한 게시물 삭제를 요구하거나,[331] 미리 당해 저작물 등의 원본 파일을 OSP에게 제공하여 동일한 저작물 파일이 애초에 업로드되지 못하도록 기술적 조치를 취한다. 그러한 경우에까지 OSP에게 직접 키워드 검색 등으로 도출될 수 있는 수많은 침해물을 찾아내서 걸러내도록 요구하는 것은 현실적으로 어렵기 때문에, 위와 같은 침해방지·제거 절차가 사실상 정착된 것으로 볼 여지도 있다.

그런데 다음 사건 판결의 경우에는 피해자가 소규모 개인업체로, 그 피해 규모나 피해발생 빈도가 대형 방송사나 음원관리업체 등의 경우에는 미치지 않았던 사례이다. 이에 피해자는 OSP에게 URL 등으로 게시물을 특정하여 차단을 요구하지 않았고, 오히려 OSP에게 직접 키워드 검색 등을 통해 침해 게시물을 찾아내도록 요구하였던 것이다.[332]

---

331) 통상적으로 게시물의 제목, URL 주소 등을 엑셀(excel) 파일로 정리하여 이메일 송부, 권리침해신고센터 업로드 등의 방식을 취한다. 따라서 다음 사건 판결 항소심에서 언급한 것처럼, 침해 게시물 발견을 위해 URL 주소를 일일이 타자로 입력할 필요는 없다.
332) 항소심 판시에 의하면, 피해자인 원고가 제공한 키워드로 검색하였을 때 비교적 소수(100건 이하)의 게시물이 검색되었던 것으로 보인다.

다음 사건 판결의 항소심은 URL 제공 없이도 피고 스스로 키워드 검색 등을 통해 불법성이 명백한 게시물을 발견할 수 있었으므로, 피고에게 인식가능성이나 회피가능성이 있다고 하여 그 책임을 인정하였다. 그러나 대법원은 원고가 검색어와 카페의 대표주소만을 기재하였고, URL이나 게시물의 제목 등을 구체적·개별적으로 특정하지는 않은 이상, 피고로서는 키워드 검색 등을 통해서 도출되는 게시물 중 어느 게시물이 명백히 원고의 저작권을 침해하는 불법 게시물인지 곧바로 알 수 없고, 피고와 같은 일반적인 인터넷 포털사이트의 규모, 권리침해 신고 건수, 업로드되는 동영상의 수, 동영상의 재생시간 등에 비추어 볼 때 일일이 검색을 통해 게시물을 찾아내 삭제하는 등의 조치를 하는 것은 경제적 기술적으로 어렵다고 하여 그 책임을 부정하였다. 즉, 다음 사건 판결은, "피해자가 URL 등으로 직접 특정하지는 않았으나 피해자가 제공한 키워드 등의 검색을 통해 사실상 발견할 수 있는 게시물"에 대하여 인식가능성과 회피가능성을 모두 부정하였다는 점에서 종래 논란이 되어 온 부분을 명확히 정리한 것이다.

결국 이 대법원 판결은 URL 등으로 침해 게시물을 특정할 책임은 피해자 측에게 있다는 것이며, 피해자로서는 OSP에게 어떠한 가치판단이나 확인절차 없이 침해 게시물을 확정하여 차단할 수 있을 정도의 정보를 제공하여야만 한다는 것으로 이해될 수 있다. 만약 항소심과 같이 OSP가 직접 키워드 검색을 통해 게시물을 검색하여 당해 게시물이 불법적인 것인지 판단하게 한다면, 이는 일종의 검열이 될 위험이 있다. 또한 법률 전문가가 아닌 OSP가 불법성을 정확히 판단할 능력이 있다고 할 수도 없으므로, OSP에게 가능한 판단의 여지를 두지 않는 것이 타당하다. 한편 다음 사건에서는 원고의 게시물 자체는 비교적 소수였으나, OSP 측에서 보면 원고와 같은 피해자가 수천 명 이상 존재할 수 있다. 그렇다면 OSP에게 키워드 검색과 검색

결과에 대한 확인 의무를 부과하는 것은 과도한 경제적 부담을 가하는 것으로, 극단적으로는 서비스 자체의 존속에까지 위협이 될 수 있다. 따라서 다음 사건 판결 상고심과 같이 URL 등으로 정확하게 특정된 침해 게시물에 한하여 OSP에게 인식가능성과 회피가능성을 인정하는 것이 타당하다고 생각되며, 이 판결의 선고를 통해 실무상 논란이 상당히 해결될 것으로 기대할 수 있다.

### 나. 통지 및 차단조치와의 관계

다음 사건 판결에서 설정한 기준은 저작권법 등에서 규정한 통지 및 차단조치(notice and takedown)와의 관계에서도 살펴볼 필요가 있다. 저작권법 제103조는 권리주장자가 OSP에게 침해 사실을 소명하여 URL 등으로 특정된 당해 게시물의 복제·전송 중단을 요구할 수 있고, OSP는 이러한 요구를 받은 경우 당해 게시물에 대하여 즉시 차단조치를 취하고 권리주장자에게 그 사실을 통보하도록 정한다.[333] 이것을 문리적으로 한정하여 해석하면, 결국 OSP가 위와 같은 통지 및 차단조치만을 성실히 이행할 경우에는 방조에 의한 책임도 항상 부정된다는 것이 된다. 그렇다면 통지 및 차단조치 규정을 둔 이상 OSP의 책임 논의 자체가 실익이 없어지는 것은 아닌지 의문이 들 수 있다. 그러나 OSP 책임은 부작위에 의한 방조에 근거하고 있으므로, 고의에 가까운 '특정적 인식'이 아닌, 순수한 과실에 의한 방조도 인정될 여지가 있으며, 구체적인 사실관계에 따라서는 그 기준을 다소 완화하여야 할 경우도 상정할 수 있다. 결국 원칙적으로는 위 판결과 같이 URL 주소 등을 통한 특정까지 요구하는 것이 타당하되, OSP의 서비스 내용, 규모, 침해법익의 성질, 침해행위의 규모와 발생빈도 등을 모두 고려하여, URL을 통한 특정이 없더라도 인식가능성이

---

333) 정보통신망법 제44조의 2 등 다른 법령에도 유사한 조항이 존재한다.

나 회피가능성을 예외적으로 인정하는 것이 바람직할 것이다. 또한 다음 사건 판결 선고 이후 해석을 통하여 통지 및 차단조치와의 관계도 재정립되어야 할 것이다.

### 2. 항소심 판결에 대한 비판

위와 같이 다음 사건 판결의 결론이 타당하다고 생각되며, 이와 반대 취지로 판시한 항소심의 개별 근거에 대해서는 다음과 같은 비판이 가능할 것이다.

우선 항소심은 P2P 서비스에 관한 소리바다 판결을 참조하고 있는데, 위 3. 라.항에서 살펴본 바와 같이, 소리바다 판결은 침해행위가 빈발하거나, 침해행위 자체를 목적으로 운영되는 특수한 유형의 OSP에 한정한 특별한 책임요건에 관한 것으로, 포털 사이트 등과 같은 일반적인 OSP에 적용될 수 있는 것이 아니다.

항소심은 이 사건 동영상 시작 화면과 마지막 화면에 원고의 저작권 표시가 있고, 원고는 침해자 회원 ID를 특정하면서 원고가 통보한 것 외에도 피고 사이트에 업로드된 이 사건 동영상 전부에 대하여 조치하여 달라는 의사를 명시적으로 표시하였으므로, 게시물의 불법성이 명백히 인정된다고 보았다. 그러나 저작권 표시는 누구나 임의로 부가할 수 있는 것이어서 설령 원고의 저작권 표시가 있는 게시물이더라도 실제로는 원고의 저작물이 아닐 수 있다는 점, 만약 원고의 저작물이 아닌 게시물을 원고의 저작물로 오인하여 차단조치를 취할 경우에는 오히려 게시자와의 관계에서 피고에게 손해배상 책임 등이 인정될 수 있다는 점, 회원 ID를 특정하였더라도 해당 회원이 게시한 게시물이 모두 원고의 저작권 침해물이라고 단정할 수 없다는 점에서 볼 때, 불법성이 명백하다고 볼 수 없다.

또한 항소심은 URL 주소가 삭제 차단을 위해 법률적 또는 기술적으로 필수불가결한 조건이라고 보기 어렵고, 원고는 피고에게 검색어를 통한 검색 등 이 사건 동영상을 찾는 방법을 상세히 알려주었으며, 동영상 일부 재생 등을 통해 원고의 저작물을 쉽게 식별할 수 있고, 게시물의 URL을 특정하였더라도 그 URL을 일일이 인터넷 주소창에 타자하여야 하므로 원고가 설명한 검색 방법보다 훨씬 많은 시간과 비용이 요구되는 점 등에서 구체적 개별적인 게시물에 대해 삭제 및 차단 요구가 있다고 보았다. 그러나 URL 주소 없이 키워드 검색 등으로 사실상 게시물을 찾아낼 수는 있다고 하더라도, 수많은 정보를 취급하는 OSP에게 그러한 부담을 지우는 것은 타당하지 않고, 설령 이러한 과정을 통해서 게시물을 찾아내더라도 당해 게시물이 침해물에 해당하는지 여부에 대한 판단의무까지 부과하는 것은 더욱 부당하다. 실무상으로는 게시물의 URL을 엑셀 파일 등으로 정리하여 이메일로 송부하거나 전자적으로 권리침해신고센터에 업로드하므로, 일일이 타자로 입력해야 한다는 것은 현실에도 반한다.

마지막으로 항소심은 검색어 기반 필터링 기술 등을 통하여 이 사건 동영상이 업로드되거나 검색, 재생되는 것을 막거나, 최소한 일정 주기로 위 검색어로 검색되는 동영상을 삭제하는 기술적 조치를 할 수 있었고, 국내에서 가장 큰 온라인서비스제공회사 중 하나인 피고로서는 365일 24시간 실시간 모니터링을 실시하고 특징 기반 필터링 기술을 적용하는 등 원고에게 원본 파일을 요구하여 기술적 조치를 할 수 있었다고 보았다. 그러나 검색어 기반 필터링 기술을 적용할 경우, 파일이나 게시물의 이름만 동일하고 실질적 내용은 침해물이 아닌 게시물까지도 업로드될 수 없어[334] 부당한 사전검열에 해당할 소지가 있고, 피고에게 일반적 감시의무까지는 인정될 수 없으므로, 위와 같은 항소심의 판단도 부당하다.

---

334) 실제로 원고가 제공한 키워드로 검색한 결과물 중에는 침해 게시물이 아닌 것도 존재하였다.

항소심의 판단은, '원고가 제공한 키워드 검색을 통해 피고 스스로도 사실상 침해물을 특정해 낼 수 있었다'는 점을 전제로 한 것으로 생각된다. 그러나 이러한 사실상의 가능성이 반드시 책임 부담에 직결되는 것은 아니다. 피해자의 구제를 도모하는 한편, OSP를 통한 자유로운 정보의 유통 및 이를 통한 사회경제적 효용 등을 모두 고려하여 적절한 수준에서 OSP에게 책임을 지워야 한다. 따라서 단지 현실적인 기술상 가능성만으로 책임을 부담시킨 항소심의 결론은 부당하다.

### 3. 다음 사건 판결의 법리가 다른 영역의 OSP 분쟁에도 확장될 수 있을지 여부

이 사건은 저작권 침해와 관련된 포탈 사이트 OSP 유형에 대한 것이다. 다른 종류의 침해행위, 예를 들어 명예훼손이나 상표권 침해, 음란물 유통 등과 관련하여서, 또 다른 유형의 OSP, 예를 들어 오픈마켓이나 앱스토어 등에 대하여도 다음 사건 판결의 논리가 그대로 적용될 수 있을지는 논의를 요한다. 저작권법, 동법 시행령 및 동법 시행규칙에서는 복제·전송의 중단 요청시 복제·전송의 중단 요청 저작물 정보(저작물의 제호 등 명칭, URL 등위치정보)를 기재하도록 하고 있다. 한편 다른 법익과 관련하여서는 피해자의 차단조치 요구시 위 규정과 같이 URL 등을 요구하지 않고 있다.335) 대법원이 여기서 이러한 저작권법 등 규정을 직접 인용하지는 않았지만, 판단의 배경에는 위 규정 역시 고려 대상이 되었을 수 있기 때문에, 다른 영역에도 이 판결의 기준이 곧바로 적용될 수 있을지 문제되는 것이다.

다만 항소심이 언급한 바와 같이, 위와 같은 규정에서 URL 등이

---

335) 예를 들어 정보통신망법 제44조의 2 등.

언급되어 있으나 이는 저작물 특정을 위한 예시에 불과하고, 반드시 어느 경우에나 URL 기재가 필수적인 것은 아니므로, 대법원이 반드시 위 규정만을 근거로 하여 URL 등 특정을 요구했다고 평가할 수는 없다. 따라서 URL 등에 관한 규정이 전혀 없는 다른 법익 분야에서도 OSP의 방조책임은 URL 등으로 특정된 당해 게시물에 한정될 것으로 해석될 가능성이 보다 높아 보인다. 즉, 대법원이 명시적으로 저작권법, 동법 시행령 및 동법 시행규칙을 인용하여 URL을 요구한 것은 아니라는 점, 다른 법익 침해 사안에서도 피해자가 URL 등으로 게시물을 특정하는 것이 가능하다는 점, URL 주소 기재를 통하여 OSP는 당해 게시물에 대한 가치판단 없이 곧바로 차단조치를 취할 수 있다는 점, 반면 URL 주소 기재 등이 없다면 OSP로서는 당해 게시물이 과연 법익 침해물에 해당하는지 여부를 판단해야 하는데, 원본 파일과의 대조로 비교적 쉽게 불법성을 확인할 수 있는 저작권 침해에 비하여, 명예훼손이나 상표권 침해의 경우는 불법성 확인이 보다 어려운 점 등을 고려하면, 여전히 다른 법익 분야에서도 URL 주소 등으로 특정된 게시물에 한해 방조책임이 인정된다고 판단될 가능성이 높다고 생각된다.

## Ⅳ. 다음 사건 판결에 대한 평가

OSP의 책임에 대하여는 일반적으로 부작위에 의한 방조에 근거를 둔다. 통상 OSP는 직접 행위자가 아니고 제3자의 침해행위에 가담하는 것에 불과하기 때문에, 방조에 의한 책임을 인정하는 것이 타당하다. 그런데 이 경우 침해행위에 직접 가담하지 않은 OSP에게 어떠한 경우 방조책임을 인정할 것인지 그 구체적 기준이 문제되며, 종래 판례는 불법 게시물에 대한 인식가능성과 게시물에 대한 삭제 등 회피가능성을 기준으로 삼아 왔다. 다만 여기서 어느 정도 수준에 이르러

야만 인식가능성과 회피가능성이 있는지, 즉 피해자가 URL 주소 등으로 완전히 특정한 게시물에 한하여 인식가능성과 회피가능성이 있다고 할 것인지, 그 정도의 특정에는 이르지 못하였더라도 OSP 스스로의 검색 등을 통해 그 존재를 확인할 수 있다면 인식가능성과 회피가능성이 있다고 볼 수 있는지에 관하여는 논란이 지속되었다.

　다음 사건 판결의 항소심은 피해자의 URL 주소 등 특정이 없더라도 OSP 스스로 검색 등을 통해 확인할 수 있다면 인식가능성과 회피가능성이 있다고 보아 그 책임을 인정하였고, 더 나아가 저작권법상 OSP의 책임 제한 규정도 적용될 수 없다고 하였다. 그러나 상고심은 항소심 판단을 뒤집어, 오로지 URL 주소 등으로 특정된 게시물에 한하여 인식가능성과 회피가능성이 인정될 수 있다고 판단함으로써 OSP의 책임 성립요건을 크게 강화하였다. 특수한 유형의 OSP가 아닌, 포털 사이트와 같은 일반적 OSP의 경우에는, 가능한 표현의 자유나 정보유통의 자율성을 존중할 필요가 있고, 피해자의 입장에서도 URL 주소 등만을 특정한다면 언제든지 OSP에게 게시물의 삭제 등 조치를 요구할 수 있으므로, 상고심의 판단이 타당하다고 본다. 종래 판례에서 모호하게 언급하였던 기준을 보다 명확히 제시하였다는 점에서도 다음 사건 판결은 실무상 큰 의미를 갖는다.

　다만 인격모독 게시물이나 불법촬영 음란물 등으로 그 불법성이 명백하고, 게시물의 확산이 너무나도 빠르게 진행되어 OSP의 적극적인 조력 없이는 피해자 보호가 사실상 불가능한 정도에 이르는 극단적인 경우에는, URL 주소 등의 특정 없이도 OSP에게 인식가능성이나 회피가능성을 인정해야 할 필요가 있을 수 있다. 이 사안에서는 일반적인 경우를 상정하여 OSP의 책임 성립요건을 엄격히 보았으나, 위와 같은 극단적인 경우에까지도 그 기준이 그대로 적용될 것인지는 의문의 여지가 있다. 또한 다른 법익 영역의 OSP 방조책임 분쟁에도 적용될지 역시 지켜보아야 할 것이다.

# 제6장

# OSP의 주의의무와
# 책임제한조항의 관계

# 제1절 문제의 제기

OSP의 책임을 확정하기 위해서는 그 책임 근거를 명확히 할 필요가 있고, 그 경우 OSP를 직접 행위자로 의제하려는 일본의 이론이나, 미국 판례 법리로 발전되어 온 기여책임 등을 적용하기보다는 민법상 방조에 의한 공동불법행위를 정한 제760조 제3항을 근거로 삼는 것이 타당하다. 그런데 국내 학설에서는 OSP에게 책임이 당연히 인정된다는 전제로, 그 근거에 대하여는 더 이상 탐구하지 않아도 무방하며, 책임 제한론에 대하여만 논의할 필요가 있다고 보는 견해도 있다.[336] 그러나 OSP의 책임제한 요건은 결국 책임 근거를 명확히 함으로써 확정될 수 있는 것이므로, 책임 근거론에 대하여는 더 이상 논의하지 않은 채 책임 제한론만을 살펴보는 것은 부당하다고 생각된다. 참고로 위 견해에 의하더라도 미국의 경우 기여책임이나 대위책임에 의해 OSP의 저작권침해 책임에 관하여 논하면서도, DMCA상 저작권침해에 대한 상세한 면책요건에 관하여 다시 판단되는 사례는 별로 없다고 하므로, OSP의 책임을 검토하기 위해서는 책임 근거론이 보다 중요한 위치를 차지한다고 할 수 있다. OSP에게 타인의 행위로 말미암은 책임이 어떠한 요건에서 인정되는지 여부는 결국 그 OSP가 제3자의 행위에 대해 책임을 지지 않고 면책될 수 있는 경우를 정하는 것과 다름없고, 책임 근거와 기준을 확정한다면 면책이 되는 요건도 정하여질 수 있을 것이다.

우리나라 개별 법령상 OSP의 면책 요건에 관하여만 정하고 있으므로, 책임근거나 기준보다는 면책되는 근거나 기준이 보다 비중있게 다루어져야 하는 것이 아닌가 하는 의문이 제기될 여지도 있다.

---

336) 박준석(주 76), 10, 11면.

그러나 OSP의 책임면제에 관해 정하고 있는 법률규정을 실질적으로 분석해 보면, OSP의 책임 근거로 볼 수 있는 방조행위의 내용이나 방조행위의 기초가 되는 주의의무를 부정할 수 있는 경우를 법제화한 것이거나, 그 주의의무를 완화하고 있는 것에 불과하다는 것을 알수 있다. 즉, 해당 조항은 책임제한이라는 표제를 달고 있기는 하나, 그 실질적인 내용은 일단 성립한 책임의 범위나 정도만을 완화하는 진정한 의미의 책임제한이 아니라, 책임의 성립 자체와 관련되는 책임근거에 관한 경우가 많다. 이러한 성질 때문에 OSP의 책임 근거론과 책임 제한론이 구별되지 않고 혼동되어 왔다고 할 것이고, 그 구별 없이 판단된 경우가 다수 있다. 결국 OSP의 책임제한은 OSP의 책임근거 및 구체적인 책임기준을 명확히 함으로써 함께 논의될 수 있을 것이며, 책임제한이라는 표제를 달고 규정된 이상 책임근거와 구체적 기준을 밝히지 않은 채 책임제한에 관한 내용만을 살펴보는 것은 오히려 논리적으로 모순이라고 생각된다.

다만, 저작권법 제102조 이하 등 OSP의 책임을 감면하고 있는 규정들의 내용을 살펴보면 실질적으로 인식가능성과 회피가능성을 규정한 것으로 볼 수 있다. OSP의 책임제한 규정은 OSP의 책임이 인정됨을 전제로 그 항변사유로 작용하여야 할 것인데, OSP의 책임제한요건이 OSP의 책임발생 요건과 연결되는 경우가 많아 논리 구성에 혼란의 여지가 있다. 미국의 경우에도 OSP의 면책요건으로 '침해행위의 존재 및 성립여부에 대하여 실제 인식하지 못하였을 것'과 '자료를 통제할 권리 및 능력이 있는 때에는 침해행위로 인하여 직접적으로 경제적 이익을 얻지 않았을 것'을 요구하고 있는데 이는 종래의 기여책임이나 대위책임의 요건과 표현상 일치하며, 이 경우 책임요건으로서의 기여책임이나 대위책임이 일단 긍정되어 버리면 자동적으로 면책요건은 배척되는 것인지 논란이 있고 판례도 다소 엇갈리고 있다고 한다.[337] 따라서 OSP의 책임근거 및 주의의무 기준과 이러한 책임제한 규정 사이의 관계가 문제된다. 이하에서는 먼저 OSP 의 주의의무와 책임제한 조항의 관계에 대한 각국에서의 논의를 살 펴보고, OSP의 책임제한 조항의 성격에 관해 고찰해 보도록 하겠다.

## 제2절 OSP의 주의의무와 책임제한 조항의 관계에 대한 각국에서의 논의

### Ⅰ. 미국의 경우

#### 1. 법률의 규정 및 종래 판례의 태도

미국에서는 저작권법 분야 및 명예훼손 관련 사안에서 OSP의 책 임 제한에 관해 서로 다른 입장을 취하고 있으므로,[338] 각각에 대해 살펴보도록 한다.

우선 DMCA가 적용되는 저작권법 분야에서, 종래 미국의 판례는 대위책임, 기여책임 및 유인이론에 의한 OSP의 책임 여부에 관하여는 상세히 살피면서도, 책임제한을 규정한 DMCA 제512조에 관하여는 불 분명한 입장을 취하고 있을 뿐이다. 예를 들어 Napster 사건에서는 ① 기여책임과 관련하여 인식과 기여 여부가, ② 대위책임과 관련하여는 능력과 권한 및 경제적 이익 여부가 판단되었는데, DMCA 제512조 (c)(1)은 OSP에게 침해에 해당한다는 실제적 인식(actual knowledge)이 없거나, 침해행위가 명백하다는 점을 추론할 만한 사실이나 정황은 인식하지 못하였으며, 그러한 인식이 있는 경우 즉시 저작물을 삭제

---

337) 윤종수(주 274), 44면, 45면.
338) 상표법 분야에서는 그러한 책임제한 규정이 따로 존재하지 않으므로, Inwood 사건에서 정립된 기준에 따라 책임 여부가 판단될 뿐이다.

하거나 접근차단하고, 침해행위를 통제할만한 권리나 권한이 있는
경우에는 그로부터 직접적인 경제적 이익을 받지 않은 경우 책임이
면제된다고 규정하여, 기여책임과 대위책임에 관한 Napster 판결의
판단과 동일한 내용을 정하고 있다. 이러한 DMCA 조항에 대하여, 오
직 OSP의 직접책임에 대하여만 DMCA 면책 조항 적용 여부가 문제되
고, OSP의 간접 책임에 대하여는 DMCA 면책 조항이 애초에 적용될
여지가 없다고 해석하는 견해도 존재한다.[339] 그러나 DMCA가 적용
되는 OSP는 단순 도관, 캐싱, 호스팅 및 검색엔진 등으로 DMCA는 이
들의 서비스를 통한 제3자의 침해행위를 전제로 규정되어 있고, 만약
OSP가 직접 침해행위를 한 경우라면 당연히 인식가능성이나 통제가
능성이 인정되어 면책조항의 적용이 배제될 것이므로, 이러한 견해는
DMCA상 책임제한 규정과 OSP의 책임 요건의 관계를 혼동한 것을 넘
어서 간접책임에 관한 불법행위 이론을 오해한 것으로 부당하다.

한편, Napster 판결에서는 기여책임 요건과 면책조항의 면책요건
의 기준이 서로 동일선상에 있다고 보아, 기여책임이 인정되는 이상
면책조항의 면책효과를 부여받을 여지는 없다고 보았으나, 2심은 이
러한 판단에 반대하였다. 그 이후 Perfect 10 사건 1심에서는 Google이
대위책임이나 기여책임을 부담하지 않는다고 보았기 때문에 DMCA
항변에 대해 고려하지 않았지만, 항소심에서는 공정사용이나 2차적
책임 여부에 대한 판단은 DMCA 항변과는 무관계하고 서로 구분되는
것이라고 하면서 Google 검색엔진의 공공 편익에 집중하였다.[340] 결

---

339) R. Anthony Reese, "THE RELATIONSHIP BETWEEN THE ISP SAFE HARBORS AND
   THE ORDINARY RULES OF COPYRIGHT LIABILITY", Columbia Journal of Law &
   the Arts(2009) 참조.
340) Susanna Monseau, op. cit.(241), pp. 103~104. 다만, 이 사건에서 법원은 OSP의
   통지 후 삭제조치 이행이 저작권 침해를 감시할 의무를 대체하는 것인지
   여부에 대하여는 명확히 판단하지 않았다고 한다. Susanna Monseau, op.
   cit.(241), p. 107.

국 이에 대해 명확히 정리된 판결은 없으며, 미국의 법원이 DMCA를 해석함에 있어 면책조항을 가급적 피고에게 우호적으로 적용하려는 입장이라는 견해가 있고, OSP의 책임근거에 대한 주장입증 없이 면책조항에 의한 책임면제 판단도 가능하다고 보고 있다.341)

통신품위법이 적용되는 명예훼손 관련 사안에서는 저작권법 분야와 다른 양상을 보이기는 하나, 여전히 통신품위법이 면책조항의 역할을 한다고 보기는 어렵다. 통신품위법은 OSP가 제3자에 의하여 제공된 정보와 관련하여 발행인이나 발언자로 취급될 수 없다고 규정하고 있는데[제230조 (c)(1)], 판례는 OSP가 유해 정보 유포에 실질적으로 관여한 경우에는 정보의 발행인 내지 발언자로 간주하여 직접책임을 인정하고 있으며, 그 결과 실제 사안에서 어느 정도의 역할을 수행하였을 때 발행인에 해당하는지 여부가 쟁점이 될 뿐, OSP의 책임을 인정한 뒤 통신품위법 규정에 따라 책임을 면제하는 구조를 취하는 것은 아니다. 즉, 통신품위법이 명예훼손과 관련하여 OSP의 책임을 면제하는 규정이라고 하더라도, 실질적으로는 OSP의 책임 여부에 관한 기준으로 작용하고 있다고 할 수 있다.

### 2. Viacom 사건342)

이러한 상황에서 Viacom 사건에서 DMCA의 면책조항에 관해 비교적 상세히 판단된 바 있다. 미국의 미디어 재벌인 Viacom은 YouTube를 상대로, YouTube가 이용자들의 무단 TV 프로그램 게재를 방치하

---

341) 박준석(주 10), 96~98면; 박준석(주 78), 121면~123면 참조.
342) 1심 : *Viacom International, Inc. v. YouTube, Inc.*, 718 F.Supp. 2d 514 (S.D.N.Y. 2010); 2심 : *Viacom International, Inc. v. YouTube, Inc.*, 2012 WL 1130851 (2d Cir. 2012; 파기환송심 : *Viacom International, Inc. v. YouTube, Inc.*, 2013 WL 1689071 (S.D.N.Y. 2013).

고 경제적 수익을 거두었다는 이유로 저작권침해금지 및 손해배상 청구의 소를 제기하였고,[343] 이에 대해 YouTube는 DMCA에 규정된 면책조항으로 항변하였다. 2010. 7. 23. 선고된 제1심에서는 불법저작물이 서비스 공간 내에 존재한다는 일반적 인지(general awareness)만으로는 YouTube에게 모니터링 의무가 있다고 할 수 없고, 특정한 개별 항목에 대한 특정하고 동일성이 확인되는 침해(specific and identifiable infringement of particular individual items)에 대한 인식이 요구되며, 침해물에 대한 통지 및 차단조치(notice & takedown) 의무를 이행하였다는 이유로[344] YouTube의 항변을 받아들였다.

그러나 2012. 4. 5. 선고된 2심에서는 YouTube에게 실제적 인식이 없었더라도 만약 이용자의 저작권침해행위를 의도적으로 외면(willfully blind)하였다면 이는 실제적 인식을 구성할 수 있고, DMCA가 모니터링 의무를 금지함으로써 의도적 외면 이론을 폐기한 것은 아니라고 하면서, YouTube가 고의적으로 외면하였는지 여부에 대해 더 심리했어야 할 것이라는 이유로 파기환송하였다. 2013. 4. 18. 선고된 파기환송심에서는 Viacom이 YouTube에게 저작권침해가 발생하고 있

---

343) 유럽 각국에서도 YouTube와 관련한 법적 분쟁이 이어졌는데, 미국의 경우와는 다른 결론이 내려졌다. 우선 스페인에서는 미국과 마찬가지로 YouTube가 승소하였으나, 독일 및 이탈리아에서는 YouTube가 패소하였고, 프랑스에서는 소송이 계속 중이기는 하나 주로 저작권자와 YouTube 사이의 계약체결로 해결되고 있다고 한다. 유럽 사례에 대한 보다 상세한 설명은, Emerald Smith, "LORD OF THE FILES: INTERNATIONAL SECONDARY LIABILITY FOR INTERNET SERVICE PROVIDERS", Washington and Lee Law Review(Fall, 2011), pp. 1573~1579; 독일 사례에 대한 설명은 박희영, "[독일] YouTube, 침해 영상물 차단 및 필터링 책임 부담", 저작권 동향 제9호(2012. 5.) 참조.

344) 실제로 YouTube 측이 DMCA에 규정된 바에 따라 통지 및 차단조치 절차를 이행해 왔기 때문에, Viacom 측에서는 YouTube가 침해에 대해 실제적 인식이 있었음에도 신속하게 대응하지 않았다는 점과 YouTube가 그 이용자들로 하여금 저작권 침해를 조장하였다는 점에 관해 주로 주장하였다고 한다. Emerald Smith, op. cit.(343), p. 1568 참조.

다는 점만을 통지하였을 뿐 각각의 침해 영상에 대해 구체적 정보까지 제공한 것은 아니므로, YouTube가 이용자의 구체적인 불법행위를 실제로 인지하였거나 인지할 수 있었다고 볼만한 충분한 증거가 없고, YouTube가 저작권 침해행위를 의도적으로 외면한 바도 없으며, 침해행위에 영향을 미치거나 참여할 수 있는 통제력이나 권한을 가지고 있지는 않았다는 이유로 원고의 청구를 기각하였다.[345]

Viacom 사건에서 DMCA 면책조항에 관해 판단되기는 하였으나, 위에서 소개한 바와 같이 Napster 사건이나 Tiffany 사건 등 기여책임이나 대위책임이 문제된 종래의 사례와 실질적인 판단 기준에서는 큰 차이가 없다는 것을 알 수 있다. 즉, Napster 등 종래 사례에서 법원은 OSP에게 특정한 인식이 있었는지 여부가 쟁점이 되었고, 특히 상표권 침해와 관련한 Tiffany 사건 등에서는 특정한 인식 여부 판단과 함께 의도적 외면이 있는 경우 특정한 인식으로 볼 수 있다는 점을 언급하기도 하였는데, DMCA 면책조항에 관한 Viacom 사건에서도 여전히 이러한 기준에서 책임 여부가 판단된 것이다. 이는 위에서 살펴본 바와 같이 DMCA가 실질적으로는 OSP의 책임 기준 자체를 규정하고 있다는 점에서 기인하였다고 할 것이며, DMCA가 다른 형태로 개

---

345) 이 사건의 경위와 당사자들의 주장에 대하여는, Lior Katz, "VIACOM V. YOUTUBE: AN ERRONEOUS RULING BASED ON THE OUTMODED DMCA", Loyola of Los Angeles Entertainment Law Review(2011). 다만, 이 견해는 YouTube와 같은 저작권 침해 요소가 다분한 OSP에 대하여는 Grokster 사건 판결 기준에 따라 실제적 인식을 요구하여서는 안 됨에도 불구하고 법원이 Tiffany 사건과 같은 기준을 적용하였고, 더욱이 YouTube는 DMCA 면책조항의 적용을 받을 수 있는 형태의 서비스제공자에 해당하지 않고, 반복 침해자들에 대해 적합한 정책을 취하지 않았음에도 YouTube의 책임을 부정한 것은 부당하다고 비판하고 있다. 한편, Viacom 사건에 대해 DMCA 면책규정을 적절히 적용하였다고 옹호하는 입장으로는, Robert J. Williams, "THE SECOND CIRCUIT SERVES UP SOME KNOWLEDGE IN VIACOM V. YOUTUBE", New England Law Review(Spring 2014) 참조.

정되지 않는 한 기여책임 및 대위책임의 요건과 DMCA 면책조항의 관계가 혼동될 가능성은 여전할 것으로 생각된다. 이러한 점에서 DMCA가 면책조항을 규정하고는 있지만, 실질적으로는 기여책임이나 대위책임에서와 마찬가지로 규범적 판단이 요구되고, OSP에게 명확한 예측가능성을 부여하지 못하고 있으며, 그 결과 면책조항으로서 제대로 작동하지 못하고 개정이 필요하다는 비판론이 제기되고 있다.346) 특히 Viacom 사건에서 법원이 DMCA의 해석과 관련하여 의도적 외면을 실제적 인식과 동일하게 봄으로써 그러한 문제점을 가중하였다고 지적하기도 한다.347) 이는 근본적으로는 DMCA 면책조항이 기여책임이나 대위책임의 실질적 요건을 입법화하였기 때문에 제기되는 문제점으로 생각되며, 우리나라에서도 유사한 쟁점이 제기될 수 있을 것이다. 한편, 저작권에 관한 Napster 사건과 Grokster 사건 및 Perfect 10 사건, 상표권에 관한 Tiffany 사건 등을 통해 OSP의 책임 근거에 관한 논의가 어느 정도 정리되었다는 점, OSP 측에서 DMCA 면책조항 중 통지 후 삭제조치 의무를 성실히 이행하는 사례가 늘고 있어 소송상 DMCA 면책항변을 주장할 가능성이 크다는 점 등을 고려할 때, 앞으로의 사례에서는 기여책임이나 대위책임에 관한 측면보다는 DMCA 조항 해석의 측면에서 인식가능성 등이 논의될 것으로 예상된다.

---

346) John Blevins, "UNCERTAINTY AS ENFORCEMENT MECHANISM: THE NEW EXPANSION OF SECONDARY COPYRIGHT LIABILITY TO INTERNET PLATFORMS", Cardozo Law Review(2013. 6.) 참조.

347) Jessica Di Palma, op. cit.(227), pp. 824~828; Fiona Finlay-Hunt, op. cit.(227), pp. 934~938; Timothy Wiseman, "LIMITING INNOVATION THROUGH WILLFUL BLINDNESS", Nevada Law Journal(Fall 2013), pp. 221~228.

## II. 유럽의 경우

### 1. EU전자상거래지침의 내용

OSP의 책임에 관해 유럽에서는 EU전자상거래지침에 의해 침해행위의 성격을 불문하고 일원적인 체계로 규율하고 있다. EU전자상거래지침은 우리 저작권법과 마찬가지로 OSP가 일반적인 검열 의무를 질 수 없다고 규정하는 외에는, OSP의 책임이 인정되는 구체적인 기준을 제시하고 있지는 않으면서, 단지 책임이 제한되는 경우만을 규정하고 있을 뿐이다.

그런데 EU전자상거래지침의 책임제한 조항도 미국의 DMCA와 유사한 규정형태를 취하고 있어, 역시 실질적으로는 면책조항이 아닌 책임 기준으로 작용하는 측면이 있다. 즉, EU전자상거래지침은 예를 들어 호스팅의 경우, 위법한 행위·정보에 관한 현실적인 인식이 없고 위법한 행위·정보가 명백하게 된 사실·상황에 대한 인식이 없으며, 그러한 인식이 있는 때에는 즉시 해당 정보의 삭제·접근금지를 한 경우 면책된다고 정하고 있는데(제14조), 이는 인식가능성과 즉각적인 조치의무 이행을 규정한 것으로, 우리나라나 일본의 판례가 방조책임의 요건으로 들고 있는 내용과 유사하다고 할 수 있다.

### 2. EU전자상거래지침에 관한 유럽의 재판례

OSP의 책임 여부에 관하여는 먼저 OSP에게 책임이 인정된다는 점이 확정되고 난 다음, 그러한 책임을 감면하기 위해 면책조항의 적용 여부를 따져보는 것이 논리적이다. 그런데 위에서 살펴본 바와 같이 EU전자상거래지침이 위와 같은 규정 형식을 취하고 있어 유럽의 재판례는 다른 방식으로 OSP의 책임을 논하고 있다. 즉, 유럽에서는 EU전자상거래지침 제14조에 규정된 OSP가 실제적인 인식을 가지고 있는지의 여부 또는 OSP가 위법한 행위 등이 존재한다는 것을 중과실로 알지 못하였는지의 여부 등 면책요건을 판단하기 이전에, OSP의 행위가 단지 기술적이며, 자동적이며 그리고 수동적인 형태로 이루어졌는지 여부를 판단하고, OSP의 행위가 단지 기술적이며, 자동적이며 그리고 수동적인 형태로 이루어진 것으로 인정되어야 비로소 EU전자상거래지침에 의해 면책받을 수 있다고 한다.[348]

이와 같이 OSP가 적극적인 역할(active role)을 수행하였는지 여부에 의해 면책조항의 적용 여부를 먼저 판단하고, 그 이후에야 면책조항을 적용하여 책임 여부를 가리는 유럽 법원의 입장은 대표적으로 L'Oréal 사건[349]에서 살펴볼 수 있다. 이 사건에서 영국 High Court 는 eBay가 이용자의 상표권 침해행위에 대해 책임을 부담하는지 여부에 관해 유럽사법재판소에 의견조회하였고, 유럽사법재판소는 이 문제는 eBay에게 EU전자상거래지침상 책임면제 조항이 적용될 수 있는지 여부에 따라 달라진다고 하면서, OSP가 이 조항의 적용을 받기 위해서는 이용자가 올린 정보에 대하여 중립적이고 수동적인 역할만을 수행하는 중간매체 제공자(intermediary provider)에 해당하여야 한다고 하였다. 유럽사법재판소는, 판매 제안 정보를 저장하고, 고객약관을 정하며, 서비스 이용료를 받고, 이용자에게 일반적 정보를 제

---

348) 박영규, "저작권 침해에 대한 YouTube의 책임", 정보법학 제16권 제1호 (2012. 4.), 150면.

349) *L'Oréal SA and Others v eBay International AG and Others,*, C-324/09 12 July 2011. L'Oréal과 eBay 간에는 여러 유럽 국가에서 소송이 진행된 바 있는데, 각국의 소송 경과에 대한 보다 자세한 내용은, Graeme B. Dinwoodie, "SECONDARY LIABILITY FOR ONLINE TRADEMARK INFRINGEMENT: THE INTERNATIONAL LANDSCAPE", Columbia Journal of Law & the Arts(Summer, 2014), pp. 484~493; 최재혁, "오픈마켓에 있어서 상표권 보호에 관한 연구 : 오픈마켓 운영자의 법적 책임을 중심으로" 연세대학교 석사학위 논문(2012. 8.), 62면~70면 참조.

공하는 정도로는 적극적 역할을 수행하였다고 보기에 부족하지만, eBay가 판매 제안의 표시를 최적화하거나 판매 제안을 촉진하기 위한 조력을 한 이상 더 이상 판매자와 구매자 사이에서 중립적인 위치에 머무르는 것이 아니고 이러한 판매 제안에 관한 정보에 대해 인식하고 통제권을 행사하는 적극적인 역할을 수행하는 것이어서 EU전자상거래지침 제14조에 따른 면책이 적용될 수 없고 상표권 침해로 인한 책임을 진다고 하였다. 이러한 판단에 덧붙여 유럽사법재판소는, 설령 eBay 운영자가 적극적인 역할을 수행하지 않은 경우라고 하더라도, 위법행위에 대한 실제적 인식이 없는 경우에만 면책조항의 적용을 주장할 수 있고, 상표권 침해행위를 알았거나 알 수 있었음에도 이를 삭제하거나 차단하지 않았다면 면책되지 않는다고 판시하였다.

또한 유럽인권재판소의 Delfi 사건 판결 역시 Delfi 측이 적극적인 역할을 수행하였다는 이유로 면책조항의 적용을 배제한 바도 있었고, 프랑스의 Louis Vuitton 사건 등에서도 이와 유사한 논리로 판단하고 있다. 우리나라의 공동불법행위 이론에 의하더라도, 만약 OSP가 제3의 이용자의 불법행위에 대해 적극적인 역할을 수행하였다면 직접책임 내지 방조책임을 구성하게 될 것이고, 그러한 경우에는 당연히 책임제한 조항이 배제되는 것으로 해석될 수 있으므로, 결론적으로는 유럽의 재판례에 수긍할 수 있다. 그러나 위와 같은 재판례에 의할 때 OSP의 행위가 적극적 역할에 해당하는지 여부에 대한 규범적 판단에 따라 면책조항이 적용될 수 있는지 여부가 달라지는데, OSP로서는 자신의 행위가 적극적 역할에 해당하는지는 미리 알 수 없어 EU전자상거래지침상 면책조항의 의미가 퇴색된다는 점에서, DMCA에 관한 미국 학계의 비판이 EU전자상거래지침에 관하여도 그대로 원용될 수 있을 것이다.

## Ⅲ. 일본의 경우

일본에서는 프로바이더 책임제한법이 OSP에 대해 분야를 불문하고 포괄적으로 규정하고 있다. 그러나 동법이 OSP의 책임 근거를 정하는 것은 아니고, 책임이 제한될 수 있는 최소한의 기준을 규정할 뿐이어서, 일본에서는 일반 불법행위 요건 충족을 전제로, 프로바이더 책임제한법상 발신자로서 책임제한 조항 배제 여부가 주로 문제되고 있다.

일본의 경우에는 가라오케 법리에 의하여 직접행위자로 의제하는 이론이 발달하였는데, 직접행위자로 판단되는 경우 프로바이더 책임제한법상의 항변은 당연히 배제되는 것으로 파악된다. 이에 따라 가라오케 법리가 저작권자 등의 이익을 수호하기 위하여 프로바이더 책임제한법 규정을 잠탈하는 목적으로 이용되고 있다는 견해도 있다.[350] 앞서 살펴본 Chupa Chups 사건에서 프로바이더 책임제한법의 적용 여부가 문제되지는 않았으나, Chupa Chups 사건 항소심 판결이 제시한 기준은 결국 프로바이더 책임제한법 제3조 제1항의 규정과 중복된다고 볼 수 있고, 항소심이 위 규정을 참작하여 판시하였다고 추측되며, 위 항소심 판결이 제시한 요건이 충족되는 경우라면 프로바이더 책임제한법의 적용은 배제될 것이라는 견해가 있다.[351]

## Ⅳ. 우리나라의 경우

국내 법률상 OSP의 주의의무 기준이 구체적으로 명시되어 있지는 않으므로, 결국 민법 제760조 제3항에 근거한 방조책임 규정 및 여러 판례 사안 등을 통해 그 주의의무의 구체적 기준을 설정할 수밖에

---

350) 전성태(주 138), 54면, 55면 참조.
351) 駒田泰土(주 300), 260면.

없고, 인식가능성과 회피가능성에 따라 책임 여부가 판명될 것이다. 예를 들어 저작권법 제102조 및 제103조는 OSP의 책임요건이 아니라 일정한 경우 그 책임을 감면할 수 있는 요건에 불과하므로, 위 규정들이 정한 바를 이행하지 않았더라도 OSP가 그 규정에 따른 책임감면을 주장하지 못할 뿐 그 불이행 사실만으로 곧바로 OSP의 책임이 긍정되지는 않는다. OSP의 책임요건이 아닌 면책요건을 규정한 것은 입법기술상의 이유 때문인데, 입법부가 특수한 책임제한·감면 요건의 법률에서 정하는 것이 보다 용이하고 아울러 더 구체적인 내용을 담을 수 있기 때문이라고 한다.[352]

따라서 OSP의 책임 여부를 판별함에 있어서, 논리적으로는 먼저 방조책임의 성립요건 충족을 전제로 OSP의 책임제한에 관해 논해야 할 것이다. 그러나 국내 판례 대부분에서는 방조책임이 성립될 경우 면책조항에 따른 항변을 전혀 인정하지 않거나, 반대로 일단 방조책임의 성립을 긍정한 다음 면책단계에서 책임을 제한하는 것이 타당할 사안에서도 아예 방조책임의 성립 자체를 부정하는 등 주의의무 위반을 통한 방조책임의 성립과 책임조항의 관계가 제대로 정립되지 않았다고 할 수 있다.[353] 특히 저작권법 제102조 제2항과 같이 복제·전송의 중단 등이 기술적으로 불가능한 경우를 이유로 한 항변이 법원에서 받아들여져 면책이 인정된 사례도 발견되지 않고 있다. 더욱이 우리나라의 판례를 분석해 보면, 면책조항이 상세히 규정되어 있는 저작권침해 사례나, 면책조항 규정이 따로 존재하지 않는 명예훼손, 상표권침해 등의 사례에 있어 동일한 분석틀을 사용한 법리적 판단을 하고 있을 뿐 차이점이 없다는 점에서도 책임제한 규정을 둔 실익을 찾기 어렵다.[354]

---

352) 박준석(주 27), 50면, 51면.
353) 박준석(주 78), 118면, 122면 및 123면 참조.
354) 김현경, "저작권법상 OSP(OSP) 면책조항의 실효성에 관한 비판적 검토",

이러한 문제점이 발생하는 것은, 우리나라 저작권법 등 면책조항을 규정하고 있는 법률규정이 미국의 DMCA나 유럽의 EU전자상거래 지침과 마찬가지로, 실질적으로는 OSP의 책임 기준을 법제화한 것에 지나지 않기 때문으로 생각된다. 예를 들어 저작권법 제102조 제1항 3호는 OSP 중 호스팅과 관련하여, OSP가 직접 송신행위 등을 개시하지 않았고, 저작권 침해행위를 방지하기 위한 기술적 조치를 취하였으며, 침해사실을 알거나 알 수 있는 때에 즉각 침해방지 조치를 취한 경우에는 면책된다고 정하고, 또한 같은 조 제2항은 기술적 조치를 취하는 것이 기술적으로 불가능한 경우에는 책임이 없다고 하여, OSP의 주의의무 기준으로서 앞에서 제시한 인식가능성 및 회피가능성과 거의 유사한 조항을 두고 있다. 만약 OSP에게 인식가능성과 회피가능성이 인정되어 주의의무 위반이라고 판단될 경우라면, 위와 같은 저작권법상 면책조항의 적용을 받을 가능성은 극히 낮아지고, 반대로 인식가능성과 회피가능성이 부정된다면 면책조항의 적용도 가능하게 된다. 이에 대하여는 저작권법 등의 조항이 OSP의 책임에 관해 특별히 새롭게 규정한 것이라기보다는, 민법상의 손해배상책임을 주의적으로 규정하되 그 성립요건 등을 완화하려는 것에 불과하다는 견해도 존재하나,[355] 해당 법률 규정이 도입된 경위나 법률의 문언상 표현 등에 비추어 볼 때에는 단순한 손해배상책임의 요건을 정한 것으로 보기는 무리가 있다.

---

토지공법연구 제51집(2010. 11.), 321면.

[355] 김상현, "이용자의 불법행위에 대한 OSP의 민사책임", 법학연구 제27집 (2007. 8.), 553면 참조. 이 견해는 위와 같이 보면서, 통일적 입법의 필요성을 제기하고 있다.

# 제3절 OSP 책임 제한 규정의
# 성격 규명 및 개선 필요성

우리나라에서 현재까지 OSP에 대해 방조에 의한 공동불법행위책임을 인정하면서 저작권법상의 항변사유를 받아들여 면책한 사례를 발견할 수 없다. 해외의 사례를 살펴보더라도, OSP의 책임 성부 판단과 책임제한 조항과의 관계를 명쾌하게 설명한 경우는 찾기 어려웠고, 양자의 관계는 여전히 모호한 채로 남아 있다. 오히려 국내외의 판결 태도에 비추어 해당 조항의 문언을 해석할 때, 이는 엄격한 의미에서 OSP의 책임제한에 관한 규정이라기보다는, 책임근거에 관해 법제화한 것으로 이해하는 것이 실질에 부합할 것이다.

즉, 위에서 살펴본 바와 같이 국내외의 각국에서는 OSP의 책임제한에 관한 규정을 두고 있으나, 그 실질적인 내용은 OSP의 책임 근거에 관한 기준인 인식가능성과 회피가능성으로 구성되어 있어, 이를 두고 진정한 의미의 책임제한 규정이라고 보기는 어렵다. 진정한 의미의 책임제한 규정이란, 예를 들어 상법 제769조부터 제776조까지의 규정에 따른 선박소유자의 유한책임과 같이, 일단 성립한 책임에 대하여 정책적인 이유 등으로 그 책임 범위만을 감면하는 것을 말하며, OSP와 관련한 책임제한 규정은 여기에 해당하지 않는다. 다만, 저작권법이나 정보통신망법에서 권리자의 통지에 따라 즉각적인 접속차단조치를 취할 경우 OSP의 책임을 면제할 수 있도록 규정한 것은 일단 성립한 책임을 사후적으로 감면하는 것으로, 진정한 면책항변으로 독자적인 의미를 가질 수 있을 것이다.

한편, 책임제한요건을 둔 의미를 고려할 때, 책임제한요건으로서의 기술적 가능성은 책임발생요건으로서의 기술적 가능성보다 엄격하게 해석해야 한다는 견해가 있다.[356] 즉, 방조책임을 인정하기 위

한 요건으로서의 OSP의 이용자에 대한 통제 가능성은 '제지 가능성'
의 의미로 해석할 수 있지만 책임제한요건으로서의 기술적 가능성
은 '침해부분만의 구별 가능성'으로 엄격히 해석하여, 예를 들어 P2P
프로그램이 그 서비스의 설정상 이용자들의 침해행위를 용이하게
하고 있고 그러한 서비스를 중단하거나 사업모델을 구조적으로 변
경하는 경우에는 이용자들의 침해행위를 중단시킬 수 있다는 의미
에서 통제 가능성이 있는 것으로 인정되어 방조책임의 전제가 충족
될 수 있으나, OSP가 그와 같은 침해사실을 알고 저작권 등의 침해가
되는 복제·전송을 선별하여 이를 방지하거나 중단하는 기술적 조치
를 다하였다고 인정되는 경우, 즉 더 이상 침해부분만의 구별 가능
성이 없다고 인정되는 때에는 OSP는 해당 침해행위에 대한 책임을
면하게 된다고 해석해야 한다는 것이다. 또한 위 견해는, OSP가 구조
적으로 서비스 제공을 위하여 기술적으로 관여할 수밖에 없어 논리
적으로 이용자들의 행위에 대한 책임을 질 수밖에 없는 상황[357])에서
책임제한요건으로서의 기술적 가능성이 구체적인 타당성과 기대 가
능성의 측면에서 이익형량에 근거한 균형 있는 결론을 끌어낼 수 있
다고 하면서, 책임제한요건으로서의 기술적 가능성은 책임요건의 경
우보다 규범적 해석이 더 강조될 필요가 있다고 한다.

　　현행법상 책임제한 요건이 명문화되어 있는 이상, OSP의 책임 인
정을 위한 요건과 책임제한 요건은 서로 다른 평면에서 적용되는 것
이라고 해석함이 원론적으로는 타당할 것이다. 그러나 OSP에게 기술
적 회피가능성이 없는 경우 책임면제를 규정한 저작권법 제102조 제
2항 등 책임제한 규정을 실질적으로 살펴볼 때 그 내용은 결국 방조

---

356) 윤종수(주 274), 45면.
357) 윤종수(주 274), 45면에서는 "책임을 지지 않을 수밖에 없는 상황"이라고
　　기술하고 있으나, 논리적 흐름상 "책임을 질 수밖에 없는 상황"으로 해석
　　되어 달리 표기하였다.

책임의 인정근거인 인식가능성과 회피가능성을 의미하는 것으로 볼 수 있어, OSP의 책임제한 규정의 실효성이나 이론상의 의미에 대하여는 의문이 아닐 수 없다. 다만 OSP의 책임제한 규정이 OSP로 하여금 정보를 관리하고 이용자를 통제할 때 어떠한 기준에 의하여야 책임이 면제될 수 있는지 미리 알 수 있도록 하는 행동기준으로서는 여전히 의미가 있다.358) 향후 법원에서 실제 구체적 사례를 판단할 때에는 설령 OSP에게 책임 성립을 위한 통제가능성이 인정되는 경우라고 하더라도, 사후적인 통제와 관리 등을 통해 침해물의 제거에 적극적으로 나선 경우 등에는 위에서 소개한 견해와 같이 양자에서 말하는 통제가능성의 범위가 서로 다른 것이라고 보아 그 책임을 면제하는 결론을 내림으로써 양자간의 관계를 명확히 할 필요가 있을 것이다.

결론적으로 OSP의 책임근거에 관하여는 민법상 불법행위 이론에 기초한 인식가능성과 회피가능성을 기준으로 판단하여야 할 것이고, 책임제한 조항은 OSP에게 예측가능성 있는 행동기준으로서 작용될 수 있는 방향으로 개선되는 것이 바람직하다고 할 것이다.

---

358) 신승남, "온라인 서비스 제공자의 미국 저작권법(DMCA)상의 면책 규정과 이에 대한 최신 판례 동향 연구", 이화여자대학교 법학논집 제17권 제3호 (2013. 3.), 316면, 317면도 OSP가 책임제한 규정을 따르기만 한다면 책임성립 여부에 관한 어려운 법적 평가 작업을 할 필요가 없고, 오히려 권리자 측에서 소송을 통해 직접적으로 분쟁을 해결하도록 하여 입증책임을 전환시키고 있다고 하여 같은 입장을 취하면서, 321면~323면에 걸쳐 OSP가 면책규정의 혜택을 누리기 위한 체크리스트를 제시하고 있다.

제7장

# 결 론

OSP에 대하여 국내에서는 저작권법을 비롯하여 정보통신망법, 전자상거래법 등 여러 법률에서 규정하고 있고 통일적인 입법은 마련되어 있지 않다. 미국에서는 DMCA와 통신품위법에서 저작권법 및 명예훼손과 관련한 OSP의 책임제한에 관해 규정하고, 유럽에서는 EU 전자상거래지침에서, 일본에서는 프로바이더 책임제한법에서 법익 영역을 가리지 않고 통일적으로 OSP의 책임제한에 관해 규정하고 있으나, 역시 그 책임근거에 관하여는 언급하지 않고 있다. 최근에는 클라우드 컴퓨팅 서비스, 앱스토어, 포털 사이트 및 토렌트 등 새로운 형태의 OSP도 등장하고 있는데, 이러한 다양한 유형과 형태의 OSP를 모두 아우를 수 있는 책임 근거론 및 구체적인 책임 기준을 정립할 필요가 있다.

OSP와 그 이용자 간은 약관에 의한 계약관계로 규율되고, OSP 스스로의 행위로 인하여 제3자에게 손해를 발생시킨 경우에는 불법행위 규정이 적용될 것이며, 특히 OSP가 제3자의 행위에 가담한 경우에는 민법상 공동불법행위 이론 구조에 따라 판단되어야 할 것이다. 다만, 불법행위에 관하여는 추상적인 일반조항만 존재하므로, OSP의 책임에 관한 구체적인 기준은 국내외의 구체적인 사례의 분석을 통하여 도출되어야 한다.

이 글에서는 OSP의 책임 근거에 관한 일반론을 검토하여 논리구조를 확정한 뒤, 이에 따라 국내외의 다수 사례의 사실관계와 판시사항을 분석해 보았다. 이러한 논리구조와 사례 분석에 의할 때, OSP의 책임을 인정하기 위해서는 먼저 OSP가 직접 침해자로 인정될 수 있는지 여부를 판단하고, 직접 침해자가 아닌 간접적인 가담자에 불과하다고 판단될 경우에는 직접 침해자와 사이에 객관적 공동성이

인정될 수 있는지 여부를 다시 판단하여야 하며, 마지막으로 인식가
능성과 회피가능성을 근거로 방조책임 인정 여부를 판단하여야 할
것이다. 한편, OSP에 대한 현행 법률 규정은 주로 책임제한에 집중하
고 있는데, 이는 실질적으로 책임근거를 입법화한 것이라 할 수 있다.
원칙적으로는 위와 같은 책임근거에 따라 책임 여부를 확정한 뒤 책
임제한 조항을 적용하여야 할 것이나, 국내외의 판례는 양자의 관계
를 혼동하고 있는 경우가 많은 것으로 보인다. 책임제한에 관한 규정
을 개선하여 OSP에게 보다 높은 예측가능성을 부여할 필요가 있다.

한편, OSP의 책임에 대한 통일입법이 필요하다는 주장이 있다. 예
를 들어 독일의 경우 OSP의 책임제한을 통신서비스법에서 규정하고
있고, 일본의 프로바이더 책임제한법도 포괄적으로 '타인의 권리가
침해된 때'라고만 규정하고 있어, 독일의 통신서비스법과 일본의 프
로바이더 책임제한법은 저작권 침해 뿐 아니라 명예훼손 기타 불법
행위에 모두 적용된다. 반면 미국은 OSP 책임에 관하여 통일적인 형
태로 입법화되지 않고 분리되어 입법화되어 있다. 우리나라에서도
OSP의 책임제한에 관하여 미국과 같이 개별 입법을 통해 정하고 있
어, OSP의 책임 제한은 개별 입법에 의한 침해에 한정되며 명예훼손
이나 사생활 침해 등으로 인한 손해배상책임에 있어서는 이러한 책
임 제한 조항이 적용될 수 없기 때문이라고 한다.[359]

그러나 위에서 살펴본 바와 같이, OSP의 법적 책임 근거는 민법상
불법행위 이론에 기초하여 판단되어야 할 것이다. 특히 민법 제760
조 제3항의 방조에 의하여 책임이 인정될 경우에는 OSP가 직접행위
자의 불법행위를 방지할 주의의무를 부담함에도 그러한 주의의무를
해태한 경우에 한하여 책임을 진다고 해석되며, OSP의 주의의무 기

---

359) 권상로, "인터넷 토론게시판 운영자의 책임에 관한 연구-독일, 미국, 일
본의 입법례와 관련 판례를 중심으로-" 기업법연구 제21권 제2호(2007),
406면.

준은 OSP에 대한 여러 국내 선례들과 방조책임에 관한 판례의 기준에 따라 판단될 것이므로, 통일적인 새로운 입법까지는 필요하지 않다. 더욱이 위에서 살펴본 바와 같이 기술의 발전과 함께 OSP의 유형이 새롭게 등장하고 있고, 또한 OSP가 제공하는 서비스의 종류도 시기에 따라 변화하고 있어 유럽이나 일본과 같은 형태의 통일입법을 마련한다고 하여 장래 새로 등장할 서비스를 완벽히 포괄할 수 있을지도 의문이다. 저작권침해 등 OSP의 법적 책임이 빈번하게 문제되는 영역에서는 별개 입법을 통하여 이를 규율하고, 기본적으로는 민법상 불법행위 법리에 따라 구체적 타당성을 고려하여 판단하는 것이 타당하다고 생각한다.

결론적으로 OSP의 책임 여부 판단을 위해서는 민법상 방조 규정에 근거하여 먼저 책임 부담 여부를 확정한 뒤, 개별 법령이 정하는 책임 제한 사유를 적용하는 것이 이론상 타당하다. OSP의 책임을 논함에 있어서는 인식가능성과 회피가능성을 기초로 한 주의의무를 그 기준으로 삼아야 할 것이며, OSP에게 인식가능성과 회피가능성을 넘는 포괄적인 감시의무를 부과하는 것은 어떤 경우에도 인정되어서는 안 될 것이다. 다만, OSP의 성립 목적 자체가 오직 타인의 권리침해를 주목적으로 하는 경우라면, 타인의 불법행위에 대한 인식가능성이 보다 높다고 할 것이고, OSP가 직접행위자로 의제될 만큼 이용자의 행위에 깊숙이 개입하고 있다면 회피가능성이 증가한다고 할 것이므로, 그 경우에는 보다 높은 수준의 주의의무를 부담하게 하는 등 책임범위를 다소 조정할 필요는 있을 것이다. 새롭게 등장하는 유형의 OSP에 대하여도 이러한 기준과 책임 구조를 그대로 적용할 수 있을 것이며, 통일적인 기준 마련으로 관련 업계에 대해서도 예측가능성과 법적 안정성을 부여할 수 있을 것으로 기대한다.

# 참고문헌

〈국내문헌〉

[단행본]

곽윤직 편집대표, 「민법주해」XIX, 박영사(2005)

김용담 편집대표, 「주석 민법」채권각칙 8, 한국사법행정학회(2016)

박준석, 「인터넷서비스제공자의 책임」, 박영사(2006)

정상조·박준석, 「지적재산권법」제2판(2011)

[논문]

강기중, "인터넷과 관련한 미국 저작권법상의 제문제", 재판자료 88집, 법원 행정처(2000)

고형석, "통신판매중개자의 책임에 관한 연구", 법학논고 제32집, 경북대학교 법학연구원(2010. 2)

고흥석·박재영, "온라인저작권 소송 사례 비교분석 : 한국의 소리바다와 미국 의 그록스터(Grokster) 판결의 경우", 한국언론학보 52권 1호(2008. 2.)

권상로, "인터넷 토론게시판 운영자의 책임에 관한 연구-독일, 미국, 일본의 입법례와 관련 판례를 중심으로-" 기업법연구 제21권 제2호(2007)

권영준, "명예훼손에 대한 인터넷서비스제공자의 책임", Law & technology 제2 권 제2호, 서울대학교 기술과 법센터(2006. 3.)

_____, "인터넷상 표현의 자유와 명예의 보호", 저스티스 통권 제91호(2006. 6.)

김경숙, "웹하드서비스제공자의 면책요건-표준적인 기술조치를 중심으로-", 산업재산권 제41호(2013)

김대규·서인복, "공동불법행위의 성립요건" 기업법연구 제11집(2002. 12.)

김동진, "온라인서비스 제공자의 책임", CYBER LAW의 제문제[상], 법원도서관 (2003)

_____, "OSP의 책임", 재판자료 99집, 법원행정처(2003)

김동훈, "프랑스 불법행위법 일고", 국민대학교 법학논총 제5집(1993)

김민정, "Web 2.0시대에 인터넷서비스제공자(ISP)의 법적 책임문제: 미국의 'ISP 면책 조항'의 새로운 해석 및 최근 적용 사례들에 대한 고찰", 정 보법학 제12권 제1호, 한국정보법학회(2008. 7.)

김병일, "인터넷과 SNS에서의 저작권 관련 문제연구", 언론과 법 제9권 2호, 한국언론법학회(2010)

김상현, "이용자의 불법행위에 대한 OSP의 민사책임", 법학연구 제27집(2007. 8.)

김재형, "인격권에 관한 판례의 동향", 민사법학 제27호, 한국민사법학회(2005. 3.)

_____, "2009년 '언론과 인격권'에 관한 판례 동향", 언론중재(2010. 여름)

김지연, "OSP의 기술적 조치의 의무", Law & technology 제4권 제1호, 서울대학교 기술과 법센터(2008. 1.)

김학동, "공동불법행위에 관한 연구-'공동'의 의미에 관한 판례를 중심으로-", 비교사법 제10권 2호 통권 21호(2003)

김현경, "저작권법상 OSP(OSP) 면책조항의 실효성에 관한 비판적 검토", 토지공법연구 제51집(2010. 11.)

나지원, "사이버몰 운영자의 표시·광고법상 책임", 법률신문 3485호 (2005. 12. 22)

노종천, "E-commerce에서 통신판매중개자의 법적 지위와 책임", 민사법학 제39-1호 (2007. 12)

박성호, "방조에 의한 공동불법행위", 인권과 정의 제296호(2001. 4.)

박성호, "인터넷 포털의 역할과 미래 전망-포털 뉴스서비스의 현황을 중심으로-", Law & technology 제3권 제4호, 서울대학교 기술과 법센터(2007. 9.)

박영규, "저작권 침해에 대한 YouTube의 책임", 정보법학 제16권 제1호(2012. 4.)

박원근, "타인의 명예를 훼손하는 뉴스기사 제3자의 게시물에 대한 포털사업자의 책임-대법원 2009. 4. 16. 선고 2008다53812 전원합의체 판결-", 부산판례연구회 판례연구 22집(2011. 2.)

박인회, "온라인 서비스 제공자의 책임에 관한 소고", 특별법연구 10권 전수안대법관 퇴임기념(2012)

박정훈, "인터넷서비스제공자의 관리책임-미국의 통신품위법 제230조와 비교법적 관점에서-", 공법연구 제41집 제2호(2012. 12.)

_____, "유럽연합의 OSP 관리책임에 관한 법제: 우리나라의 법제와 비교법적 관점에서", 경희법학 제48권 제1호(2013)

박주영, "공동불법행위의 책임체계", 서강대학교 석사학위 논문(2003. 8.)

박준석, "개정 저작권 하의 ISP 책임", Law & technology 제3권 제2호, 서울대학교 기술과 법센터(2007. 3.)

_____, "OSP에 대한 정보제출명령(subpoena)의 바람직한 입법방향", 법조 제 57권 제12호, 법조협회(2008)

_____, "한국에서 OSP의 법적 책임론이 나아갈 방향", 경희법학 제43권 제3 호(2008)

_____, "한국의 UGC 관련 사건들에서의 인터넷서비스제공자 책임에 대한 전망", LAW & TECHNOLOGY 제4권 제2호, 서울대학교 기술과 법센터 (2008. 3.)

_____, "인터넷 오픈마켓 사업자의 상표권 침해책임", 인터넷과 법률 III(2010)

_____, "인터넷상에서 '상표의 사용' 개념 및 그 지위 (II)-키워드 검색광고 에서 상표를 직접 사용한 자는 누구인가?-", 저스티스 통권 제122호 (2011. 2.)

_____, "OSP의 저작권 침해책임에 관한 한국에서의 입법 및 판례 분석", 창 작과 권리 63호(2011. 6)

박태일, "미국에서의 OSP 책임론의 정립과 발전-미국 노스캐롤라이나 대학 해외연수보고서-", 재판자료 제119집(2010)

박희영, "[독일] YouTube, 침해 영상물 차단 및 필터링 책임 부담", 저작권 동 향 제9호(2012. 5.)

성지용, "P2P와 저작권침해행위에 대한 간접책임론", 재판과 판례 14집(2006)

송오식, "인터넷 기술의 발전과 디지털 음악저작권 분쟁-소리바다사건을 통 해 본 P2P 파일공유와 저작권 문제-", 민사법연구 제15집 제2호(2007. 12.)

시진국, "인터넷 종합 정보제공 사업자의 명예훼손에 대한 불법행위책임-대 법원 2009. 4. 16. 선고 2008다53812 전원합의체판결 평석-", 저스티스 통권 제114호, 한국법학원(2009. 12.)

신승남, "온라인 서비스 제공자의 미국 저작권법(DMCA)상의 면책 규정과 이 에 대한 최신 판례 동향 연구", 이화여자대학교 법학논집 제17권 제3 호(2013. 3.)

신지혜, "온라인서비스제공자의 방조책임 성립요건-대법원 2019. 2. 28. 선고 2016다271608 판결", 법조 제68권 제4호, 법조협회(2019. 8.)

양재모, "인터넷서비스제공자의 불법행위책임에 관한 연구", 한양대학교 대 학원 박사학위논문(2003)

오병철, "파일공유시스템과 검색엔진에 대한 차별적 시각의 비교고찰-소리 바다5 가처분 사건과 트위스트김 사건을 비교하여-", 정보법학 제12 권 제2호(2008. 12.)

_____, "통신판매업자의 불법행위에 대한 통신판매중개자(오픈마켓)의 책임 – 서울중앙지방법원 2008. 11. 20, 2006가합46488 판결을 중심으로–", 한국재산법학회 재산법연구 26권 1호(2009. 6)

_____, "아이폰 앱스토어의 계약관계", 한국정보법학회 정보법학 제14권 제2호(2010)

오승종·최진원, "P2P 사업자의 필터링과 OSP 책임제한: 소리바다5 가처분사건 항고심결정(2007. 10. 10.자 2006라1232 결정)을 중심으로", 홍익법학 제9권 제1호(2008. 2.)

우지숙, "인터넷서비스제공자의 법적 책임 판단에 있어서 편집권 행사의 역할에 관한 연구", 인권과 정의 통권 395호, 대한변호사협회(2009. 7.)

_____, "저작권법상 OSP에 대한 복제·전송의 중단 및 재개 요청 절차의 문제점에 관한 연구", 계간 저작권 제89호, 저작권위원회(2010. 3.)

유영일, "지식재산권 대법원판결의 흐름과 전망 : 이용훈 대법원장 재임 6년간을 중심으로", (이용훈대법원장재임기념) 정의로운 사법, 이용훈대법원장재임기념문집간행위원회(2011)

윤종수, "OSP의 책임제한과 특수한 유형의 OSP의 기술조치의무– 서울고등법원의 소리바다5 결정을 중심으로–", 인권과 정의 통권 395호, 대한변호사협회(2009. 7.)

윤진수, "이용훈 대법원의 민법판례", (이용훈대법원장재임기념) 정의로운 사법, 이용훈대법원장재임기념문집간행위원회(2011)

이규호, "OSP의 저작권침해책임 제한과 저작권침해자정보공개제도", 인터넷법률 제35호, 법무부(2006)

_____, "우리나라에 있어 최근 UCC서비스 현황과 입법·정책동향: OSP책임과 분쟁사례를 중심으로", (계간)저작권 vol.21 no.4 통권 제84호, 저작권위원회(2008. 겨울)

이규홍, "P2P방식에서의 디지털 저작물 보호 등 저작권법상의 몇몇 문제점에 대하여", 사법논집 36집, 법원행정처(2003)

_____, "소리바다사건의 항소심판결들에 대한 소고", 정보법학 제9권 제2호(2005. 12.)

이대희, "P2P 파일교환에 관한 그록스터(Grokster) 판결과 그 영향에 관한 고찰", Law & Technology 제2호(2005. 9.)

_____, "P2P 파일교환에 대한 사법적 판단과 전망", 특별법연구 제8권(2006. 9.)

_____, "한미 FTA와 OSP의 책임제한", 소프트웨어와 법률 통권 제4호(2007)

이동진, "미국 불법행위법상 제2차적 책임–증권사기·회사법상 신인의무 위반 및 지적재산권 침해를 중심으로-", 민사법학 제61호(2012. 12.)

이병규, "소리바다5 가처분사건 항고심 결정에 대한 재검토", 인터넷법률 통권 제44호, 법무부(2008. 10.)

이소정, "인터넷 녹화·전송 서비스의 저작권 침해에 관한 연구", 숙명여자대학교 석사학위 논문(2012)

이숙연, "새로운 형태의 방송 프로그램 관련 서비스에 대한 저작권 및 저작인접권 분쟁에 관한 연구", 연세 의료·과학기술과 법 제2권 제2호(2011. 8)

이창훈, "오픈마켓에서의 상표권 침해 문제에 대한 고찰 :한국과 미국의 판례를 중심으로", 지식과 권리 2008년 가을호(2008)

이충훈, "전자거래 관여자의 민사법적 지위", 연세대학교 대학원 박사학위논문(2000. 8.)

_____, "사이버몰운영자의 표시·광고 책임- 대법원 2005. 12. 22. 선고 2003두8296 판결-", 인터넷 법률 36호, 법무부(2006.10)

_____, "인터넷통신판매중개자의 법적 책임", 인터넷 法律 38호, 법무부(2007. 4)

이헌숙, "뉴스서비스와 제3자 게시물로 인한 포털의 책임 여부(대상판결 : 대법원 2009. 4. 16. 선고 2008다53812 판결)", 사법 9호(2009)

전성태, "일본의 재판례를 통해서 본 저작권 간접 침해와 가라오케법리", 디지털 재산법 연구 제7권(2008. 12.)

정상조·박준석, "OSP의 기술적 조치에 관한 의무: 소리바다 사건을 중심으로", Law & technology 제4권 제1호, 서울대학교 기술과 법센터(2008. 1.)

정진명, "공동불법행위책임", Jurist 통권 412호 Jurist Plus 4호(2007. 2.)

정진섭, "OSP의 저작권법상 책임한계에 관한 사례연구", 경희법학 제44권 제3호(2009)

정태호, "저작권의 간접침해의 유형별 판단기준에 관한 고찰: 일본의 판례를 중심으로", 지식재산연구 제6권 제2호(2011. 6.)

정태윤, "공동불법행위의 성립요건과 과실에 의한 방조 : 대법원 2000. 4. 11. 선고 99다41749 판결(공2000상, 1172), 민사법학 제20호(2001. 7.)

차상육, "상표권침해를 둘러싼 오픈마켓 운영자의 법적 책임", 경제법연구 제13권 제1호(2014)

최경진, "OSP의 민사 책임에 관한 판례 연구", 경기법조 15호, 수원지방변호사회(2008)

최성준, "P2P 파일교환의 적법성 여부(소리바다 3 가처분사건)", 지적재산권

11호.(2005)

_____, "부정경쟁행위에 관한 몇 가지 쟁점", LAW & TECHNOLOGY 제5권 제1호, 서울대학교 기술과 법센터(2009. 1)

최재혁, "오픈마켓에 있어서 상표권 보호에 관한 연구 : 오픈마켓 운영자의 법적 책임을 중심으로" 연세대학교 석사학위논문(2012. 8.)

최진원, "인터넷 TV 녹화서비스에 대한 법적 고찰-간접침해와 사적복제를 중심으로-", 인터넷법률 제43권(2008. 7)

추신영, "제3자의 게시물로 인한 인터넷 종합정보제공사업자의 불법행위책임 : 대법원 2009. 4. 16. 선고 2008다53812 전원합의체 판결", 인권과 정의 통권 409호(2010. 9.)

하헌우, "인터넷 게시물에 대한 포털(Portal)의 민사책임 대법원 2009. 4. 16. 선고 2008다53812 전원합의체 판결을 중심으로", 재판과 판례 제21집(김수학 대구고등법원장 퇴임기념), 대구판례연구회(2012)

황경환, "저작권법 제102조 제2항의 온라인 서비스제공자의 면책조항 법적검토", 경상대학교 법학연구 제16집 제1호(2008. 8.)

황태정, "정보통신서비스제공자의 책임에 관한 비교법적 고찰", 인터넷 법률 통권 제28호(2005. 3.)

후카이중·손한기·김용, "저작권 침해책임에 대한 OSP 면책요건의 적용", (계간)저작권(2012. 봄호)

## 〈해외문헌〉

### [영문문헌]

Peter Adamo, "CRAIGSLIST, THE CDA, AND INCONSISTENT INTERNATIONAL STANDARDS REGARDING LIABILITY FOR THIRD-PARTY POSTINGS ON THE INTERNET", Pace International Law Review Online Companion(February, 2011)

David S. Ardia, "FREE SPEECH SAVIOR OR SHIELD FOR SCOUNDRELS: AN EMPIRICAL STUDY OF INTERMEDIARY IMMUNITY UNDER SECTION 230 OF THE COMMUNICATIONS DECENCY ACT", Loyola of Los Angeles Law Review (Winter 2010)

Shanna Bailey, "FIGHTING AN ANONYMOUS ENEMY: THE UNCERTAINTY OF AUCTION SITES IN THE FACE OF TIFFANY V. EBAY AND LVMH V. EBAY", California Western International Law Journal(Fall 2009)

Pablo Baistrocchi, "LIABILITY OF INTERMEDIARY SERVICE PROVIDERS IN THE EU DIRECTIVE ON ELECTRONIC COMMERCE", 19 Santa Clara High Tech. L.J. 111 (2002)

John Blevins, "UNCERTAINTY AS ENFORCEMENT MECHANISM: THE NEW EXPANSION OF SECONDARY COPYRIGHT LIABILITY TO INTERNET PLATFORMS", Cardozo Law Review(2013. 6.)

Megan Cavender, "RS-DVR SLIDES PAST ITS FIRST OBSTACLE AND GETS THE PASS FOR FULL IMPLEMENTATION", North Carolina Journal of Law & Technology (Fall 2008)

Alvin Chan, "THE CHRONICLES OF GROKSTER: WHO IS THE BIGGEST THREAT IN THE P2P BATTLE?", 15 UCLA Entertainment Law Review(Summer 2008)

Nicholas Conlon, "FREEDOM TO FILTER VERSUS USER CONTROL: LIMITING THE SCOPE OF § 230(C)(2) IMMUNITY", University of Illinois Journal of Law, Technology and Policy(Spring, 2014)

Collette Corser. "ABC v. AEREO: HOW THE SUPREME COURT'S FLAWED RATIONALE WILL IMPLICATE PROBLEMS IN NEW TECHNOLOGIES", North Carolina Journal of Law & Technology Online Edition(2015. 1.)

Nicholas P. Dickerson, "WHAT MAKES THE INTERNET SO SPECIAL? AND WHY, WHERE, HOW, AND BY WHOM SHOULD ITS CONTENT BE REGULATED?", Houston Law Review Symposium(2009)

Graeme B. Dinwoodie, "SECONDARY LIABILITY FOR ONLINE TRADEMARK INFRINGEMENT: THE INTERNATIONAL LANDSCAPE", Columbia Journal of Law & the Arts(Summer, 2014)

M. David Dobbins, "COMPUTER BULLETIN BOARD OPERATOR LIABILITY FOR USERS' INFRINGING ACTS", Michigan Law Review(1995. 10.)

Stacey L. Dogan, ""WE KNOW IT WHEN WE SEE IT": INTERMEDIARY TRADEMARK LIABILITY AND THE INTERNET", Stanford Technology Law Review(2011. 7.)

Rebecca Dunlevy, "INTERNET IMMUNITY: THE LIMITS OF CONTRIBUTORY TRADEMARK INFRINGEMENT AGAINST ONLINE SERVICE PROVIDERS", Fordham Intellectual Property, Media and Entertainment Law Journal(Summer 2012)

Samuel J. Dykstra, "WEIGHING DOWN THE CLOUD: THE PUBLIC PERFORMANCE RIGHT AND THE INTERNET AFTER AEREO", Loyola University Chicago Law Journal(Summer 2015)

Fiona Finlay-Hunt, "WHO'S LEADING THE BLIND? AIMSTER, GROKSTER, AND VIACOM'S

VISION OF KNOWLEDGE IN THE NEW DIGITAL MILLENNIUM", Columbia Business Law Review(2013)

Ryan French, "PICKING UP THE PIECES: FINDING UNITY AFTER THE COMMUNICATIONS DECENCY ACT SECTION 230 JURISPRUDENTIAL CLASH", Louisiana Law Review(Winter, 2012)

Ryan Gerdes, "SCALING BACK § 230 IMMUNITY: WHY THE COMMUNICATIONS DECENCY ACT SHOULD TAKE A PAGE FROM THE DIGITAL MILLENNIUM COPYRIGHT ACT'S SERVICE PROVIDER IMMUNITY PLAYBOOK", Drake Law Review(Winter 2012)

Jane C. Ginsburg, "FAIR USE FOR FREE, OR PERMITTED-BUT-PAID?", Berkeley Technology Law Journal(2014)

Trotter I. Hardy, "COMPUTER RAM COPIES: A HIT OF A MYTH? HISTORICAL PERSPECTIVES ON WORKING AS MICROCOSM OF CURRENT COPYRIGHT CONCERNS", Faculty Publications Paper 186, College of William & Mary Law School(1996)

Lital Helman, "PULL TOO HARD AND THE ROPE MAY BREAK: ON THE SECONDARY LIABILITY OF TECHNOLOGY PROVIDERS FOR COPYRIGHT INFRINGEMENT", Texas Intellectual Property Law Journal(Summer 2010)

Lital Helman·Gideon Parchomovsky, "THE BEST AVAILABLE TECHNOLOGY STANDARD", Columbia Law Review(2011. 10.)

Sverker K. Högberg, "THE SEARCH FOR INTENT-BASED DOCTRINES OF SECONDARY LIABILITY IN COPYRIGHT LAW", Columbia Law Review(2006. 5.)

Lior Katz, "VIACOM V. YOUTUBE: AN ERRONEOUS RULING BASED ON THE OUTMODED DMCA", Loyola of Los Angeles Entertainment Law Review(2011)

Annette Kur, "SECONDARY LIABILITY FOR TRADEMARK INFRINGEMENT ON THE INTERNET: THE SITUATION IN GERMANY AND THROUGHOUT THE EU", Columbia Journal of Law & the Arts(Summer, 2014)

Marshall Leaffer, "A TWENTY-YEAR RETROSPECTIVE ON UNITED STATES TRADEMARK LAW IN TEN CASES", Fordham Intellectual Property, Media and Entertainment Law Journal(Winter 2013)

Andrew Lehrer, "TIFFANY V. EBAY: ITS IMPACT AND IMPLICATIONS ON THE DOCTRINES OF SECONDARY TRADEMARK AND COPYRIGHT INFRINGEMENT", Boston University Journal of Science and Technology Law(Summer 2012)

Daniel Malachowski, "SEARCH ENGINE TRADE-MARKETING: WHY TRADEMARK

OWNERS CANNOT MONOPOLIZE USE OF THEIR MARKS IN PAID SEARCH", DePaul Journal of Art, Technology & Intellectual Property Law(Spring 2012)

Ellie Mercado, "AS LONG AS "IT" IS NOT COUNTERFEIT: HOLDING EBAY LIABLE FOR SECONDARY TRADEMARK INFRINGEMENT IN THE WAKE OF LVMH AND TIFFANY INC.", Cardozo Arts and Entertainment Law Journal(2010)

Maria Lillà Montagnani·Alina Trapova, "NEW OBLIGATIONS FOR INTERNET INTERMEDIARIES IN THE DIGITAL SINGLE MARKET–SAFE HARBORS IN TURMOIL?", Journal of Internet Law 22 No. 7(2019. 1.)

Susanna Monseau, "FOSTERING WEB 2.0 INNOVATION: THE ROLE OF THE JUDICIAL INTERPRETATION OF THE DMCA SAFE HARBOR, SECONDARY LIABILITY AND FAIR USE", John Marshall Review of Intellectual Property Law(Fall 2012)

Kelly Morris, ""TRANSFORMING" FAIR USE: AUTHORS GUILD, INC. v. GOOGLE, INC.", North Carolina Journal of Law & Technology Online Edition(2014. 5.)

Jessica Di Palma, "THE DIGITAL MILLENNIUM COPYRIGHT ACT AND THE CLASH BETWEEN AUTHORS AND INNOVATORS: THE NEED FOR A LEGISLATIVE AMENDMENT TO THE SAFE HARBOR PROVISIONS", Loyola of Los Angeles Law Review(2014)

Miquel Peguera, "THE DMCA SAFE HARBORS AND THEIR EUROPEAN COUNTERPARTS: A COMPARATIVE ANALYSIS OF SOME COMMON PROBLEMS", Columbia Journal of Law & the Arts 32(2009)

R. Anthony Reese, "THE RELATIONSHIP BETWEEN THE ISP SAFE HARBORS AND THE ORDINARY RULES OF COPYRIGHT LIABILITY", Columbia Journal of Law & the Arts(2009)

Thomas Riisa·Sebastian Felix Schwemer, "LEAVING THE EUROPEAN SAFE HARBOR, SAILING TOWARD ALGORITHMIC CONTENT REGULATION", Journal of Internet Law 22 No. 7(2019. 1.)

Michael L. Rustad·Thomas H. Koenig, "HARMONIZING INTERNET LAW: LESSONS FROM EUROPE", Journal of Internet Law 9 No. 11, Aspen Publishers, Inc.(2006. 5.)

Ira S. Sacks·Mark S. Lafayette·Amy S. Price, "AEREO: ANOTHER VIEW", Intellectual Property & Technology Law Journal(2014. 12.)

Kurt M. Saunders·Gerlinde Berger-Walliser, "THE LIABILITY OF ONLINE MARKETS FOR COUNTERFEIT GOODS: A COMPARATIVE ANALYSIS OF SECONDARY TRADEMARK INFRINGEMENT IN THE UNITED STATES AND EUROPE",

Northwestern Journal of International Law and Business(Fall 2011)

Emerald Smith, "LORD OF THE FILES: INTERNATIONAL SECONDARY LIABILITY FOR INTERNET SERVICE PROVIDERS", Washington and Lee Law Review(Fall, 2011)

Ariane C. Strombom, "INTERNET OUTLAWS: USING CONTRIBUTORY TRADEMARK LIABILITY TO SHUT DOWN ROGUE SITES", Journal of Internet Law(2014. 2.)

Kelly Tickle, "THE VICARIOUS LIABILITY OF ELECTRONIC BULLETIN BOARD OPERATORS FOR THE COPYRIGHT INFRINGEMENT OCCURRING ON THEIR BULLETIN BOARDS", Iowa Law Review(1995. 1.)

Patrick C. Tricker, "THE INTERNET AFTER AEREO: HOW TO SAVE INNOVATION FROM THE PUBLIC PERFORMANCE RIGHT",. Vanderbilt Journal of Entertainment and Technology Law 17(Spring 2015)

Thibault Verbiest, "STUDY ON THE LIABILITY OF INTERNET INTERMEDIARIES", EUROPEAN UNION COUNTRY REPORT—FRANCE (2007)

Brett White, "VIACOM V. YOUTUBE: A PROVING GROUND FOR DMCA SAFE HARBORS AGAINST SECONDARY LIABILITY", Saint John's Journal of Legal Commentary(Summer 2010)

Robert J. Williams, "THE SECOND CIRCUIT SERVES UP SOME KNOWLEDGE IN VIACOM V. YOUTUBE", New England Law Review(Spring 2014)

Timothy Wiseman, "LIMITING INNOVATION THROUGH WILLFUL BLINDNESS", Nevada Law Journal(Fall 2013)

Michael Zink·Kyoungwon Suh·Yu Gu·Jim Kurose, "WATCH GLOBAL, CACHE LOCAL: YOUTUBE NETWORK TRAFFIC AT A CAMPUS NETWORK−MEASUREMENTS AND IMPLICATIONS", Computer Science Department Faculty Publication Series. Paper 177(2008)

**[일문문헌]**

岡村久道, "判批". 中山信弘ほか偏 著作權判例百選(第4版), 有斐閣(2009)

＿＿＿＿, "プロバイダ責任制限法上の發信者槪念と著作權の侵害主體ー知財高判平成22·9·8判例時報2115號103頁(TVブレイク事件)", 別冊NBL No.141(2012. 7.)

駒田泰士, "インターネットショッピングモールの出店者による商標權侵害と同モール運營者の責任", 法學セミナー增刊 速報判例解說Vol.14 新·判例解說Watch(2014. 4.)

今村哲也, "動畵投稿·共有サービスの提供者に關する著作權侵害行爲の侵害
　　　主體性", 知的財産法/法學セミナー增刊 速報判例解說Vol.9(2011. 10.)

蘆立順美, "商標權の侵害主體－インターネットショッピングモールの出店者に
　　　よる商標權侵害と同モール運營者の責任", 法學セミナー增刊 速報判
　　　例解說Vol.11 新·判例解說Watch(2012. 10.)

大江修子, "著作權の間接侵害~選撮見錄事件控訴審判決－大阪高判平成 19年
　　　6月14日(平成 17 年(ネ)第 3258 號)－", パテント Vol. 61 No. 12(2008)

島並良, "自動公衆送信の主體－ｗまねきTV 事件", ジュリス No. 1440(2012. 4.)

森善之, "間接侵害(5)－ストレージサービス(MYUTA 事件) 平成１９年５月２５日
　　　東京地方裁判所 判例時報1979號100頁. 判例タイムズ1251號319頁", 著
　　　作權判例百選[第４版](2007. 5.)

長瀨貴志, "プロバイダ等の作爲義務", 別冊NBL No.141(2012. 7.)

田村善之, "著作權の間接侵害", 知的財産權政策學研究 Vol. 26(2010)

町村泰貴, "判例批評：動物病院對2ちゃんねる事件第1審判決 インターネット
　　　の公開揭示板上で批判·非難を受けた動物病院が, 揭示板を運營して
　　　いる個人に對して名譽毀損に基づく損害賠償および當該發言の削除
　　　を求め, これが認められた事例(東京地裁平成14年6月26日判決)",
　　　ネットワークと法の中心課題 判例タイムズ No.1104(2002. 12.)

佐野信, "ＣＤ等の樂曲を自己の携帶電話で聽くことのできるサービスの提供
　　　が, 當該樂曲についての複製權及び自動公衆送信權を侵害するとさ
　　　れた事例", 判例タイムズ別冊 22號262頁(2008.)

住友隆行, "インターネット利用による不法行爲をめぐる裁判例と問題点(判例
　　　展望 民事法２１)", 判例タイムズ1182號(2005. 9.)

中平健, "テレビ番組の受信·錄畵機能を有するパソコンをインターネットを通
　　　じ操作する方法によって海外で日本國內のテレビ番組の錄畵·視聽を
　　　可能とするサービスを提供している者は, 著作隣接權(複製權)侵害の
　　　主體といえるか", 判例タイムズ主要民事判例解說1215號 202頁　臨時
　　　增刊(2006. 9.)

總務省電氣通信利用環境整備室, プロバイダ責任制限法 -築造解說とガイド
　　　ライン-, 第一法規出版(2003)

丸橋透, "プロバイダ責任の制限と發信者情報の開示 : プロバイダの時點を中
　　　心とした, 特定電氣通信役務提供者の損害賠償責任の制限及び發信者
　　　情報の開示に關する法律の解體說", 判例タイムズ 53卷 13號(2002. 5.)

## 신지혜

- 학력
  서울대학교 법학과 졸업
  서울대학교 법과대학원 석사과정 졸업
  서울대학교 법과대학원 박사과정 졸업

- 경력
  사법연수원 제36기 수료
  법무법인 광장 변호사(2007. 1. ~ 2008. 12.)
  예금보험공사 변호사(2009. 1. ~ 2010. 12.)
  법무법인 세종 파트너 변호사(2011. 2. ~ 2017. 8.)
  전북대학교 법학전문대학원 부교수(2017. 9. ~ 2020. 2.)
  한국외국어대학교 법학전문대학원 조교수(2020. 3. ~ 현재)

# 온라인서비스제공자의 법적 책임

초판 1쇄 인쇄 | 2021년 8월  3일
초판 1쇄 발행 | 2021년 8월 10일

지 은 이   신지혜

발 행 인   한정희
발 행 처   경인문화사
편     집   김지선 유지혜 박지현 한주연 이다빈
마 케 팅   전병관 하재일 유인순
출판번호   제406-1973-000003호
주     소   경기도 파주시 회동길 445-1 경인빌딩 B동 4층
전     화   031-955-9300 팩   스   031-955-9310
홈페이지   www.kyunginp.co.kr
이 메 일   kyungin@kyunginp.co.kr

ISBN   978-89-499-4979-6 93360
값  24,000원

## 서울대학교 법학연구소 법학 연구총서

1. 住宅의 競賣와 賃借人 保護에 관한 實務研究
   閔日榮 저 412쪽 20,000원
2. 부실채권 정리제도의 국제 표준화
   鄭在龍 저 228쪽 13,000원
3. 개인정보보호와 자기정보통제권 ●
   권건보 저 364쪽 18,000원
4. 부동산투자회사제도의 법적 구조와 세제
   박훈 저 268쪽 13,000원
5. 재벌의 경제력집중 규제 ●
   홍명수 저 332쪽 17,000원
6. 행정소송상 예방적 구제 ●
   이현수 저 362쪽 18,000원
7. 남북교류협력의 규범체계
   이효원 저 412쪽 20,000원
8. 형법상 법률의 착오론 ●
   안성조 저 440쪽 22,000원
9. 행정계약법의 이해 ●
   김대인 저 448쪽 22,000원
10. 이사의 손해배상책임의 제한 ●
    최문희 저 370쪽 18,000원
11. 조선시대의 형사법 –대명률과 국전– ●
    조지만 저 428쪽 21,000원
12. 특허침해로 인한 손해배상액의 산정 ●
    박성수 저 528쪽 26,000원
13. 채권자대위권 연구
    여하윤 저 288쪽 15,000원
14. 형성권 연구 ●
    김영희 저 312쪽 16,000원
15. 증권집단소송과 화해 ●
    박철희 저 352쪽 18,000원
16. The Concept of Authority
    박준석 저 256쪽 13,000원
17. 국내세법과 조세조약
    이재호 저 320쪽 16,000원
18. 건국과 헌법
    김수용 저 528쪽 27,000원
19. 중국의 계약책임법
    채성국 저 432쪽 22,000원
20. 중지미수의 이론 ●
    최준혁 저 424쪽 22,000원
21. WTO 보조금 협정상 위임·지시
    보조금의 법적 의미
    이재민 저 484쪽 29,000원
22. 중국의 사법제도 ▲
    정 철 저 383쪽 23,000원
23. 부당해고의 구제
    정진경 저 672쪽 40,000원
24. 서양의 세습가산제
    이철우 저 302쪽 21,000원
25. 유언의 해석 ▲
    현소혜 저 332쪽 23,000원
26. 營造物의 개념과 이론 ●
    이상덕 저 504쪽 35,000원
27. 미술가의 저작인격권 ●
    구본진 저 436쪽 30,000원
28. 독점규제법 집행론
    조성국 저 376쪽 26,000원
29. 파트너쉽 과세제도의 이론과 논점
    김석환 저 334쪽 23,000원
30. 비국가행위자의 테러행위에 대한 무력대응
    도경옥 저 316쪽 22,000원
31. 慰藉料에 관한 研究
    –不法行爲를 중심으로– ●
    이창현 저 420쪽 29,000원
32. 젠더관점에 따른 제노사이드규범의 재구성
    홍소연 저 228쪽 16,000원
33. 親生子關係의 決定基準
    권재문 저 388쪽 27,000원
34. 기후변화와 WTO = 탄소배출권 국경조정 ▲
    김호철 저 400쪽 28,000원
35. 韓國 憲法과 共和主義 ●
    김동훈 저 382쪽 27,000원
36. 국가임무의 '機能私化'와 국가의 책임
    차민식 저 406쪽 29,000원
37. 유럽연합의 규범통제제도 – 유럽연합
    정체성 평가와 남북한 통합에의 함의 –
    김용훈 저 338쪽 24,000원
38. 글로벌 경쟁시대 적극행정 실현을 위한
    행정부 법해석권의 재조명
    이성엽 저 313쪽 23,000원
39. 기능성원리연구
    유영선 저 423쪽 33,000원
40. 주식에 대한 경제적 이익과 의결권
    김지평 저 378쪽 31,000원
41. 情報市場과 均衡
    김주영 저 376쪽 30,000원
42. 일사부재리 원칙의 국제적 전개
    김기준 저 352쪽 27,000원
43. 독점규제법상 부당한 공동행위에 대한
    손해배상청구 ▲
    이선희 저 351쪽 27,000원
44. 기업결합의 경쟁제한성 판단기준
    – 수평결합을 중심으로 –
    이민호 저 483쪽 33,000원

45. 퍼블리시티권의 이론적 구성
    – 인격권에 의한 보호를 중심으로 – ▲
    권태상 저 401쪽 30,000원
46. 동산·채권담보권 연구 ▲
    김현진 저 488쪽 33,000원
47. 포스트 교토체제하 배출권거래제의
    국제적 연계 ▲
    이창수 저 332쪽 24,000원
48. 독립행정기관에 관한 헌법학적 연구
    김소연 저 270쪽 20,000원
49. 무죄판결과 법관의 사실인정 ▲
    김상준 저 458쪽 33,000원
50. 신탁법상 수익자 보호의 법리
    이연갑 저 260쪽 19,000원
51. 프랑스의 警察行政
    이승민 저 394쪽 28,000원
52. 민법상 손해의 개념
    – 불법행위를 중심으로 –
    신동현 저 346쪽 26,000원
53. 부동산등기의 진정성 보장 연구
    구연모 저 388쪽 28,000원
54. 독일 재량행위 이론의 이해
    이은상 저 272쪽 21,000원
55. 장애인을 위한 성년후견제도
    구상엽 저 296쪽 22,000원
56. 헌법과 선거관리기구
    성승환 저 464쪽 34,000원
57. 폐기물 관리 법제에 관한 연구
    황계영 저 394쪽 29,000원
58. 서식의 충돌
    –계약의 성립과 내용 확정에 관하여–
    김성민 저 394쪽 29,000원
59. 권리행사방해죄에 관한 연구
    이진수 저 432쪽 33,000원
60. 디지털 증거수집에 있어서의 협력의무
    이용 저 458쪽 33,000원
61. 기본권 제한 심사의 법익 형량
    이민열 저 468쪽 35,000원
62. 프랑스 행정법상 분리가능행위 ●
    강지은 저 316쪽 25,000원
63. 자본시장에서의 이익충돌에 관한 연구 ▲
    김정연 저 456쪽 34,000원
64. 남북 통일, 경제통합과 법제도 통합
    김완기 저 394쪽 29,000원
65. 조인트벤처
    정재오 저 346쪽 27,000원
66. 고정사업장 과세의 이론과 쟁점
    김해마중 저 371쪽 26,000원
67. 배심재판에 있어서 공판준비절차에 관한 연구
    민수현 저 346쪽 26,000원
68. 법원의 특허침해 손해액 산정법
    최지선 저 444쪽 37,000원
69. 발명의 진보성 판단에 관한 연구
    이헌 저 433쪽 35,000원
70. 북한 경제와 법
    – 체제전환의 비교법적 분석 –
    장소영 저 372쪽 28,000원
71. 유럽민사법 공통참조기준안(DCFR)
    부당이득편 연구
    이상훈 저 308쪽 25,000원
72. 공정거래법상 일감몰아주기에 관한 연구
    백승엽 저 392쪽 29,000원
73. 국제범죄의 지휘관책임
    이윤제 저 414쪽 32,000원
74. 상계
    김기환 저 484쪽 35,000원
75. 저작권법상 기술적 보호조치에 관한 연구
    임광섭 저 380쪽 29,000원
76. 독일 공법상 국가임무론과 보장국가론 ●
    박재윤 저 330쪽 25,000원
77. FRAND 확약의 효력과
    표준특허권 행사의 한계
    나지원 저 258쪽 21,000원
78. 퍼블리시티권의 한계에 관한 연구
    임상혁 저 256쪽 27,000원
79. 방어적 민주주의
    김종현 저 354쪽 25,000원
80. M&A와 주주 보호
    정준혁 저 396쪽 29,000원
81. 실손의료보험 연구
    박성민 저 406쪽 28,000원
82. 사업신탁의 법리
    이영경 저 354쪽 25,000원
83. 기업 뇌물과 형사책임
    오택림 저 384쪽 28,000원
84. 저작재산권의 입법형성에 관한 연구
    신혜은 저 286쪽 20,000원
85. 애덤 스미스와 국가
    이황희 저 344쪽 26,000원
86. 친자관계의 결정
    양진섭 저 354쪽 27,000원
87. 사회통합을 위한 북한주민지원제도
    정구진 저 384쪽 30,000원
88. 사회보험과 사회연대
    장승혁 저 152쪽 13,000원
89. 계약해석의 방법에 관한 연구
    – 계약해석의 규범적 성격을 중심으로 –
    최준규 저 390쪽 28,000원
90. 사이버 명예훼손의 형사법적 연구
    박정난 저 380쪽 27,000원

91. 도산절차와 미이행 쌍무계약
    – 민법·채무자회생법의 해석론 및 입법론
    김영주 저  418쪽  29,000원

92. 계속적 공급계약 연구
    장보은 저  328쪽  24,000원

93. 소유권유보에 관한 연구
    김은아 저  376쪽  28,000원

94. 피의자 신문의 이론과 실제
    이형근 저  386쪽  29,000원

95. 국제자본시장법시론
    이종혁 저  342쪽  25,000원

96. 국제적 분쟁과 소송금지명령
    이창현 저  492쪽  34,000원

97. 문화예술과 국가의 관계 연구
    강은경 저  390쪽  27,000원

98. 레옹 뒤기(Léon Duguit)의
    공법 이론에 관한 연구
    장윤영 저  280쪽  19,000원

● 학술원 우수학술 도서

▲ 문화체육관광부 우수학술 도서